广视角·全方位·多品种

权威·前沿·原创

皮书系列为
"十二五"国家重点图书出版规划项目

低碳经济蓝皮书

BLUE BOOK OF
LOW-CARBON ECONOMY

中国低碳经济发展报告
（2013）

ANNUAL REPORT ON CHINA'S LOW-CARBON
ECONOMIC DEVELOPMENT (2013)

主　编／薛进军　赵忠秀
副主编／戴彦德　王　波

社会科学文献出版社
SOCIAL SCIENCES ACADEMIC PRESS (CHINA)

图书在版编目(CIP)数据

中国低碳经济发展报告. 2013/薛进军, 赵忠秀主编. —北京：社会科学文献出版社, 2013.5
（低碳经济蓝皮书）
ISBN 978-7-5097-4546-5

Ⅰ.①中… Ⅱ.①薛… ②赵… Ⅲ.①节能-经济发展-研究报告-中国-2013 Ⅳ.①F124

中国版本图书馆 CIP 数据核字（2013）第 080374 号

低碳经济蓝皮书
中国低碳经济发展报告（2013）

主　　编／薛进军　赵忠秀
副 主 编／戴彦德　王　波

出 版 人／谢寿光
出 版 者／社会科学文献出版社
地　　址／北京市西城区北三环中路甲29号院3号楼华龙大厦
邮政编码／100029

责任部门／经济与管理出版中心 (010) 59367226　　责任编辑／高　雁　林　尧
电子信箱／caijingbu@ssap.cn　　　　　　　　　　　责任校对／赵敬敏
项目统筹／恽　薇　高　雁　　　　　　　　　　　　责任印制／岳　阳
经　　销／社会科学文献出版社市场营销中心 (010) 59367081　59367089
读者服务／读者服务中心 (010) 59367028

印　　装／北京季蜂印刷有限公司
开　　本／787mm×1092mm　1/16　　　　　　　　印　张／15
版　　次／2013年5月第1版　　　　　　　　　　　字　数／241千字
印　　次／2013年5月第1次印刷
书　　号／ISBN 978-7-5097-4546-5
定　　价／59.00元

本书如有破损、缺页、装订错误，请与本社读者服务中心联系更换
▲ 版权所有 翻印必究

编写单位说明

- 本书由国际低碳经济研究所（UIBE，NAGOYA University，http://iglce.org/）主持编写。
- 感谢对外经济贸易大学、名古屋大学、国务院发展研究中心、国家发改委能源研究所、中国科学院科技政策管理与战略研究所、中国社会科学院环境与城市发展研究所、湖北经济学院、武汉大学和西安交通大学等单位对本报告编写的大力支持。感谢教育部重大科研项目"中国的碳排放体系研究"、日本学术振兴会（JSPS）亚洲核心项目和日本全国银行学术财团等单位对本报告研究活动的资助。

《中国低碳经济发展报告（2013）》
编委会

主　　　编	薛进军　赵忠秀
副 主 编	戴彦德　王　波
编辑委员会	（按姓氏笔画为序）
	王　毅　王跃思　白　泉　齐　晔　刘世锦
	赵忠秀　郭　琳　宣晓伟　彭近新　植田和弘（日本）
	潘家华　魏一鸣　薛进军　戴彦德　Andreas Löschel
	（德国）
助 理 编 辑	郭　琳
资 料 整 理	冯　超　骆　晓

主要编撰者简介

薛进军 经济学博士。日本名古屋大学经济学院附属国际经济政策研究中心教授，国际低碳经济研究所联席所长兼学术委员会主席，发起人兼学术委员会主席，北京理工大学、对外经济贸易大学、陕西师范大学、西安交通大学、深圳大学、西北大学、武汉大学等大学，清华大学气候政策研究中心兼职教授，碳排放交易湖北省协同创新中心首席科学家，《新加坡经济评论》特约编辑以及中文、英文、日文学术杂志审稿人。曾任陕西师范大学政教系讲师、美国耶鲁大学经济增长中心福布赖特高级访问学者、武汉大学经济学院教授、日本一桥大学经济研究所副教授、英国牛津大学经济系访问教授、日本大分大学经济学院教授等。近著有《不平等的增长——收入不平等的国际比较》（英文版，World Scientific；中文版，社会科学文献出版社；2012；《中国的不平等》（日文版，日本评论社；中文版，社会科学文献出版社，2008）；《低碳经济学》（社会科学文献出版社，2011）；主编《中国低碳经济发展报告（2011）》（社会科学文献出版社，2011）等，在 *Singapore Economic Review*, *Energy Policy*, *Asian Economic Journal*, *Chinese Journal of Population Resource and Environment*,《经济科学》（日文）、《经济研究》等刊物上发表英文、日文、中文论文多篇。近期主持和参与日本文部省、中国教育部、湖北省协同创新中心等有关环境、碳排放、能源政策等大型科研项目。

赵忠秀 经济学博士，对外经济贸易大学校长助理，国际经济贸易学院院长，教授，国际低碳经济研究所所长，中国国际贸易学会副秘书长，全球商务与贸易国际学会会长，APEC电子商务工商联盟专家委员会秘书长，享受国务院政府特殊津贴专家。主要研究领域为国际贸易理论与政策、贸易与经济增长、规制经济学、国际直接投资、国际低碳经济等。在国内外重要学术刊物上发表数十篇论文，出版多部论著和教材。曾应邀担任政府、国际机构和企业的研究专家和顾问，经常就贸易和经济问题接受媒体采访，两度担任中央电视台年度经济人物的经济学家评委。主持教育部人文社科研究重大项目"我国碳排放交易市场研究"和北京市重点交叉学科"低碳经济学"等。

戴彦德 国家发展和改革委员会能源研究所副所长，研究员。兼任中国化工节能技术协会理事长、全国能标委能源管理技术委员会主任、中国人民外交协会理事会理事、北京市科协委员、中国能源研究会常务理事，大连理工大学、北京理工大学、对外经济贸易大学兼职教授等。长期从事能源经济、能源环境、能源发展战略以及节能方面的规划和研究，出版专著、教材多部，在国内外报刊上发表文章 30 余篇，有多项成果获宏观经济研究院、国家部委科技进步奖。近期主持"实现 2020 年单位 GDP 二氧化碳强度下降 40%～45% 的途径和措施""'十二五'节能规划研究""2050 年中国低碳之路""中国中、长期的能源需求情景""中国中、长期能源发展战略"等国家发展战略和规划项目。

王　波 国际关系学博士，对外经济贸易大学国际关系学院副教授，国际低碳经济研究所副所长，利兹大学商务孔子学院中方院长，利兹大学商学院访问学者。曾任英国东安格里亚大学客座研究人员，在哈佛大学肯尼迪政府学院从事气候变化政策博士后研究。主要研究领域为国际气候变化与能源政策、技术转让政策、中国外交、美国政治与外交、中欧关系等。著有《美国石油政策研究》等，在重要国际期刊上发表论文多篇。主持教育部社科资助项目"'行业减排方法'对我国参与国际气候变化谈判与合作、履行自主减排承诺的可行性研究"，国家社会科学基金资助项目"国际气候变化谈判框架下的技术转让问题及中国的对策研究"等。

摘　要

《中国低碳经济发展报告（2013）》（以下简称《报告》）是由对外经济贸易大学和日本名古屋大学共同创办的国际低碳经济研究所主持编写的以低碳经济为主题的系列年度研究报告的第三份报告。

2009年哥本哈根国际气候变化会议以来，国际气候变化谈判遭遇全球金融危机和西方国家内部政治社会危机等不利因素干扰，气候变化谈判进展缓慢，新的国际减排机制尚未达成。但是，中国作为快速增长的新兴经济体面临的减排压力与日俱增。

在中国国内，伴随着中国快速发展的工业化和城市化进程，中国的环境污染问题成为中国经济和社会可持续发展的重要挑战。2013年初，中国大部分地区和城市出现的持续性雾霾天气更凸显绿色低碳发展不仅是中国承担国际环境公共产品责任的需要，更是自身可持续发展的急迫需要。严峻的生态环境危机也倒逼中国加速经济转型，走低碳绿色发展的道路。2012年11月召开的中共十八大在报告中将大力推进生态文明建设纳入建设中国特色社会主义的"五位一体"总体布局之中，为低碳绿色发展提出了战略目标。

《报告》认为中国已经进入以PM2.5为主要特征的区域性大气复合污染阶段，分析了中国大气污染的复杂成因和现阶段中国环境治理过程中存在的问题，比较了美国、欧洲和日本等国环境治理的路径和经验。在此基础上，《报告》提出了中国PM2.5的控制目标、治理路线图及综合措施。

中国的PM2.5污染呈现污染水平高、覆盖范围广、空间分布不均匀和污染成分复杂等特点。中国政府已经制订并公布了全国PM2.5监测时间表，出台了PM2.5标准值，开始实施最严厉的大气污染物限排政策。但是PM2.5形成机理复杂，各地情况各异，亟待加大研究投入，明确空气污染机理，对症下药。污染与发展的关系须彻底理顺，空气污染监测和环境执法体制亟待改进。

《报告》对北京及周边地区空气污染物排放来源进行了分析,为我国 PM 2.5 治理提供了案例。

欧、美、日等发达国家历史上均出现严重的 PM 2.5 污染问题,他们制定的空气污染物监测标准和采取的污染物总量控制制度已经被证明是成功的,值得中国借鉴。

《报告》建议:政府转变发展与环境的认识,制定长期空气污染治理战略规划,制定主要大气污染物减排时间表和区域空气质量达标时间表,起草中国的"清洁空气法",制定综合控制规划和应急计划,采取区域联防联控和精细化管理方式,运用经济手段等政策措施,加快城市低碳发展。

尽管国际气候变化谈判进展缓慢,中国的低碳发展战略依然稳步推进。中国"十二五"规划明确提出了减少温室气体排放的目标和发展低碳经济的建议。如何分解减排目标,制定和落实减排政策,成为低碳发展的核心。《报告》第二部分具体分析了中国碳排放区域差异的特点和原因,提出依据各地区节能责任、潜力、能力和难度因素,建立全面反映不同地区特点的综合评价指标体系,并利用聚类分析方法,在既定全国节能目标的前提下,将 31 个省(市、自治区)分为五类,确保相似地区承担相近节能目标,不同类型地区有所区别,在此基础上,提出确保各级政府完成节能目标的政策建议。

利用市场机制减少碳排放是未来中国低碳发展的重要路径。报告分析了国际和中国碳市场的发展现状,指出中国碳交易市场需要注意的四点问题:一是开展试点城市碳交易市场的评估研究;二是建立碳排放监测、报告和核证体系;三是初始配额分配问题极大影响碳市场发展和减排效果;四是碳价是市场机制的核心。

2011 年中国政府已经批准广东、湖北、北京、天津、上海、重庆、深圳两省五市作为碳交易试点,2013 年开始交易。

国际合作是发展低碳经济的必要路径,也符合国际气候变化谈判中的"共同但有区别责任"的原则。中国和欧盟分属发展中经济体和发达经济体。中国与欧洲的低碳经济合作具有典型的示范作用。中欧在减排技术、示范项目和能力建设等领域的合作对促进中国减排技术发展和减排机制建设具有积极的作用。但经济领域中的竞争因素成为限制中欧低碳合作的现实和潜在问题。

国际气候变化和能源政策发展趋势与经验研究以日本为案例。日本能源政策受到2011年大地震所引发的核泄漏影响，国内开始了对其传统能源政策的大辩论。新的政策在不放弃核能的基础上，加强了对传统化石能源（如煤炭）的依赖。能源政策的变化使日本气候变化政策发生变化，尽管日本没有改变其原有的近期减排25%的目标，但是并没有具体实现这一目标的明确措施，也没有提出中远期目标。气候变化政策在日本能源政策中的地位下降。

虽然日本国家能源政策和气候变化政策倾向于保守，日本地方城市的低碳发展经验仍值得借鉴。《报告》以日本丰田市的智能城市建设为案例，分析了日本地方城市低碳发展的规划和政策工具的运用，对中国的低碳城市发展具有借鉴意义。

Abstract

Annual Report on China's Low-Carbon Economic Development (2013) (Hereafter referred as Report) is the 3rd annual research report on low-carbon economy edited by the Global Low-carbon Economy Institute which is a joint venture between the University of International Business and Economics and Nagoya University.

Since the UN Climate Change Negotiation Conference in Copenhagen in 2009, International climate change negotiations have encountered setbacks mainly due to the impact of global financial crisis and the subsequent domestic discords in western countries. New international mechanism on climate change mitigation has yet to be reached. Meanwhile, China, as a fast growing emerging economy, faces mounting pressures on GHGs mitigation. In the beginning of 2013, the widespread and persistent heavy smog over a majority of China's heavily populated regions and cities warned Chinese that green low-carbon development is not only part of China's international obligation but an inevitable path for Chinese own welfare's sake. Chinese Communist Party has formally included Ecological Civilization as one of the core missions in Chinese Socialism Agenda in the 18th Party Congress.

The report contains 4 parts: the first part is a general report focusing on the explanation of the new green-low carbon deployment mode and in policy implication in the 12th Five-year plan and the Agenda of the 18th CCPC; the second part focuses on the PM 2.5 issue and introduce policy governance; the third part introduce some policy suggestions to the practice of the energy-saving and carbon emission reduction in the 12th Five-Year Plan; the fourth part introduce international expedience in dealing with climate change and energy policy by a special focus on the case of Japan after the Japan earthquake; the last part lists statistics data of carbon emissions of China and the world.

Environmental pollution has increasingly impacted China's economic and social development negatively in China's industrialization and urbanization. The wide-spread and persistent heavy smog in most China's heavy populated regions since the beginning of 2013 helped to forge consensus among stakeholders that economic growth could not be at the cost of environment and curbing environmental pollution should be a high priority in economic development.

In the second part of the report, we present some articles focus on the top issue of China's air pollution featured with PM 2.5 has reached a very high level, covers large areas and is caused by complex factors. The complex causes for the air pollution and the problems with current environmental governance are analysed. A case study is provided on the composition and causes of air pollutants in Beijing and its neighbouring regions. Comparative analysis on the paths and experiences of environmental governance in the United States, Europe and Japan are conducted in the report. The authors propose the targets of PM 2.5 control, governance road-map and comprehensive instruments.

The third part of the report analyses the characteristics of greenhouse gas emissions in different regions in China. Whereby, the 31 provinces and districts are grouped into 5 categories with different GHG emission reduction targets. Market mechanism is another essential instrument for GHG emission reductions. Chinese carbon market building is still at her infancy. Pilot program, MRV system, emission quota allowance and carbon pricing are core issues to be addressed in building an efficient carbon market. A case study on the carbon market building program is provided. Imbedded carbon emission in international trade is a core issue of GHG emission transfer. Limiting the carbon intensive export and inward FDI should be adopted as an instrument to reduce China's carbon emissions.

International cooperation facilitates China's low-carbon development. Sino-EU cooperation in capacity building and low-carbon technology research and development set successful models between advanced and emerging economies though constrained by the latter's fear of competition.

In the report, we continue introduce the international experience and lessons in low-carbon economic development by case studies of Japan.

目 录

BⅠ 总报告

B.1 中国生态文明建设任重道远 ………………………………………… 001

BⅡ 专题篇

B.2 中国城市 PM 2.5 的污染与治理 …………………………………… 017
B.3 PM 2.5 污染的治理路径与绿色低碳发展 ………………………… 034
B.4 北京及周边区域颗粒物和细粒子排放源特征及其来源解析 …… 053
B.5 日本治理环境的经验及其对中国治理 PM 2.5 问题的启示 ……… 084

BⅢ 对策篇

B.6 "十二五"时期节能目标的地区分解 ……………………………… 093
B.7 湖北省碳交易试点 …………………………………………………… 103
B.8 中国区域碳排放分异特征与低碳发展对策 ……………………… 109
B.9 中国与欧盟在气候变化和低碳发展领域的合作 ………………… 122

BⅣ 国际篇

B.10 日本的能源政策调整 ………………………………………………… 144

B.11 日本的能源政策与气候变化对策 …………………………………… 169
B.12 丰田市的智能城市建设 ……………………………………………… 177

ⅡⅤ 附录

B.13 附录1 中国碳排放统计 …………………………………………… 192
B.14 附录2 世界碳排放统计 …………………………………………… 209

CONTENTS

B I General Report

B.1 China's Ecological Civilization, a Long March / 001

B II Thematic Report

B.2 The PM 2.5 Pollution Issue and Governance in Chinese Cities / 017

B.3 Roadmap of PM 2.5 Air Pollution Governance and
Green Low-carbon Development / 034

B.4 The Source of the Particles and Fine Particles and Air Pollution
Control in Beijing and Neighbouring Regions / 053

B.5 Japan's Experience in Environmental Governance and Its Implication
for China in PM 2.5 Control / 084

B III Strategy Report

B.6 A Decomposition Method of the Energy Conservation and
Carbon Reduction in "The Twelfth Five-Year Plan" by Regions / 093

B.7 The Pilot Program of Carbon Trading System in Hubei Province / 103

B.8 Regional Features of Carbon Emissions and
     Policy Suggestions on Low-Carbon Economy in China / 109

B.9 China-EU Cooperation on Climate Change and Low-Carbon
     Development / 122

B IV International Report

B.10 The Adjustment of Japan's Energy Policy / 144
B.11 Japan's Energy Delete Policy and Climate Change Policy / 169
B.12 The Smart City Program in Toyota City / 177

B V Appendix

B.13 Appendix 1 China's Carbon Emissions Statistics / 192
B.14 Appendix 2 International Carbon Emissions Statistics / 209

总 报 告

General Report

B.1
中国生态文明建设任重道远

赵忠秀 王苒 闫云凤*

摘　要：

中国的"十二五"规划纲要确定了中国实施绿色低碳发展的路线，而中共十八大首次将大力推进生态文明建设纳入建设中国特色社会主义的"五位一体"总体布局之中，为中国绿色低碳发展提供了根本保障。然而，面对资源约束趋紧、环境污染严重、生态系统退化的严峻形势，近期内雾霾多次侵袭，新能源产业面临政策盲区、企业破产等困境，大力推进生态文明建设任重道远。

总报告解读了中共十八大报告关于大力推进生态文明建设总体布局的条件和内涵，确认其为中国绿色低碳发展的根本性制度保障。报告分析了中国治理雾霾这一严重大气污染的艰巨性和长期性，剖析了 J 曲线效应的客观性。报告对制定有效的节能减排目标和监督检查制度，加强节能减排的制度性建设，进一步落实十八大生态文明建设的政策方针做了分析。报

---

* 赵忠秀，对外经济贸易大学教授、副校长，国际低碳经济研究所所长；王苒，国际低碳经济研究所助理研究员；闫云凤，上海海事大学讲师，对外经济贸易大学博士后。

告还就近期突出的产业政策陷入盲区、新能源企业遭遇危机做了基本分析。报告认为，2013年是中国生态文明建设带有里程碑意义的一年，中国需要高超的智慧继续深化改革开放，促进绿色低碳发展。

关键词：

生态文明建设　雾霾治理　节能减排　产业政策　新能源企业危机

中国需要绿色低碳发展，是《中国低碳经济发展报告（2012）》总报告的主基调[①]。2012年的总报告以《中华人民共和国国民经济与社会发展第十二个五年规划纲要》颁布实施为契机，对中国实施绿色低碳发展的路线，从能源、环境、节能减排三个方面解读了"十一五"规划实施成就和"十二五"规划的目标，以及实现目标的主要方法和政策等。2012年11月，中国共产党第十八次全国代表大会在北京召开，勾画了在新的历史条件下深化改革、扩大开放、夺取有中国特色社会主义新胜利的宏伟蓝图。2013年3月新一届中央政府成立了，工作的重心就是贯彻中共十八大报告精神，扎实推进改革开放。十八大报告明确提出了大力推进生态文明建设的总体要求，将生态文明建设纳入建设中国特色社会主义的"五位一体"总体布局之中，体现了党和政府对生态文明建设认识的升华，中国绿色低碳发展有了更加明确的战略规划和制度保障，对"十二五"规划以及今后多个五年规划都有着重要的战略意义。当举国上下正在落实大力推进生态文明建设的总体工作布局时，2013年1月中国数次出现大面积的严重雾霾污染天气，覆盖面积多达143万平方公里，这种极端环境事件将生态文明建设的重要性、必要性、紧迫性和艰巨性凸显出来。《中国低碳经济发展报告（2013）》以中国重度雾霾天气为切入点，借鉴国际经验，深度分析中国大气污染的成因和治理，进一步研究中国的节能减排行动，并秉承本报告的一贯传统放眼世界，密切跟踪和把握国际气候变化与能源政策发展动向。2013年总报告的主题是，中国生态文明建设任重道远。

---

① 薛进军、赵忠秀主编《中国低碳经济发展报告（2012）》，社会科学文献出版社，2011。

一 生态文明建设确定了中国绿色低碳发展的根本保障

（一）生态文明建设将开启中华民族永续发展的新时代

人类社会文明经历了漫长的原始文明、持久的农业文明和快速发展的工业文明，在工业文明的中后期进入生态文明阶段。中华文明历来讲求人与自然的和谐统一，生生不息延绵五千多年。自人类进入工业革命以来，人类社会在征服自然、改造自然的过程中创造了巨大的物质财富，同时对自然也造成了难以修复的破坏，气候变化就是其典型表现。生态文明建设作为一种对工业文明反思的新型文明境界，试图以科学技术进步为推动力，以新的生产方式和生活方式改善人与自然的关系，促进人与自然的和谐共处。

欧美200多年工业革命的历程对生态环境造成了巨大的破坏，在经济高速增长的背后留下了能源供应紧张、资源禀赋匮乏、生态严重退化、环境急剧恶化、气候异常变化、灾害频繁发生等严重问题，曾促使欧美国家有识之士和国际组织反思人与自然的关系，出现了诸如《寂静的春天》《增长的极限》《我们共同的未来》等对世界产生巨大影响的报告和思想，进而推动联合国正式提出走可持续发展道路的行动纲领。2012年联合国可持续发展大会上通过了《我们憧憬的未来》。

中国的工业化道路是在新中国成立后才正式启动的，中国将欧美200多年的工业化进程压缩成近半个世纪，尤其是改革开放才真正开启了工业文明的进程，时间跨度仅仅30多年。在这大大压缩的工业化进程中，中国取得了举世瞩目的发展成就，成为世界第二大经济体和制造业大国，同时也付出了巨大的环境代价，这也是有目共睹的。

客观地说，中国在工业化进程中并没有放任环境问题不断恶化，而是一直高度重视资源节约和生态保护工作。环境保护在20世纪80年代就成为基本国策。"九五"计划期间国家决定实施可持续发展战略，在"十五"计划中首次明确提出了主要污染物排放总量减少的目标，党的十六大提出了走新型工业化道路并在随后的几次全会上提出了具体的科学发展思想，把节约资源作为基本

国策。"十一五"规划首次确定了能源消耗强度,将主要污染物排放总量作为约束性指标,提出要推进主体功能区建设。党的十七大提出建设生态文明、牢固树立生态文明观念等,可以说一以贯之地推进生态文明建设的战略。党的十八大把大力推进生态文明建设提升到前所未有的战略高度,开启了中华民族永续发展的新时代。

(二)十八大报告对生态文明建设有了客观认识,加强了生态文明建设的意志和决心

十八大报告中明确指出建设生态文明是关系人民福祉、关乎民族未来的长远大计,实事求是地承认中国面临的资源约束趋紧、环境污染严重、生态系统退化的严峻形势,强调必须树立尊重自然、顺应自然、保护自然的生态文明理念,突出了生态文明建设的地位,将其融入经济建设、政治建设、文化建设、社会建设各方面以及全过程,明确提出要努力建设美丽中国,实现中华民族永续发展。

十八大报告重申坚持节约资源和保护环境的基本国策,确定了三个方针,即坚持节约优先、保护优先、自然恢复为主的方针,在发展方式上提出要着力推进绿色发展、循环发展、低碳发展,系统全面地提出形成节约资源和保护环境的空间格局、产业结构、生产方式、生活方式,特别强调从源头上扭转生态环境恶化趋势,从而实现为人民创造良好的生产、生活环境,为全球生态安全做出贡献的生态文明建设目标。

(三)生态文明建设的总体布局

十八大报告从四个方面提出了生态文明建设的总体布局。一是优化国土空间开发格局。报告指出,"国土是生态文明建设的空间载体,必须珍惜每一寸国土。要按照人口资源环境相均衡、经济社会生态效益相统一的原则,控制开发强度,调整空间结构,促进生产空间集约高效、生活空间宜居适度、生态空间山清水秀,给自然留下更多修复空间,给农业留下更多良田,给子孙后代留下天蓝、地绿、水净的美好家园。加快实施主体功能区战略,推动各地区严格按照主体功能定位发展,构建科学合理的城市化格局、农业发展格局、生态安

中国生态文明建设任重道远

全格局。提高海洋资源开发能力,发展海洋经济,保护海洋生态环境,坚决维护国家海洋权益,建设海洋强国"①。

二是全面促进资源节约。报告指出,"节约资源是保护生态环境的根本之策。要节约集约利用资源,推动资源利用方式根本转变,加强全过程节约管理,大幅降低能源、水、土地消耗强度,提高利用效率和效益。推动能源生产和消费革命,控制能源消费总量,加强节能降耗,支持节能低碳产业和新能源、可再生能源发展,确保国家能源安全。加强水源地保护和用水总量管理,推进水循环利用,建设节水型社会。严守耕地保护"红线",严格土地用途管制。加强矿产资源勘查、保护、合理开发。发展循环经济,促进生产、流通、消费过程的减量化、再利用、资源化"②。

三是加大自然生态系统和环境保护力度。报告指出,"良好的生态环境是人和社会持续发展的根本基础。要实施重大生态修复工程,增强生态产品生产能力,推进荒漠化、石漠化、水土流失综合治理,扩大森林、湖泊、湿地面积,保护生物多样性。加快水利建设,增强城乡防洪抗旱排涝能力。加强防灾减灾体系建设,提高气象、地质、地震灾害防御能力。坚持预防为主、综合治理,以解决损害群众健康突出环境问题为重点,强化水、大气、土壤等污染防治。坚持共同但有区别的责任原则、公平原则、各自能力原则,同国际社会一道积极应对全球气候变化"③。

四是加强生态文明制度建设。报告指出,"保护生态环境必须依靠制度。要把资源消耗、环境损害、生态效益纳入经济社会发展评价体系,建立体现生态文明要求的目标体系、考核办法、奖惩机制。建立国土空间开发保护制度,完善最严格的耕地保护制度、水资源管理制度、环境保护制度。深化资源性产品价格和税费改革,建立反映市场供求和资源稀缺程度、体现生态价值和代际补偿的资源有偿使用制度和生态补偿制度。积极开展节能量、碳排放权、排污

---

① 胡锦涛:《坚定不移沿着中国特色社会主义道路前进 为全面建成小康社会而奋斗——在中国共产党第十八次全国代表大会上的报告》,2012年11月18日。
② 胡锦涛:《坚定不移沿着中国特色社会主义道路前进 为全面建成小康社会而奋斗——在中国共产党第十八次全国代表大会上的报告》,2012年11月18日。
③ 胡锦涛:《坚定不移沿着中国特色社会主义道路前进 为全面建成小康社会而奋斗——在中国共产党第十八次全国代表大会上的报告》,2012年11月18日。

权、水权交易试点。加强环境监管,健全生态环境保护责任追究制度和环境损害赔偿制度。加强生态文明宣传教育,增强全民节约意识、环保意识、生态意识,形成合理消费的社会风尚,营造爱护生态环境的良好风气"①。

二 充分认识治理雾霾的 J 曲线效应

2013年1月,中国先后四次遭遇严重的大气污染,为多年来罕见,引起世界的高度关注,国外媒体甚至还造出了一个带有贬义的新词——"北京咳"(Beijing Cough)。雾霾锁京城,雾霾覆盖中国143万平方公里的面积,从吉林一直延伸到贵州,这是中国中东部一个带有普遍性的问题。本报告认为,作为环境危机事件,它将会提速中国生态文明建设,将坏事变好事。本报告专门安排了一个特别专题对此做了深入的研究。

雾霾的问题很简单,向大气中排放的 PM 2.5 过多,积重难返,本报告有翔实的科学分析②;问题也有一定的偶然性和不确定性,2013年1月中国中东部逆温现象频现,大气上层的暖湿气团紧紧罩住下层冷气团中的污染物,使其难以向高空飘散,于是雾霾一次次地来袭,似乎只有等到来自北方的寒流才能将其吹散,重现蓝天白云和灿烂的阳光③;问题似乎有一些悲观,短期的车辆限行、工地停工、工厂停产等措施也只是杯水车薪,既不能立刻消除雾霾,也不能持续使用;问题也许还有乐观的一面,1961年以来,中国有过多次的雾霾频发年份,只是2013年1月创了新高,高峰过后也许还会有低谷或是常态,也许2014年的情况不会这么严重。不过,人们焦虑的是,雾霾就将这么持续地肆虐下去了吗?中央高度重视此次严重的大气污染问题,温家宝指示必须采取切实有效措施,用行动让人民看到希望,李克强指出解决问题需要一个长期过程,但是必须有所作为。2013年"两会"期间,雾霾天气也是会议代表最为关注的问题之一。然而,大气污染的根不除,雾霾就不会清除,这也注定了中国

---

① 胡锦涛:《坚定不移沿着中国特色社会主义道路前进 为全面建成小康社会而奋斗——在中国共产党第十八次全国代表大会上的报告》,2012年11月18日。
② 参见专题篇 B2 和 B3。
③ 冬季供暖过后,雾霾发生的几率也就大大降低了。

治理大气污染是一个长期的艰巨任务。尽管采取了切实有效的措施,但在中国温室气体排放达到峰值而后下降之前,在气候变化无常的情形下,雾霾来袭的频率可能更密,中国要面临着雾霾天气继续恶化然后才好转的情况,也就是存在着一个长期的J曲线效应。

(一)中国的大气污染可能持续恶化

我们的一个基本判断是,中国的大气污染还有可能持续恶化下去。一个不争的事实是中国已成为世界上最大的温室气体排放国,造成霾的污染物二氧化硫、氮氧化物、可吸入颗粒物也有增无减,通过汽车尾气、燃煤供暖的废气、工业生产排放的废气以及建筑工地和道路交通产生的扬尘汇集而来,在特定的逆温条件下形成笼罩大片国土的雾霾。这种高投入、高污染的传统经济发展方式要进行转型困难重重,首先煤炭占中国一次能源消费的比重达到72%,远景规划到2050年才能降到50%以下,且目前煤炭的能效总体来讲只是世界先进水平的1/2左右,即多烧一倍的煤才能获得相同的能量,但由此创造的价值可能更少。2011年中国的国民生产总值与日本相当,但中国的能源消耗(煤当量)是日本的四倍之多,中国的能源禀赋决定了未来节能减排的艰巨性。其次是新能源难堪大任。中国确定了到2020年以可再生能源为主的新能源占一次能源消费的15%的目标,中国在新能源技术开发方面也走在了世界比较靠前的位置,但新能源只能解决中国新增能源需求的一小部分,且像风能、太阳能等可再生能源在智能电网尚没有建设完善的情况下,其整体经济成本要大大高于传统的化石能源。在这种能源禀赋具有刚性,且随着人口增长和城市化导致能源需求不断扩大的情况下,中国的温室气体以及间接相关的污染物排放还将持续上升,我们的一项研究预计峰值可能要到2030年才会出现[①],在此之前的生态压力只会越来越大。最后是温室气体和大气污染具有一定的输入性,一城一地的减排努力会被其他地区排放的输入而抵消掉。比如,北京在降低燃煤比重方面做了很多努力,本采暖季只燃烧了2000万吨煤,但是相

---

① 赵忠秀、王苒、Hinrich Voss、闫云凤:《基于经典环境库兹涅茨模型的中国碳排放拐点预测》,工作论文,2013。

邻的河北省却燃烧了3.5亿吨煤。弥漫140多万平方公里的雾霾是各类地区共同作用的结果，而各地节能减排的效果各异，地方政府对环境治理的认识和工作投入也有差距。因此，应对气候变化，整治大气污染是一项长期艰巨的任务。

（二）环境危机将加速倒逼改革

雾霾将加速倒逼中国转变经济发展方式，促进产业结构升级，发展低碳经济。从国际经验来看，曾经的雾都英国伦敦和钢都美国匹茨堡都从严重的重污染城市转型为生态型城市，经济结构也得到了高度的优化，成为现代生态文明城市的代表。从能源结构来讲，应立足中国的能源供给结构，大力开发和应用清洁煤技术，提高化石能源的能效，尽可能提高清洁能源比重，对电力、建筑、运输等重点行业节能减排予以目标考核，从而降低经济发展的碳强度。从经济结构来讲，大力发展第三产业，对生产型服务业和消费型服务业予以同等重视，扩大内需，扩大就业，改善民生。在制造业内部，坚决淘汰落后产能，对存量能源设施进行技术改造，优化国际生产网络，改善国际价值链分配格局，对部分加工贸易的生产进行对外转移，跟进商业服务。加大环境保护的执法力度，对地方政府进行利益引导，确定生态文明建设目标的可观测性、可核查性。形成低碳发展的公民自觉，将节能减排保护环境上升到公民道德和社会文化的高度，用可持续发展的文化引领社会进步。上述这些改变是在中国环境压力趋紧条件下的内生性变革，这种作为将舒缓环境压力，促进中国温室气体排放呈现趋势性改变。加大工作力度，可以促使良性改变尽早到来，使得 J 曲线效应的后一段能提前实现，而无需对大气环流心存侥幸。

三 深化节能减排的行动

本报告认为，有效地制定节能减排目标和监督检查制度，着力调整经济结构，积极优化能源结构和合理控制能源消费总量，完善污染排放交易体系，加大绿色节能产业资金支持力度，推广生态保护等重点工程建设以及优化出口结构、有效规避"污染天堂"效应是进一步落实党的十八大社会主义生态文明建设的政策方针，促进资源节约型、环境友好型社会的实现，加快转变经济发展的倒逼机制，实现深化节能减排的重要途径。

（一）合理分解节能减排指标，完善减排监督检查制度

在制定各区域减排目标时，根据各区域的实际发展情况、城市主体功能等因素进行分类，按照"共同但有区别"的原则，综合考虑经济发展水平、产业结构、节能潜力、环境容量及产业布局等因素，将全国节能减排目标合理分解到各地区、各行业。同时健全节能减排统计、监测和考核体系，加强能源生产、流通、消费统计，建立和完善建筑、交通运输、公共机构能耗统计制度以及分地区单位国内生产总值能耗指标季度统计制度，完善统计核算与监测方法，提高能源统计的准确性和及时性。修订完善减排统计监测和核查核算办法，统一标准和分析方法，实现监测数据共享①。

（二）着力调整经济结构

新中国成立 60 多年来，我国经济建设取得了巨大成就，在经济总量迅速扩大的同时，污染排放也迅速增加。经济结构不合理的深层次矛盾与居高不下的污染排放增强了经济结构调整的紧迫感和自觉性②。本报告认为，应从经济效益与环境效益两重角度出发，严控高耗能、高排放和产能过剩行业新上项目。加强固定资产投资项目节能评估审查，加快淘汰落后产能③。提高服务业在整个经济结构中的比例，凸显其在经济发展中的带动作用和节能减排中的标杆作用。同时，加大以知识技术密集、物质资源消耗少、成长潜力大为特色的战略性新兴产业在国民经济中的比重，顺应知识经济、循环经济、低碳经济的发展潮流，以节能减排为契机和抓手，实现对经济社会发展全局性的带动作用。

---

① 国务院办公厅《"十二五"节能减排综合性工作方案》。
② 2011 年三大产业对我国 GDP 增长的贡献率依次为 4.8%（第二产业）、4.1%（第三产业）以及 0.4%（第一产业）。其中第二产业中工业贡献率达 4.2%，超过第三产业的总体贡献率水平。2010 年我国分部门碳排放，制造业占据了排放总量的 33%，而同期欧盟国家制造业碳排放量仅为 16%。
③ 第十二届全国人大一次会议《政府工作报告》。

（三）积极优化能源结构，合理控制能源消费总量

目前，我国能源供给结构中煤炭、石油等化石能源比例在85%以上①，而欧洲国家已经完成了从煤炭到石油，从石油到天然气以及清洁能源的转型，从能源供给上摆脱了化石燃料的制约②。因此，在做好生态保护和移民安置的基础上发展水电，在确保安全的基础上发展核电，加快发展天然气，同时因地制宜发展风能、太阳能、生物能等清洁能源，逐步降低化石能源比例，是实现节能减排的重要措施。在优化能源结构的同时，合理控制能源消费总量，建立能源消费总量控制目标分解落实机制，跟踪监测各地区能源消费总量和高耗能行业用电量等指标，力争实现能源消费绝对量的减少。

（四）完善污染排放交易体系

欧盟排放交易体系（EU ETS）的成功运作为我国污染排放交易市场的建设提供了重要参考。本报告认为，利用市场驱动力实现污染排放的控制是较为有效的减排方式。通过建立完善的排放交易市场规章制度，明确交易对象、部门、排放源（生产端、消费端）、排放总量限制和交易时间及配额分配等基本要素是建立污染排放交易市场的前提。在此基础上，使用循序渐进的方法，设置配额分配机制，逐步从免费配额过渡到拍卖分配。在污染排放交易进行过程中，要严格实行"可测量、可报告、可核查"制度，统一测量框架并完善审计制度，确保交易顺利进行。

（五）加大绿色节能产业资金支持力度，推广生态保护等重点工程建设

雾霾笼罩，是危机，也蕴藏商机。据估计，"十二五"期间中国绿色投资将达到8万亿元人民币，重点支持节能改造工程、重大节能技术产业化示范工程、节能产品惠民工程、合同能源管理推广工程和城镇污水处理设施及配套管

---

① 数据来源：《中国统计年鉴2012》。
② 根据IEA的统计数据，2011年英国能源供给总量中煤炭仅占7%；法国核能供给占能源总供给的82%，化石能源比例在1%以下。

网建设、重点流域水污染防治及湖泊生态环境保护等重点工程建设①。除了政府主导的公共投资，在国家政策向绿色产业倾斜的鼓励下，社会资本也将更大比例的目光转向与节能环保有关的产业②。

（六）优化出口结构，有效规避"污染天堂"效应

现阶段，我国出口中的高能耗产品所占比重较高③，出口导向型的发展模式刺激国内企业大量生产高能耗产品以满足国际市场需求。本报告认为，通过对高能耗产品征收出口关税或者采取差别性出口退税政策等手段，合理优化出口结构，减少高能耗产品出口占比，鼓励绿色、节能产品出口，引导我国贸易出口结构向环境友好型发展是从贸易角度实现污染减排的重要手段之一。

近年来，随着发达国家国内环境标准的提高，为了降低污染成本，发达国家逐渐向发展中国家转移高污染行业。已有研究表明，我国正在成为一些发达国家转移国内污染行业的"污染天堂"。本报告认为，应理性对待外资引入，借鉴其他国家在吸收外资过程中的经验教训，切勿只重视"经济效益"而忽视"环境效益"，更不能主动降低环境标准出现"底线竞争"。与此同时，要充分利用外资带来的技术效应，引入发达国家先进的生产方式和环保理念，促进产业升级，让优质外资成为实现我国经济与环境和谐发展的"催化剂"。

四 产业政策陷入盲区 新能源企业遭遇危机

2012 年，在全球经济不振、国际油价下行和页岩气能源兴起的大背景下，全球新能源产业投资下滑，我国新能源企业由 2011 年的调整年步入 2012 年的寒冬年。受国内产能过剩、欧美市场"双反"等多重打击，中国新能源企业海外市场环境急剧恶化；同时，中国新能源企业经营步履维艰，利润大幅缩

---

① 第十二届全国人大一次会议《政府工作报告》。
② 清科研究中心数据显示，2012 年，清洁技术行业共有 131 起投资事件，涉及总额达 10.17 亿美元。其中，环保产业的投资案例数 61 起，投资总额为 5.26 亿美元，占比超过全行业的 1/2。
③ 根据赵忠秀、王苒《中日货物贸易中的碳排放问题研究》，《国际贸易问题》2012 年第 5 期，中国对日本出口中，高耗能产品占比在 60% 以上。

水,部分新能源龙头企业甚至濒临破产。2013年3月20日,我国光伏标杆企业——无锡尚德破产重整。从表面上看,尚德破产乃产能过剩、海外融资等问题所致。而实际上,尚德之痛更多折射出我国新能源产业发展的诸多深层次问题①。

(一)供需不平衡带来产能过剩

新能源产业是一个新兴产业,由于其污染少、储量大等优势,成为各国发展的一大重心。但就国内现状来说,对新能源的需求量并不大,大多还依赖于传统能源,这就导致了需求量和供给量增长不平衡,供过于求必将带来产能过剩。国内新能源相关领域的产能过剩已成为突出的问题,最明显的是新能源汽车行业,目前新能源汽车已经成为最热门的投资项目,各汽车企业以及上下游企业都纷纷加入新能源汽车的相关领域。2011年底新能源汽车市场供给突破50万辆,而实际需求只有5万辆。目前新能源汽车处于一个起步状态,人们对它的接受程度有限,加上全国范围的充电体系建设并没有进入状态,使得新能源汽车的市场需求不大。另外一个典型就是国内的光伏产业,2011年、2012年中国光伏电池产量都超过了20G瓦②,产能甚至超过全球所需,按照规划,2013年国内光伏市场规模约为10G瓦。由于"双反"调查,欧美市场必然大幅萎缩,那么有将近一半的产量是过剩的。另外一个突出的问题是应用技术的瓶颈限制问题,研发生产出来的新能源难以投入实际应用领域,比如风能和太阳能的应用就受到并网难的限制,一方面是因为电网建设水平不足,另一方面也存在风电和太阳能设备本身技术水平不够的问题,不能保证风力和太阳能转化为平稳恒定的电流供给电网。产能在不断供给,而应用却在搁浅,这是产能过剩最大症结所在。

(二)对外依存度过高,光伏产业面临"空心化"危险

我国以光伏为代表的多数新能源产业面临"两头在外、大进大出"的问

---

① 《尚德之殇》,和讯新闻,2013年5月3日。
② 数据来源:国家能源局《太阳能发电发展"十二五"规划》。

题,所需原辅材料、关键设备和技术主要依赖从欧洲市场的"大进",产品更是集中向欧美市场"大出"。虽然我国拥有全球70%的产能和50%的市场,可是90%的产品都依赖出口海外市场,国外市场的变动会给国内企业造成较大的不确定性,一点风吹草动都会影响国内市场的格局。2012年美国和欧盟先后发起针对我国光伏产品的"双反"调查,涉及我国近80%的太阳能电池产品①。贸易形势恶化迫使我国光伏产业加速转移,以规避国际贸易风险并更好地靠近终端市场,但这将最终导致国内光伏产业"空心化"。从全球市场来看,在战略性新兴产业中,我国与发达国家的竞争关系也逐渐形成。金融危机后发达国家"再工业化"正好与我国产业和贸易结构升级交织在一起:一方面,我国产业和贸易结构将向目前发达国家具有优势的产业升级;另一方面,新兴产业是我国和发达国家都竞相发展的重点产业,我国与发达国家在新兴行业方面多有重叠,成为竞争的焦点,而产业政策的合规性问题是国际经贸关系领域的新问题。目前欧美"双反"的做法是"用旧瓶装新酒",有明显的贸易保护主义的特征,但如何打造新能源产业政策和贸易政策的"新瓶",还有待大国间的角力。尤其需要严肃对待的挑战是,欧美对国际贸易政策的调节正从"边界"向"边界内"延伸,涉及中国国内的财政、政府采购、国有企业、产业引导等政策都要"合法"地受到欧美的审查,其采取的保护主义措施将会越过边界直接影响甚至打击到国内企业②。"尚德之殇"为整个新能源等新兴产业敲响了警钟,改变高度依赖外部技术及市场的发展观念和模式成当务之急:变"两头在外、大进大出"为"两头互利、集成带动",国内外两个市场兼顾、互利,技术集成创新与支柱创新并举,产品以国内市场带动国外市场,从而争取国际产业竞争的主动权。

(三)政策刺激不能替代产业发展

政策的刺激对于陷入困局的企业有救急作用,但是要立竿见影地扭转整个

---

① 《太阳能产业将面临最残酷"洗牌"》,《中国商报》2013年1月15日。
② 美国推动的 TPP(跨太平洋战略经济伙伴关系协定)和 TTIP(跨大西洋贸易和投资伙伴协定)谈判宣称是21世纪的高水平的贸易投资协定,直接约束到国内的政策而不再仅仅是传统意义上的国家间(边界上)的贸易政策,大有为世界贸易组织(WTO)另订规矩的意味。

光伏产业的局面很难。现在国内光伏行业的主要矛盾是产能过剩和市场需求不足的矛盾,只要光伏的产能还在过剩,那么危机就不会过去。早在2011年光伏危机初起时,调整产业结构、淘汰落后产能便已经是业内共识,但由于银行债务、地方就业、地方经济等种种复杂因素,各方都不敢让光伏巨头倒下,所以产业结构调整始终未有实质性的动作。我们要保护的是战略性新兴产业,而不是某家企业。如果政府一味地给企业输血,除了带来更多的亏损,对光伏行业本身并没有好处。新能源要在技术上有所突破,需要大量的投入,不仅周期长,风险也很大,一般的社会资本没有这个动力,因此要由政府介入。但政府的补贴应侧重鼓励企业进行技术研发,我国企业应该要有自己的核心技术,而不是成为代加工厂,赚取微薄的加工费。我国新能源要走出目前的困境,必须依赖企业的技术创新和商业模式的变革,使价格可被社会接受;依赖于财政补贴,短期来看似乎解决了这个问题,但终非解决之道,况且长期下去会拖垮财政;工业化以来,任何一个新技术的兴起和推广,都绝非财政补贴的结果。靠政策补贴的企业是无前途的,企业应把政策激励措施作为一种创新的助推力。

(四)国内新能源产业核心技术研发滞后

新能源的高端技术主要掌握在日本、美国、德国等发达国家手中,我国新能源技术还相对落后,核心技术和核心原料"两头在外"。比如核能,核心原料为铀,但我国储备少,需要进口,一旦形成发展规模就容易受制于人,风能领域的电机制造技术同样如此。太阳能光伏产业面临的最大问题在于多晶硅和单晶硅的提纯技术,这一技术长期以来基本上依靠日本和德国。即使在日本和德国开始向我国输出硅提纯技术之后,我国还是面临着"技术租借"这一瓶颈。核心技术空心化的问题,在我国新能源产能的快速膨胀中越来越突出。在风电制造领域,近年来大小企业如雨后春笋般成立,各路资本正加速进入。但在核心技术和关键零部件等方面,几乎走的是清一色的引进路线,直接从国外购买图纸就开工上马,自主研发企业数量少、投入少,既有的成果实际推广应用成效甚微。在光伏产业领域,前期暴利行情导致多晶硅项目一哄而上,但由于核心技术研发滞后,生产成本居高不下,出现的一方面是以国内的高能耗、高污染的多晶硅生产为发达国家提供清洁能源,另一方面是国外市场行情变化后，迅速出现的产能过剩和行业危机。同样的情况在新能源汽车研发领域也存在，研发不足、没掌握核心零部件技术，都制约着下一步产业的发展。对新能源的基础投入不够，是突出的制约因素。当前中国新能源发展最快的风电行业，核心技术水平和自主创新能力有待提高，国家级的风电技术研发平台没有成立，缺乏深入的基础研究，没有形成有效的产学研技术开发体系，已经成为重要制约瓶颈。因此，尽快向基础理论研发倾斜，向以零部件为核心的制造业倾斜，才能推动我国新能源领域在技术研发和产业转化两个方面实现"弯道超车"。

五　总结

2013年注定要成为中国大力推动生态文明建设、促进绿色低碳发展带有里程碑意义的一年。一方面，党和国家建设生态文明的意志和战略规划进入十八大的宏伟蓝图之中，另一方面，严重的大气污染和新能源产业困境集中爆发，考验各级政府的决心和施政能力，需要高超的政治智慧、高明的战略规划和强力的执行能力。实干兴邦，大力推进中国的生态文明建设，需要政府、企业和公众的共同努力和协作。

大力推进生态文明建设写进了十八大报告，奠定了中国绿色低碳发展的根本性的制度保障，在2013年及整个"十二五"期间，需要就生态文明建设总体布局进行落实，制订相关的战略规划，完善政策，推动项目实施。

我国严重的大气污染敲响了警钟，这一危机事件可以成为我国绿色低碳发展的助推器，新一届政府面对大气污染可能要持续恶化的压力，要果断采取行动，保证联防联动措施到位，完善法律制度建设，争取早日实现大气环境的好转。

在已有成果的基础上，进一步落实社会主义生态文明建设的政策方针，要继续推进节能减排工作，积极优化能源结构，合理控制能源消费总量，完善污染排放交易体系，加大绿色节能产业资金支持力度，推广生态保护等重点工程建设以及优化出口结构，促进资源节约型、环境友好型社会的实现，形成转变经济发展方式的倒逼机制。

我国新能源产业在发展过程中遇到了重大挑战,产业引导政策、财政支持政策、贸易政策等遭遇了国际范围内的"合规性"挑战,出现了不同程度上政策的盲区;部分代表性企业由于内外部原因,暴露了内源性的矛盾和缺陷,经营陷入了困境。在全球性竞争的大格局下,需要政府加强政策调研和调整,及时消除政策盲区;企业应加强自身竞争能力建设,提高自主创新能力,争取实现"弯道超车"。

参考文献

[1] 胡锦涛:《坚定不移沿着中国特色社会主义道路前进　为全面建成小康社会而奋斗——在中国共产党第十八次全国代表大会上的报告》,2012年11月18日。

[2] 第十二届全国人大一次会议《政府工作报告》。

[3] 国家能源局:《太阳能发电发展"十二五"规划》。

[4] 国家统计局:《中国统计年鉴2012》,中国统计出版社,2012。

[5] 国务院办公厅:《"十二五"节能减排综合性工作方案》。

[6] 《尚德之殇》,和讯新闻,2013年5月3日。

[7] 赵忠秀、王苒:《中日货物贸易中的碳排放问题研究》,《国际贸易问题》2012年第5期。

[8] 赵忠秀、王苒、Hinrich Voss、闫云凤:《基于经典环境库兹涅茨模型的中国碳排放拐点预测》,工作论文,2013。

[9] 《太阳能产业将面临最残酷"洗牌"》,《中国商报》2013年1月15日。

[10] 薛进军、赵忠秀主编《中国低碳经济发展报告2012》,社会科学文献出版社,2011。

专 题 篇

Thematic Report

B.2
中国城市 PM 2.5 的污染与治理

李 萌 潘家华*

摘 要：

2013 年初的强烈雾霾天气使 PM 2.5 问题备受关注，再次敲响了中国环境治理的警钟。从监测情况看，中国城市的 PM 2.5 污染具有水平高、空间分布不均匀、各城市 PM 2.5 污染源成分复杂、影响范围广等特点。中国政府已开展了包括 PM 2.5 在内的城市大气污染治理，出台了最严厉的大气污染物限排政策，并取得了一些进展。但是，由于 PM 2.5 治理的复杂性和中国经济的快速发展以及城镇化进程，中国城市 PM 2.5 污染治理也面临着一些难题，本文对此进行了分析，并给出了有关治理的措施建议。

关键词：

PM 2.5 污染 治理

---

* 李萌，中国社会科学院城市发展与环境研究所副研究员；潘家华，中国社会科学院城市发展与环境研究所所长，研究员。

近年来，随着中国经济社会的快速发展和城市化进程的加速，空气污染问题进一步加剧[1]。2013年，我国中东部及西南地区大部分城市持续雾霾，1月雾霾日数已经打破了50年来的纪录[2]。覆盖大片中国土地的极端雾霾给人民健康、工业生产、交通运输带来了较大的危害。作为引起雾霾的主要因素，PM 2.5问题受到普遍关注并引起热议，也再次敲响了中国环境治理的警钟。

一 中国城市PM 2.5污染状况

PM 2.5即细颗粒物，指空气中空气动力学直径小于等于2.5μm的悬浮颗粒物，可通过直接和间接两种途径影响气候，并可以随着人的呼吸进入体内。由于它粒径小、比表面积大、易于富集空气中的有毒有害物质，对人体健康影响巨大。世界卫生组织（WHO）认为，PM 2.5小于每立方米10微克是安全值，当PM 2.5年均浓度达到$35\mu g/m^3$时，人的死亡风险比$10\mu g/m^3$的情形约增加15%。

中国的PM 2.5污染表现为如下四个特点。

（一）污染水平高

2011年9月，世界卫生组织发布了91个国家1100个城市的空气质量及排名，其中有中国的32个城市，排名在第812~1058位。即使是空气质量较好的海口，在WHO的排名中也居于巴黎之后。从部分试点监测城市的监测结果来看，执行新的空气质量标准（PM 2.5年均值的二级标准为$35\mu g/m^3$）后，我国城市空气中的PM 2.5污染逐步凸显，多数城市PM 2.5超标，与国外一些发达城市和世界卫生组织环境空气质量指导值（$10\mu g/m^3$）相比，均存在很大的差距（见图1）。PM 2.5污染水平的偏高给中国城市带来的挑战是严峻的。

---

[1] 2011年，中国城市化率达到51.3%。人口城市化率超过50%，有半数以上的中国人，以不同的方式工作和居住在城市里，这是中国社会结构的一个历史性变化，它意味着中国结束了以乡村型社会为主体的时代，开始进入以城市型社会为主体的新的城市时代。
[2] 根据环保部卫星中心遥感监测数据，2013年1月全国平均雾霾日数为4.3天，较常年同期偏多1.5天，为50多年以来的最高值。其中，中东部地区雾霾日数普遍达到5~10天，污染范围覆盖近270万平方公里，涉及我国17个省市自治区和京津冀、长三角、珠三角的40余个重点城市，影响人口约6亿人。

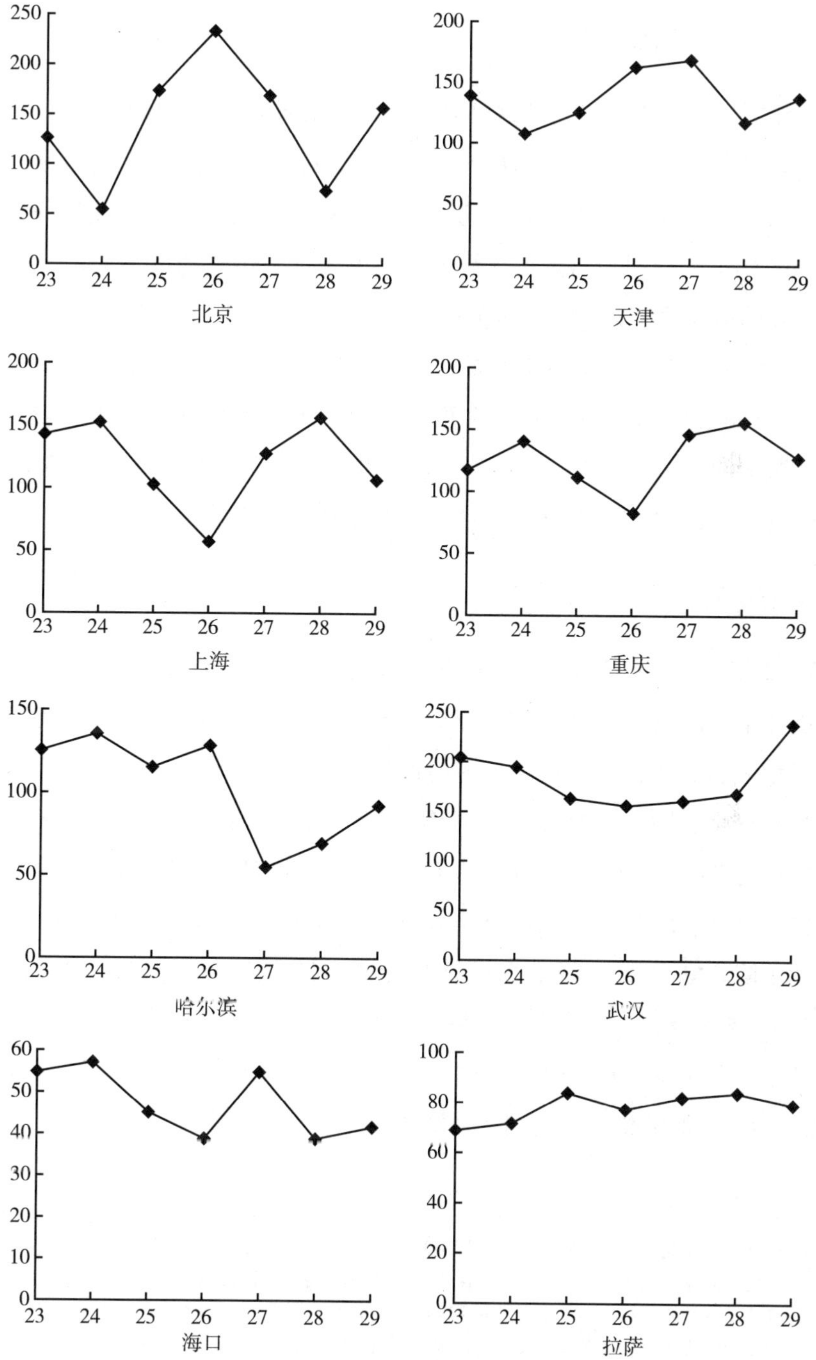

中国城市 PM 2.5 的污染与治理

图 1 部分城市 7 天 PM 2.5 观测数据（2013 年 3 月 23～29 日）

资料来源：环保部，指数根据美国 AQI 标准计算。

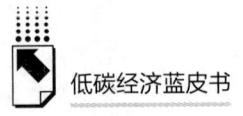

（二）覆盖范围广

京津冀地区、长江三角洲地区以及珠江三角洲地区等区域每年灰霾天数已达 100 天以上，个别城市甚至超过了 200 天。特别是进入 2013 年以来，出现了入冬以来持续时间最长、影响范围最广、强度最大的雾霾天气过程。据统计，2013 年 1 月全国平均雾霾日数为 4.3 天，较常年同期偏多 1.5 天，为 50 多年以来的最高值。其中，中东部地区雾霾日数普遍达到 5～10 天，污染范围覆盖近 270 万平方公里，涉及我国 17 个省市自治区和京津冀地区、"长三角"地区、"珠三角"地区的 40 余个重点城市，影响人口约 6 亿人。同期公布 PM 2.5 数据的 74 个城市中，有 33 个超过世界卫生组织安全值（PM 2.5 < 10）的 30 倍，对人民群众身体健康和生产生活造成严重影响①。

（三）空间分布不均匀

2012 年，由耶鲁大学的 Angel Hsu 领导的研究小组向英国《经济学人》杂志提交了一份报告，利用美国卫星影像数据分析了中国全境 PM 2.5 地表浓度年平均值的空间分布，指出中国内地仅有海南、西藏、黑龙江三个省（自治区）达到世界卫生组织安全值（PM 2.5 < 10），其余省份均超标。他们根据卫星监测的数据，描绘了 2001～2010 年中国各省 PM 2.5 浓度的变化曲线，显示北京、上海、广东三地 PM 2.5 年均浓度虽然近年来有所下降，但是与九年前相比下降幅度有限②。从我国目前 74 个重点城市公布的 PM 2.5 观测数据看，我国 PM 2.5 浓度的空间分布仍未发生重大改变，黄河以北的 PM 2.5 污染情况更为严重，其中京津冀地区、长江三角洲地区以及珠江三角洲地区等区域的 PM 2.5 污染有加重趋势（见图 2 和图 3）。

---

① 中国工程院院士钟南山研究表明，如果 PM 2.5 由 25 增加到 200，其致病死亡率将增加 11%。而由国内外环境领域专家组成的工作小组及来自亚洲开发银行的专业团队联合完成的《迈向环境可持续的未来——中华人民共和国国家环境分析》报告数据显示，中国的空气污染每年造成的经济损失，基于疾病成本估算相当于国内生产总值的 1.2%，基于支付意愿估算则高达 3.8%。

② Pollution in China: Man-made and visible from Space, Feb. 1st 2012, by The Economist online.

中国城市 PM2.5 的污染与治理

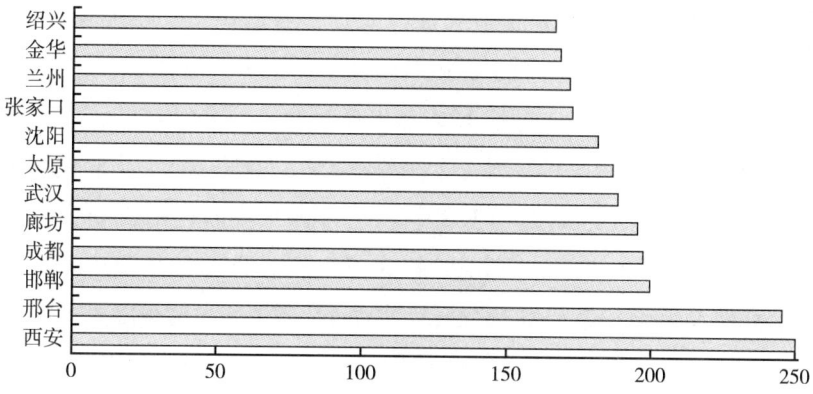

图 2　PM2.5 指数最高的前 12 个城市（2013 年 3 月 30 日 10：00）

资料来源：国家环保部。

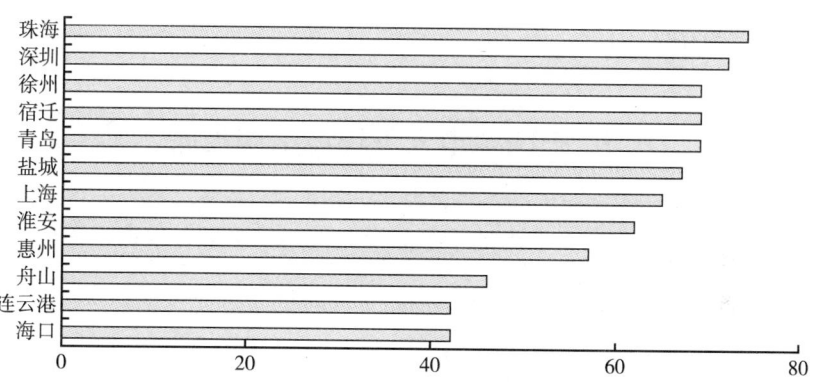

图 3　PM2.5 指数最低的前 12 个城市（2013 年 3 月 30 日 10：00）

资料来源：国家环保部。

（四）污染成分复杂

PM2.5 污染物主要包括工业生产、燃煤、机动车尾气等排放的一次污染物及其在空气中经化学反应生成的二次粒子。但由于所处地理位置的不同和社会经济环境发展状况的差异，各城市 PM2.5 污染源的贡献率也不尽相同。如根据广州环保局 2012 年 3 月 8 日公布的 PM2.5 污染源解析结果，机动车污染占 38%，工业污染占 32%，可挥发性有机物污染占 18%，工地扬尘占 12%。北京环保局公布的结果为 PM2.5 污染中 22% 是机动车排放，16.7% 是煤炭燃烧（锅炉功能等），16.3%是工业喷涂，16%是城市扬尘，4.5%是农村秸秆焚烧，24.5%是周边省市带来的影响。上海环保局公布的分析结果为机动车船等移动源占25%，工业工艺过程15%，工业锅炉、炉窑占11%，电站、锅炉占10%，干洗、餐饮和民用涂料等生活源占5%，秸秆燃耗、化肥使用和畜禽养殖等农业源占4%，区域影响占20%。对郑州市高新区的检测分析结果显示，当地PM 2.5污染中二次气溶胶占26.7%，土壤扬尘占25.9%，燃煤占19.1%，生物质燃烧和燃油占16.3%，机动车占9.6%，燃煤除外的其他工业源占2.3%[1]。武汉则为机动车排放占27.1%，二次硫酸盐和硝酸盐占26.8%，工厂排放占26.4%，生物质燃烧占19.6%[2]。来自四川省环境监测中心的资料显示，四川盆地雾霾污染的主要来源为工业类22%～25%，机动车16%～20%，燃煤17%～20%，扬尘、油烟、秸秆、涂料溶剂类占20%～25%，其他占10%～18%。[3]

二 中国城市大气环境治理进展

近年来，包括PM 2.5在内的中国城市大气污染治理，取得了一些进展。

（一）PM 2.5监测时间表公布

我国从2007年开始着手开展PM 2.5的长期监测，首先在天津、上海、重庆、广东、深圳、广州、苏州、宁波、南京9个城市开展灰霾试点监测，至2011年扩大到18个城市。2011年的试点监测结果显示，我国城市灰霾天气出现频率较高，总体来看，黄河以北的PM 2.5污染情况更为严重，其中西安、长春、济南三个城市的PM 2.5年均浓度高达$100\mu g/m^3$。

继2011年11月1日开始实施《环境空气PM 10和PM 2.5的测定质量

---

[1] 耿柠波：《郑州市高新区大气颗粒物PM 2.5中金属元素分析及污染源解析》，郑州大学硕士学位论文，2012。
[2] 成海容、王祖武等：《武汉市城区大气PM 2.5的碳组分与源分解》，《生态环境学报》2012年第21卷第9期。
[3] 中国城市PM 2.5污染源解析结果的差异除了分析方法存在局限性，如是否考虑周边环境的影响、监测数据的可靠性等之外，主要还是取决于各地污染源排放结构、气象条件等因素。

法》，2011年第七次全国环境保护工作大会上提出PM2.5监测时间表，全国将分"四步走"：2012年的监测范围首先覆盖京津冀地区、"长三角"地区、"珠三角"地区等重点区域以及直辖市和省会城市；2013年PM2.5监测范围扩展到113个环保重点城市和环保模范城市开展；2015年将在所有地级以上城市开展PM2.5监测。2016年1月1日起全国各地都将按照新标准监测和评价环境空气质量，并向社会公布结果。

截至2012年5月，中国的PM2.5监测网络已将规模扩大3倍，并投入20亿元人民币用于PM2.5的监测设备，国家城市环境空气质量监测网络由113个重点城市扩大到地级以上共338个城市1436个空气点位。据环保部的信息，2012年底，由国家和地方共投入约9.5亿元，实现了首批74个地级以上市监测PM2.5，到2015年，全国388个地级以上市要实现监测能力。

监测数据的公布，会时刻提醒公众空气质量较差的现实，迫使所有人都更正视现实，给政府和企业带来更大的压力，从而促使环保方面积极性不高的个别地方政府不得不改变，对污染源加以控制，加以监管。因为，从长远来看，地方政府不加以环境保护的话，若PM2.5不能达标，则可能暴露出因当地投资环境恶劣吸引不到投资的问题，因而各级政府已将治理空气中的PM2.5作为重要的环保措施之一，包括开展植树造林、推行城市立体绿化及节能减排工作等。

（二）PM2.5标准值正式出台

2012年2月29日，国务院同意发布新修订后增加了PM2.5监测指标的《环境空气质量标准》，我国PM2.5标准值正式出台，采用世界卫生组织设定最宽限值，PM2.5年和日均浓度限值分别定为35$\mu g/m^3$和75$\mu g/m^3$，与世界卫生组织过渡期第一阶段的目标值相同。

2006年，美国在修订后的《国家环境空气质量标准》中增加了对PM2.5浓度上限的要求，PM2.5日均浓度上限为35$\mu g/m^3$，年均浓度上限为15$\mu g/m^3$，大致相当于世界卫生组织对PM2.5确立的第三个过渡时期的目标值。英国2007年修订的《空气质量战略》提出，在2020年前将空气中PM2.5的年平均浓度控制在25$\mu g/m^3$以下。日本环境省于2009年9月9日公布了PM2.5环境标准，规定PM2.5的年平均值在15$\mu g/m^3$以下、日平均值在35$\mu g/m^3$以下。欧盟（EU）在2009年4月召开的欧洲议会和欧洲理事会上，通过了"年平均值在2015年之前达到25μg/m³以下、在2020年之前达到20μg/m³以下的指令方案。可见，与发达国家相比，我国的PM 2.5标准明显宽松（见表1）。

表1 PM 2.5标准对比

国家、组织		年平均	日平均	备注
WHO	准则值	10	25	2005年发布
	过渡期目标-1	35	75	
	过渡期目标-2	25	50	
	过渡期目标-3	15	37.5	
美 国		35	35	2006年12月17日发布
英 国		25	—	2007年修订《空气质量战略》，非强制
日 本		15	35	2009年9月9日发布
澳大利亚		8	25	2003年发布，非强制
欧 盟		25	—	2010年1月1日发布,2015年1月1日强制标准生效
中 国		35	75	2012年2月29日发布

PM 2.5监测数据的获得和发布是政府提供的一项公共服务，是保障公众知情权工作的一部分。实施新版《环境空气质量标准》，及时准确地提供最能反映现实情况的环境质量数据，对于不断改善环境质量，随时掌握环境污染现状的真实情况，制定合理有效的公共政策并采取有效的治理措施，遏制环境空气质量持续下滑态势具有重要意义。

（三）实施最严厉大气污染物限排政策

为进一步加强空气污染治理的执行力度，中国城市已开始根据环境容量考虑产业布局、区域能源结构、区域相应生产生活交通运输排放要求，对大气污染物进行特别限值，并采取措施对附近的工业污染源进行更加严格的监管。

2013年3月1日起，严格控制大气污染物新增量，新受理的火电、钢铁环评项目将执行大气污染物特别排放限值，石化、化工、有色、水泥行业以及燃煤工业锅炉等项目待相应的排放标准修订完善并明确特别限值后执行，在京津冀地区、"长三角"地区、"珠三角"地区等重点区域的19个省、区、市的47个地级及以上城市开始实施。这项政策的颁布执行，除了可在雾霾等紧急情况下进行限值停产，对于日常状态下根据区域大气环境容量来限定污染物排放量也非常必要。

（四）空气污染治理取得初步成果

目前，我国工业产品污染排放强度有所下降，空气污染加剧的趋势得到初步遏制，部分城市和地区的空气环境质量有所改善。

"十一五"期间国家开始把环境保护摆上更加重要的战略位置，提出建设资源节约型、环境友好型社会，加快转变经济发展方式，污染治理投资保持较快增加，主要污染物排放总量得到控制（见表2），城市空气质量稳中趋好。以2009年为例，全国当年在环境污染治理方面的投资总额达到了4525亿元，比2005年增长89.5%，其占GDP的比重也由2005年的1.30%提高到了2009年的1.33%（见表3）。

表2　工业"三废"治理效率（空气污染部分）

指标	单位	2005年	2006年	2007年	2008年	2009年
工业二氧化硫排放达标率	%	79.4	1.9	6.3	8.8	1.0
工业烟尘排放达标率	%	82.9	7.0	8.2	9.6	0.3
工业粉尘排放达标率	%	75.1	2.9	8.1	9.3	9.9

资料来源：国家统计局：《环境保护事业取得积极进展——"十一五"经济社会发展成就系列报告之十四》，2011年3月10日。

表3　环境污染治理投资情况

指标	单位	2005年	2006年	2007年	2008年	2009年
环境污染治理投资总额	亿元	2388.0	566.0	387.3	490.3	525.3
城市环境基础设施建设投资	亿元	1289.7	314.9	467.5	801.0	512.0
工业污染源治理投资	亿元	458.2	83.9	52.4	42.6	42.6
建设项目"三同时"环保投资①	亿元	640.1	67.2	367.4	146.7	570.7
环境污染治理投资占GDP比重	%	1.30	1.22	1.36	1.49	1.33

资料来源：国家统计局：《环境保护事业取得积极进展——"十一五"经济社会发展成就系列报告之十四》，2011年3月10日。

---

① 建设项目"三同时"环保投资是指当年建成投产的实际执行"三同时"制度的建设项目的环保设施实际投资额。其中"三同时"制度指建设项目中防治污染的设施，必须与主体工程同时设计、同时施工、同时投产使用。

PM 2.5 在城市里的主要来源除了工业污染源以外,还有汽车所排放的废气。一直以来,虽然有人把空气污染归咎于汽车数量的急剧扩张,但却很少有人关注燃油品质对环境造成的污染,出于降低 PM 2.5 的需要,对汽车燃油标准、燃油效率、汽车数量以及对于油品本身的品质也会进一步要求提高,机动车尾气治理在多个城市已开始新一轮的动作。例如,北京已提前实施"京 V"排放标准,汽油标号将 93 号改为 92 号、将 97 号改为 95 号以提高汽油的清洁度。据测算,"京 V"标准实施后,单车排放与目前相比降低 40% 左右。2012 年底,北京的机动车保有量 520 万辆,预计 2015 年将达 600 万辆,京 V 标准实施后,轻型汽油车、重型柴油车单车氮氧化物排放均将下降 43% 左右,油品质量提高也可显著削减氮氧化物排放水平。中国汽车技术研究中心试验表明,北京在用汽油车使用新标准汽油后氮氧化物减排 15%,PM 2.5 也会同步降低。上海也准备出台"沪五"标准,同时开始加快淘汰超标准排放的黄标车。

三 中国城市 PM 2.5 污染治理面临的难点

时至今日,中国已经建立起比较严密的环境管理系统。但是,也要清醒地看到,由于在短短的几十年内要走完发达国家上百年才完成的工业化、城镇化和现代化过程,发达国家上百年间分阶段出现的环境问题,在中国已经集中出现,往往是已有的环境问题尚未解决,新的环境问题又在不断产生。由于 PM 2.5 治理的复杂性和中国快速的经济发展以及城镇化进程,中国城市 PM 2.5 污染治理面临的难点更为突出。

(一) PM 2.5 形成机理尚待明确

PM 2.5 污染来源广泛,形成机理复杂,除直接排放外,还涉及发生在大气中的一系列物理化学过程,其化学组成复杂,有机化合物种类繁多,其中有些过程我们还不太清楚。有研究结果显示,50% 以上的 PM 2.5 都是在空气当中通过各种物理化学过程而形成的,是典型的二次污染物,污染治理难度非常大,不可能一蹴而就。以美国为例,其颁布的 PM 2.5 空气质量标准为年均值为15,24小时平均为35。虽采取多种措施,2000~2010年的10年,美国PM2.5浓度也仅下降了27%,部分城市仍未能达标。据统计,中国空气污染物增长得最快的时间段是20世纪90年代末到2006年,但治理起来却是一个更为长期的过程。作为一个发展中的大国,实现PM2.5浓度普遍下降需要付出很多年的努力,要恢复至达标水平无疑要更长时间①。因此,PM2.5的治理各地需弄清形成机理,尽早部署实施,且要持之以恒。

(二)发展与污染治理关系协调

PM2.5质量浓度的严重超标,深刻反映了我国30年来快速工业化和城镇化过程中,积累的高耗能高排放行业产能过剩和布局不合理、能源消费量过大和以煤为主的能源结构持续强化、城市机动车保有量快速增长、油品质量不高、建筑工地遍地开花、污染控制力度不够、生态环境持续恶化等问题,导致主要大气污染物排放总量超过环境容量。

中国经济高速发展了30多年,但一直以来沿袭的粗放式发展是必将付出代价的。据环保部环境规划院发布的2010年绿色国民经济核算,2010年,全国生态环境退化成本达到15389.5亿元,占GDP的比例为3.5%左右。亚洲开发银行发布的报告显示,中国的空气污染每年造成的经济损失,基于疾病成本估算相当于国内生产总值的1.2%,基于支付意愿估算则高达3.8%②。

环境问题究其实质是经济结构、生产方式、消费模式和发展道路问题③。中国能源结构的比例中,煤炭一直占重头地位。为减少燃煤对环境的污染,我国仅在"十一五"期间就淘汰了落后炼铁产能12000万吨、炼钢产能7200万吨、水泥产能3.7亿吨,关停了小火电机组7210万千瓦,大大减少了污染物

---

① 世界卫生组织(WHO)制定的"空气质量准则"中,PM2.5标准为年平均浓度为10(微克/立方米),24小时平均浓度25,并提出了三个过渡时期的目标,对应的PM2.5年平均浓度依次为35、25、15,24平均小时平均浓度为75、50、37.5。我国新标准直接搬了世界卫生组织第一过渡期时期指导值,即,年均值35,日均值75,是目前最宽泛的标准,但即使这样,绝大多数城市目前的现状也是超出标准的。
② 亚洲开发银行:《迈向环境可持续的未来——中华人民共和国国家环境分析》,2013年1月14日。
③ 《从PM2.5引起热议说开去》,《光明日报》2012年7月17日。

排放量①。但同时也必须看到,中国正处在工业化进程中,产业水平总体上较低,污染排放多,对环境破坏大。一些地方在发展过程中重经济轻环保,甚至不惜以牺牲环境来换取经济利益。在这种情况下,既要保障经济和社会的平稳较快发展,又要改善环境空气质量,无疑是一个两难的选择。目前,中国环保产业、节能技术和相关资源尚无法满足环境空气治理的需要,环境污染防治压力很大。

(三) 相关体制机制的改进

全国人大相继制定了 9 部环境保护法律、15 部自然资源保护法律,国务院制定或修订了 50 余项环境保护相关的行政法规,发布了《关于落实科学发展观加强环境保护的决定》《关于加快发展循环经济的若干意见》等法规性文件,国务院有关部门、地方人民代表大会和地方人民政府制定和颁布了相关规章和地方法规 660 余件。但是,这些法律法规并没有得到认真贯彻执行,在个别地方,这些环保法规形同虚设,毫不具有约束力,有法不依、执法不严、违法不究现象时有发生。

同时,由于缺少环境保护的统筹协调机构行使统一监督职能,地方环保部门的环保责任只限于本行政区内,且在双重领导体制下要更多地受地方政府的制约,也导致跨区域污染难以禁止。

2011 年 12 月,国务院公布的《国家环境保护"十二五"规划》和《"十二五"控制温室气体排放工作方案》提出,"十二五"期间我国单位国内生产总值二氧化碳排放下降 17%,化学需氧量、二氧化硫、氨氮、氮氧化物四项主要污染物排放分别降低 8%、8%、10%、10%。只有严格落实总量减排目标责任制,大力推进结构减排、工程减排和管理减排才能完成上述总量削减任务。但目前的政策法规对环境违法处罚力度不够,导致企业违法成本较低,再加上客观存在的地方保护主义在一定程度上助长了环境污染行为的发生,不利于真正落实各主要污染物排放总量的削减指标。

---

① 发改委政策研究室:《淘汰落后产能成效显著——"十一五"节能减排回顾之二》,2011 年 3 月 10 日。

资金缺口也很大。据估算,中国最近 10 年用于环保的总投入在 4 万亿元左右,但由于中国环保欠账较多,"十二五"期间环境污染治理投资需求约 3.4 万亿元,较"十一五"时期增加 57.4%。在短期内中国尚无法改变能源结构中对煤炭的依赖,如果想要改善空气污染,首先便是对煤炭进行脱硝改造等处理,这势必带来电价的上涨。油品升级也需要投入巨额资金,环境成本的增加将给经济运行和城市治理带来新的问题。

环境空气治理方面,政府是主体,但在政绩的考核上,目前仍没有一套行之有效的指标评估体系,也缺少在经济发展低碳转型中鼓励技术创新的政策措施。虽然已就环境保护、可持续发展、绿色发展等观念达成共识,地方政府仍无法保障严格项目环评,从严控制高耗能、高污染、资源性项目,以及低水平重复建设和产能过剩建设项目。从一定程度上说,正是由于政府在环保方面的不作为、干预执法及决策失误,才造成环境污染愈演愈烈。

四 治理中国城市 PM 2.5 污染的出路

(一)加强实时监测和污染源的精细解析,明确形成机理

PM 2.5 的防治有效监测是前提,污染源的精细解析是关键。这方面美国的经验值得借鉴。他们在全国范围内设立了数以千计的颗粒物检测站点对 PM 2.5 严密监控,并通过环保署网站向公众每小时发布一次最新的空气质量指数,引导民众据此控制户外活动的强度和时间,减少环境空气污染对身体的损害。

按照环保部提出的 2015 年在所有地级以上城市开展 PM 2.5 监测的计划,目前首先要做的就是加快监测站点的建设,辅以飞机、无人机与卫星遥感监测体系,建立可应对多种复杂情形的立体空气质量监测网。加强环保、气象等相关部门的联动协作,形成控制灰霾污染的合力。通过高效准确地解析 PM 2.5 污染源,以及明确 PM 2.5 的形成机理,为城市及区域 PM 2.5 污染防治指明工作方向。打造更科学的雾霾天气预测预报系统,实现监测系统与空气质量预报预警系统之间的联动机制,实时向公众提供 PM 2.5 查询服务,提高雾霾天气的预报预警能力和分析能力。

（二）加强相关城市规划与城市设计，合理安排空间布局

鉴于 PM 2.5 在大气中有着较长的滞留时间和长距离的输送特征，在城市土地规划利用时，应在工业区与生活区之间留出足够的空间间隔，工业生产区应设在城市主导风向的下风向，对新建工业进行合理布置，调整城市内现有不合理的工业布局，有计划地迁移有严重污染的布局不合理的工业企业，对已有污染重、资源浪费、废气处理无望的企业要实行"关、停、并、转、迁"等措施。在城市景观设计中设置绿化率低限，增大绿化面积和建筑间距，增强城市自净功效，并植树造林、绿化、减轻污染危害。

从国家层面来说，要确定重点区域和优先控制的重要污染源和污染途径，大力推进战略环评，加强规划环评和科学规划，促进区域重点产业与资源环境协调发展。

（三）坚持早治理从源头治理，加强区域协调联防联控

我们国家在环境空气保护方面不能走发达国家曾经走过的"先污染后治理"的老路。美国环保局"清洁空气行动的成本和收益（1990~2020年）"报告中评估了清洁空气行动的成本和收益，结果显示，尽管为了达到清洁空气行动要求到2020年美国每年的投入将高达650亿美元，但因空气质量改善带来的收益也十分显著，到2020年所得收益的经济价值估计可达到两万亿美元，远远高于最初控制空气污染投入的成本。以这个例子来看，我们现在就应该行动起来，从现在起全面系统地控制空气污染排放和重要的污染源，掌握 PM 2.5 排放清单并理清污染源治理的优先级。

目前，我国的空气污染主要来源于工农业生产、生活、交通等领域以及自然地理环境特征及生态环境产生的沙尘等因素。应制定积极有效的节能减排措施和严格的环境质量管理措施，大力开展节能减排，有效控制污染物排放，推进多污染协同控制，防止二次污染的形成，同时注重改善生态环境、促进生态文明建设。

从目前各城市公布的 PM 2.5 污染物来源看，周边区域的影响占比普遍较高，提醒我们要从更大的视角考察这个问题，有必要建立区域联防联控机制来

应对大区域的空气污染问题，如由国家环保部门牵头建立重点区域大气污染联防联控的机制，并在京津冀地区、"长三角"地区、"珠三角"地区等PM2.5污染的重点区域率先示范。

（四）应急措施与长效机制结合，促进城市低碳发展转型

我国城市的环境空气污染应急经验仍有待积累。发达国家的做法是空气出现严重污染首先就会采取应急行动。如德国的应急行动包括对某类车辆实施禁行、在污染严重区域禁止所有车辆行驶、限制或关停大型锅炉和工业排污设备、关停城市内的建筑工地等。2013年1月的雾霾天气中，北京市也启动了紧急预案，暂时关闭了103家重度污染的工厂，暂停拆迁工程及露天工地工程，并下令停驶三成公务用车，但空气品质依然上升至六级严重污染级别，就是由监测和预警能力的限制，应急机制启动相对延迟，在异常气候条件下，污染物继续聚集所致。

在应急措施方面，没有理由把目光紧紧放在机动车尾气排放上，关停高能耗高污染企业依然是优先采取的措施。在制定预案时，要系统科学地评估阴霾产生的不良影响和潜在的健康问题，进而制定合理的应急策略和预警范围。

要实施大气污染防治规划，通过修改大气污染防治法，提高企业违法成本。特别是排放限值必须通过立法得以保障，而正在修订中的《大气污染防治法》取消大气污染事故罚款上限将促使企业投资污染物控制、承担应有的社会责任。

PM2.5治埋的根本出路在于转变经济发展方式，加快产业结构调整，实现低碳转型。要加大城市产业调整力度，加快淘汰落后产能，同时积极推广应用清洁能源，控制煤炭消费总量，在高能耗高排放的石化、火电、钢铁等重点行业严格实施大气污染物排放限值，减少空气污染物的排放总量。

（五）保障公众知情权，推动公众参与

PM2.5防控是一项长期任务，对每一个城市居民来讲，所能做到的就是减少自身的排放。因为，我们自身是PM2.5问题的受害者，也是这个问题的始作俑者。但很多雾霾笼罩的大城市从除夕到元宵还是照放鞭炮，田间地头还

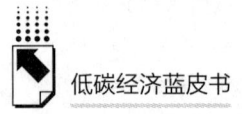

在继续焚烧秸秆，露天烧烤依然大有市场。

环境治理既需要政府机构的积极引导推动，也非常需要民间团体及社会公众的监督参与。地方人民政府要切实加强领导，一方面要按照新版《环境空气质量标准》及时准确地提供最能反映现实情况的环境质量数据，不断改进服务治理，保障公众知情权，加强舆论监督；另一方面要扩大宣传，全面提升全民环境保护意识，通过多种手段多渠道开展教育培训，增强公众参与环境保护的能力，组织动员全民参与，为改善大气环境质量营造良好氛围。

（六）增加科研投入激励科技创新，开展污染防治示范

鼓励地方政府和企业加大在大气污染治理方面的资金投入力度，设立国家大气污染防治重大科技专项，推动对空气质量改善途径及相应的控制工程技术的科学研究，加大对PM2.5的区域污染特征、形成与输送机制和控制对策等进行科技研发的支持力度，支持与激励工业PM2.5减排技术的研发与科技创新，开展多污染物协同控制技术研究，积极推进科研成果转化。

推行PM2.5的示范管理，第一，开发PM2.5控制技术及装备，开展相关工程示范；第二，选择代表性的城市及区域，发展PM2.5控制先行示范区，为建立破解我国PM2.5污染的科学技术体系提供支持和带动全国PM2.5污染治理工作的顺利推进。

参考文献

[1] 白志鹏、王宝庆、杜世勇：《PM2.5如何防控?》，《中国环境报》2012年2月21日。

[2] Pollution in China: Man-made and Visible from Space. Feb. 1st 2012, by The Economist Online.

[3] 耿柠波：《郑州市高新区大气颗粒物PM2.5中金属元素分析及污染源解析》，郑州大学硕士学位论文，2012。

[4] 成海容、王祖武等：《武汉市城区大气PM2.5的碳组分与源分解》，《生态环境学报》2012年第21卷第9期。

[5] 亚洲开发银行：《迈向环境可持续的未来——中华人民共和国国家环境分析》，2013

年1月14日。
[6]《从PM2.5引起热议说开去》,《光明日报》2012年7月17日。
[7] 发改委政策研究室:《淘汰落后产能成效显著——"十一五"节能减排回顾之二》,2011年3月10日。
[8] 国家统计局:《环境保护事业取得积极进展——"十一五"经济社会发展成就系列报告之十四》,2011年3月10日。

B.3
PM 2.5 污染的治理路径与绿色低碳发展[*]

骆建华　王　毅[**]

摘　要：

我国已经进入了以 PM 2.5 为主要特征的区域性大气复合污染阶段。由于 PM 2.5 的形成原因是复杂多样的，因此其治理措施也必须是综合的。本章分析了我国 PM 2.5 的污染现状，总结了欧美各国控制 PM 2.5 污染的经验，在综合分析我国发展和环境趋势的基础上，提出了我国 PM 2.5 的控制目标、治理路线图及综合措施，同时提出起草中国的"清洁空气法"，制订综合控制规划和应急计划，采取区域联防联控和精细化管理方式，运用经济手段等政策措施。

关键词：

PM 2.5　治理路径　绿色低碳发展

2013 年，我国遇到大面积严重灰霾天气，根据中科院和环保部的监测，本次强霾污染事件涉及我国中东部、东北及西南的 10 个省（市、区），覆盖范围最大时达到国土面积的约 1/7[①]。这不仅引发了民众对环境质量的广泛关注，而且引起各界对中国经济发展模式的质疑。因此，加强环境保护工作、促进绿色低碳转型、提高发展的质量被放到优先日程。

---

[*] 本文得到中国科学院战略性先导科技专项——应对气候变化的碳收支认证及相关问题（XDA05150300）及中国科学院政策与管理所重大研究任务 A 类项目——中国绿色低碳发展路线图研究（Y20113）的资助。

[**] 骆建华，全国工商联环境商会秘书长；王毅，中国科学院科技政策与管理科学研究所副所长。

[①] 鲍晓倩、冯其予：《143 万平方公里陷入"霾"伏》，《经济日报》2013 年 1 月 31 日第 11 版；王跃思：《京津冀 2013 年元月强霾污染事件过程分析》，中国科学院大气物理所"大气灰霾追因与控制"专项组之"大气灰霾溯源"外场观测项目组，2013 年 2 月。

一 中国的环境污染控制进入新的历史时期

随着工业化、城市化的快速发展，城市群的发展格局基本形成，我国的环境污染已进入一个区域性大气复合污染和流域性水复合污染的新阶段[①]。与以往点源污染不同，此次大气复合污染以细颗粒物（PM 2.5）污染为主要特征，大气能见度显著下降，并形成区域性污染格局。

众所周知，PM 2.5 是指空气动力学直径小于或等于 2.5 微米的大气细颗粒物的总称，其形成原因是复杂多样的。就污染物构成而言，PM 2.5 主要是由生产、生活排放的 SO_2、NO_x、NH_3、VOC、CO、炭黑、有机颗粒等一次污染物和其相互作用所形成的 O_3、硫酸盐、硝酸盐、铵盐及其他有机物等二次污染物形成的复合污染物，并且还可能富集各种尘、重金属，甚至 PAN 等有害二次污染物等。从污染物来源看，PM 2.5 主要是煤烟型污染、汽车尾气污染和自然源污染的叠加。PM 2.5 具有明显的消光作用，可以造成大气能见度下降，在极端不利于污染扩散的气象条件下，就形成严重的灰霾天气。同时，受城市群发展和气象条件的影响，我国目前的 PM 2.5 污染往往呈现出区域性特征，如京津冀地区各城市的污染排放相互影响，需要采取全污染物控制，通过综合措施加以治理和防范风险[②]。

PM 2.5 对人体健康的危害是多方面的，尽管目前我们还缺少充分的流行病学调查结果，对其影响机制也不甚清楚。无论如何，现有研究认为，PM 2.5 会对人体呼吸系统产生直接影响，并导致呼吸系统疾病的发病率升高及非致病性事件发生的风险增加。长期暴露于 PM 2.5，有可能造成呼吸道防御功能损害，更显著地增加人群心血管疾病死亡风险，并促进一些慢性病的发病和恶化。有报道指出，2010 年中国 PM 2.5 污染致 120 万人过早死亡[③]。

---

① WANG YI, China's Environment and Development Issues in Transition, *Social Research*, spring 2006, 73 (1): 277-91.
② 王毅等：《区域环境风险管理与控制策略》，中科院知识创新工程重大项目"京津塘区域环境污染调控技术与示范"课题报告，2011 年 10 月。
③ 王尔德：《2010 年中国 PM 2.5 污染致 120 万人过早死》，《21 世纪经济报道》2013 年 4 月 1 日，http://epaper.21cbh.com/html/2013-04/02/content_63141_htm? div =-1。

由于 PM 2.5 的形成因素是多样的，因此其解决途径也必须是综合的。经过多年的努力，我国在工业点源和城市常规污染控制方面形成了比较成熟的做法，无论是治理技术、环保产业，还是环境管理体系都日趋完善。2003 年之后以及"十一五"期间，我国大力发展循环经济，开展节能减排和应对气候变化工作，在促进绿色低碳发展、提高全社会节能环保意识、发展绿色新兴产业、采取综合治理措施等方面取得了综合效果①。在北京奥运会期间，为保证空气质量采取的区域联防联控工作也收到了良好的效果。但是，由于治理 PM 2.5 的复杂性，消除灰霾绝非一蹴而就，因此我们在控制目标上不能急于求成，需要有打持久战的思想，并采取综合手段和切实行动，逐步扭转 PM 2.5 的污染态势，探索经济社会发展和环境保护的双赢路径和模式。

二 中国的大气污染及 PM 2.5 污染现状与发展态势

2011 年 9 月，世界卫生组织（WHO）公布了首次全球城市空气细颗粒物污染调查数据②（WHO, 2011），包括 91 个国家 1082 个城市 PM 10 年均浓度值，以及 38 个国家 565 个城市的 PM 2.5 年均浓度值。数据显示，2009 年中国 31 个省会城市 PM 10 年平均浓度达到 98μg/m³，是世界卫生组织推荐标准的 4.9 倍，在 91 个国家中排名第 71 位。其中，兰州的 PM 10 浓度最高，达到 150μg/m³；海口的 PM 10 浓度最低，为 38μg/m³，但也超过了世界卫生组织推荐的标准值（20μg/m³）。

这一结果使中国面临尴尬的境地。一方面，改革开放三十多年来，中国经济高歌猛进，以年均 9.9% 速度增长，从一个贫困落后的低收入国家跨入中等收入国家，成为仅次于美国的第二大经济体。另一方面，中国环境状况每况愈下，尚未摆脱西方国家先污染后治理的藩篱，伴随着经济的高增长，呈现出环境的高污染，重蹈了当年发达国家的覆辙。总体上看，近三十年来，中国既没

---

① 中国科学院可持续发展战略研究组：《2012 中国可持续发展战略报告——全球视野下的中国可持续发展》，科学出版社，2012。
② WHO, *Global Health Observatory*, 2011 - 09 - 26, http：//www. who. int/gho/phe/outdoor_ air_ pollution/exposure/en/index. html.

PM 2.5 污染的治理路径与绿色低碳发展

有遏制住环境污染加剧的趋势，也没有遏制住生态退化的趋势。环境质量在局部有所改善的同时，总体仍在继续恶化。

（一）大气污染物排放量居高不下

中国各类污染物排放量均居世界首位，并远远超过自身的环境容量。目前，中国消费了世界约21%的能源，11%的石油，49%的煤炭，排放了占世界26%的SO_2，28%的NO_x，21%的CO_2。在大气污染物排放方面，2011年，中国SO_2排放量达到2218万吨，与1981年美国排放量相当。而目前美国排放量为1036万吨，欧盟27国为598万吨，日本为78万吨（见表1）。据环保部门测算①，中国空气中SO_2浓度达到国家二级标准时的环境容量为1200万吨/年，2011年实际排放量超过环境容量的84.8%。2011年，中国NO_x排放量达到2404万吨，而目前美国为1394万吨，欧盟27国1041万吨，日本187万吨。

表1 中国与欧美等国主要污染物排放量

单位：万吨

国家或地区	SO_2	NO_x
中国	2218	2404
美国	1036	1394
欧盟	598	1041
日本	78	187

注：中国为2011年的数据，美国、欧盟27国、日本为2008年的数据。
资料来源：国家统计局等，2011；环境保护部等，2012。

（二）区域复合型污染日渐显现

目前，随着NO_x排放量的持续增加，由NO_x、SO_2、VOCs等引起的O_3、PM 2.5等复合型污染问题日趋严重，大气污染已由传统的局地煤烟型污染转向区域复合型污染。这在中国"长三角"地区、"珠三角"地区和京津冀地区

---

① 解振华主编《国家环境安全战略报告》，中国环境科学出版社，2005。

三大城市群区域表现得尤为明显，其主要特征是，光化学烟雾频繁发生，灰霾天气显著增加。2005年，英国Nature杂志公布的NASA卫星遥感数据表明，在其他国家NO_2浓度普遍降低的情况下，中国NO_2浓度急剧升高，特别是京津冀地区、"长三角"地区、"珠三角"地区等东部地区NO_2浓度值明显高于其他地区，北京到上海之间工业密集地区已成为全球对流层内NO_2污染最为严重的地区。

酸雨污染。20世纪80年代以来，中国酸雨污染呈加速上升趋势，成为继欧洲和北美之后世界第三大酸雨区。近年来，中国酸雨分布区域保持稳定，2008年约为140万平方公里，重酸雨面积60万平方公里。部分地区酸雨频率有所升高，"长三角"地区2000～2006年酸雨频率从38.0%增加到62.2%。由于NO_x排放量持续增加，降水中硝酸根离子浓度快速升高，已由2005年的2.6mg/L增加到2008年的3.1mg/L，硝酸根与硫酸根当量浓度比值已由0.205升高到0.258，酸雨类型已由硫酸型向硫酸、硝酸复合型过渡。

挥发性有机化合物（VOCs）。VOCs是指沸点在50℃～260℃，常温下饱和蒸汽压超过133.32Pa的易挥发性有机化合物。VOCs主要成分有芳香烃、脂肪烃、卤代烃、醇、醛、酮、酯、醚、萜烯等，这些物质不仅有刺激性，而且很多具有毒性，在一定情况下会导致肾肺肝、神经系统、造血系统及消化系统病变。有些VOCs物质是公认的"三致"物质，即致癌、致畸、致突变，对人体健康有较多影响。同时，VOCs又是形成O_3的前体物，在光化学烟雾形成中起着重要作用。VOCs来源非常广泛，主要有天然源、工业源、生活源和垃圾填埋等，生活源包括汽车尾气、建筑装修材料、厨房油烟等，工业源包括石化废气、印刷、工业生产、锅炉燃烧废气、油漆涂料生产和使用等。据有关专家测算，2003～2008年，中国VOCs排放量由1523万吨上升到2014万吨（见表2），5年间增长32.2%，其中，生活源占比51%，呈逐年下降趋势；工业源占比49%，呈逐年升高势头。2005年，美国排放量为424万吨，是同期中国排放量的24.4%，两国VOCs的主要来源大致相似，主要来自溶剂使用、机动车和工业过程。

表2 中国不同来源VOCs排放量（2003～2008年）

单位：万吨

项目	2003年	2004年	2005年	2006年	2007年	2008年
VOCs排放量	1523	1669	1733	1882	1976	2014

资料来源：卢亚灵等，2012。

臭氧污染（O_3）。O_3是光化学烟雾代表性污染物，城市大气中的O_3是由VOCs、NO_x和CO经过一系列化学反应所形成的，而机动车排放的NO_x与VOCs，是城市特别是市区O_3污染的主要来源。O_3前体物和O_3本身在大气中输送，使光化学烟雾成为一个区域性问题，其传输距离可达几十甚至数百公里以上。目前，北京及其周边地区、"珠三角"地区和"长三角"地区，呈现明显的光化学烟雾污染和高浓度O_3污染，在典型地区经常出现O_3最大小时浓度超过$200\mu g/m^3$的重污染现象。2011年，南方试点城市O_3年均浓度为$61\mu g/m^3$，北方试点城市$57\mu g/m^3$，南方浓度水平总体上高于北方。2008年，全国O_3监测点的7个试点城市均有不同程度的超标，大部分集中在4～9月，其中广州市万顷沙和上海青浦淀山点超标天数最多，全年达到78天和69天。

PM 10和PM 2.5污染严重。近10年，我国城市空气污染PM 10有所减轻，但大部分城市PM 10年均浓度仍明显高出环保部2012年颁布的新空气环境质量二级标准（$70\mu g/m^3$），并大大高出世界卫生组织的标准值（$20\mu g/m^3$）。2003～2011年，中国31座城市PM 10年均浓度按城市人口加权平均，基本上在$100\mu g/m^3$左右，虽然总体趋势略有下降，但仍处于高位污染。

2012年2月，环保部修订的《环境空气质量标准》，调整了PM 10浓度限值。依据新标准，PM 10二级空气质量标准为年平均$70\mu g/m^3$（原为$100\mu g/m^3$），一级空气质量标准为$40\mu g/m^3$。该标准与世界卫生组织于2005年公布的空气质量标准过渡时期第一阶段目标相吻合，即$70\mu g/m^3$，但世界卫生组织公布的PM 10目标值为$20\mu g/m^3$。如果按世界卫生组织这一指导值，中国没有一座城市达标。如按环保部颁布的新标准，2011年直辖市和省会城市中，也只有拉萨、海口、昆明、广州、福州5座城市达标，其中只有拉萨达到一级标准，广州、福州勉强达到二级标准。而污染最为严重的是兰州、乌鲁木齐、西安、北京和合肥（见图1）。

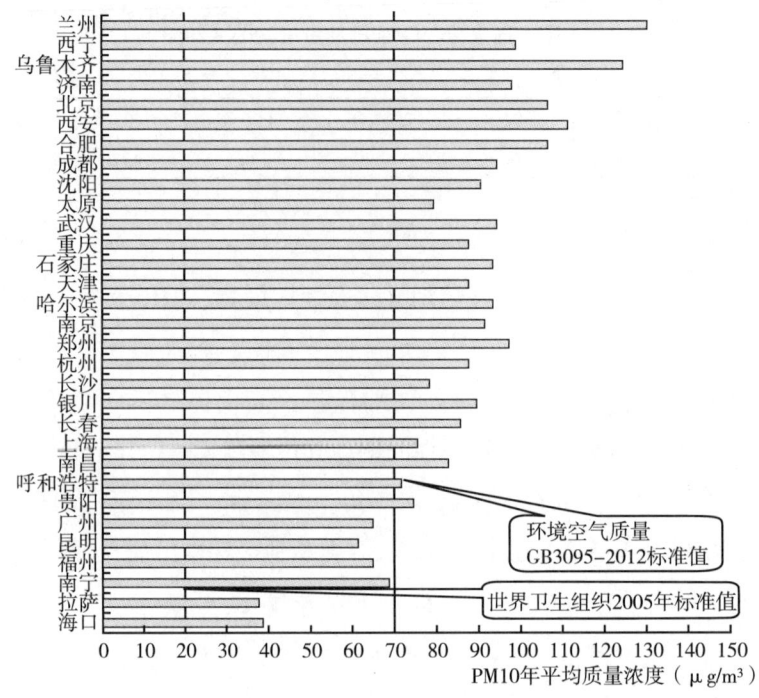

图 1　中国 2011 年主要城市 PM 10 年均值

资料来源：国家统计局等，2011。

大气中的颗粒物（PM）主要是由 SO_2、NO_x、NH_3 以及 VOCs 等经化学反应后形成的，它与 O_3 等共同作用，并在不利的气象条件下，进一步积累诱发大气灰霾现象。能见度下降可反映 PM 2.5 与霾污染的变化和严重程度。近 50 年，中国东部地区平均能见度下降 10km，下降速率 0.4km/a，西部地区能见度下降幅度和速率约为东部地区的一半，显示出中国 PM 2.5 与霾污染日趋严重。从大的区域范围看，中国目前存在 4 个明显的灰霾区，分布在黄淮海地区、长江河谷、四川盆地和"珠三角"地区。从监测情况看，2008 年灰霾监测试点地区中，以上海、深圳和广州灰霾现象最为突出，灰霾天数超过 100 天。其中，上海 2006 年和 2007 年出现灰霾天数为 167 天和 143 天，分别占全年天数的 45.6% 和 39.1%；深圳市 2008 年灰霾天数 154 天，占全年天数的 42.1%；广州 2008 年灰霾天数 110 天，占全年天数的 22.1%。卫星图片显示，中国华东地区成为全球 PM 2.5 污染最为严重的地区。

总之，中国传统污染问题尚未得到有效解决，常规污染物排放量仍然居高不下，在世界各国中居于首位，其对环境压力不断加大。同时，中国新的污染问题接踵而至，新污染物排放量同样巨大，并与常规污染物产生叠加效应，形成复合型污染，对环境雪上加霜。中国环境恶化的趋势尚未得到有效遏制，污染物排放拐点以及环境质量拐点均未出现，少数几项污染物排放指标下降并不意味着环境状况开始好转。因此，中国现阶段环境污染问题，比历史上任何国家、任何时期都要严重。中国所面临的环境挑战前所未有，未来任重道远。

三 PM 2.5 污染治理的国际经验

从欧美和日本等先行工业化国家经验看，改善环境质量，首先需实施污染物总量控制制度，实现污染物排放量有计划、分阶段减少，为环境质量的最终改善打下基础。

（一）污染物总量控制

1. 美国的污染物总量控制

美国实施二氧化硫总量控制，最显著的特点是利用排污交易制度实现污染物削减成本最小化。这项制度最早是 1974 年美国环保局针对二氧化硫排放所做的排污权交易试验，而后已推广至铅排放交易、水质许可证交易和含氯氟烃排放交易等。这项政策的核心是，在制定污染物排污总量的削减目标后，利用不同企业削减排污量的成本差异，运用市场机制使企业节余的排污量可交易，从而使污染物削减成本最小化。1974~1989 年，美国开展二氧化硫排放交易试验以后，在削减二氧化硫排放量方面节约了 50 亿 ~120 亿美元的成本。

1990 年美国修订清洁空气法案，启动酸雨计划，并将可交易的许可证制度作为该法案的一个主要的政策工具。当年，美国二氧化硫排放量为 2308 万吨，其中电力部门排放 1700 万吨。立法目标是通过排污权交易，到 2010 年使电力部门二氧化硫排放量削减 1000 万吨。该计划分两个阶段执行：第一阶段从 1995 年 1 月至 1999 年 12 月，263 个电厂被指定为二氧化硫排放限制单位，要求比 1980 年减少 350 万吨二氧化硫排放量；第二阶段从 2000 年 1 月到 2010

年，限制对象扩大到2000多家，包括了规模在2.5万千瓦以上的所有电厂，目标是使他们二氧化硫年排放量比1980年减少1000万吨。整个二氧化硫排污政策体系由参加单位的确定、初始分配许可、再分配许可（许可证交易）、审核调整许可四个部分组成。

美国在经历早期的酸雨计划后，相继又推出了NO_x预算计划、清洁空气汞排放计划，以及清洁空气州际规划，使大气污染控制因子由过去的单一因子，逐步拓展到SO_2、NO_x以及汞等多污染物的综合控制，并收到了明显效果（见图2）。

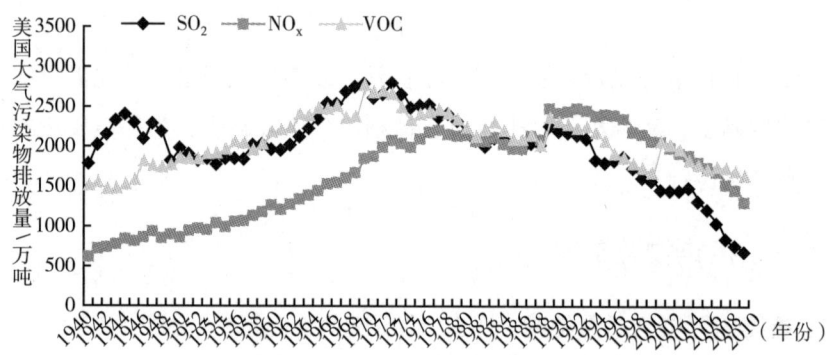

图2　美国主要大气污染物排放趋势

资料来源：美国环保局（USEPA），http：//www.epa.gov/ttn/chief/trends/index.html。

2. 日本的总量控制制度

日本实施总量控制制度，是在1970年修改《大气污染防治法》时引进的，受控污染物为SO_2，1981年又将NO_x作为总量控制的受控污染物，1992年再将机动车排放的NO_x列入总量控制范围①。日本总量控制分为排污口总量控制和区域总量控制。排污口总量控制以最高允许排放总量和浓度为基础，区域总量控制是以排放总量最低削减量为基础。前者在全国通行，不受区域限制；后者是在排污口总量控制的基础上实施更严格的总量控制，控制要求包括

---

① 王金南等：《关于国家"十二五"污染物排放总量控制的思考》，载王金南、陆军、吴舜泽等编《中国环境政策（第七卷）》，2010，第12~17页。

确定区域排放总量、总量削减计划，以及向各排放者分配排放量和削减量额度。同时，日本《大气污染防治法》还划分公害发生密集区域，对该区域实施更严格的特别排放标准，在全国共划分了24个SO_2总量控制区和3个NO_x总量控制区。实际上，日本SO_2排放量从1960年代最高的500万吨，削减到现在的78万吨，削减率84.4%。

3. 欧盟的污染物总量控制

欧洲对SO_2实施总量控制，也是从20世纪70年代初期开始的。当时欧洲基于区域酸沉降的事实，采取国际性对策，相继于1979年召开关于长距离越境大气污染的日内瓦会议，1982年在斯德哥尔摩召开环境酸性化国际会议，成立了一个"削减30%"俱乐部，即以1980年为基准年，确定到1993年削减年排放量30%或削减SO_2越境排放量30%。这个俱乐部到1983年有34个国家参加，但对NO_x削减并未达成任何协议。这个俱乐部构建了一个跨国界的污染控制平台，在对欧洲各国SO_2排放量削减上发挥了重要作用。2001年，欧盟又正式颁布了《国家污染物总量控制指令》，对SO_2、NO_x、非甲烷挥发性有机物和氨气四种大气污染物实施控制。具体目标为：以1990年为基准年，到2010年SO_2排放减少63%，氨气减少17%，NO_x减少17%，VOC减少40%。

从西方发达国家来看，从污染物总量控制到环境质量逐步好转也都经历了一个过程，并且各项环境指标开始好转的时点并不一致。

（二）欧美国家PM 2.5的治理经验

美国自1970年和1990年两次修订《清洁空气法案》以来，空气质量有了明显改观。1979～1998年近20年间，全国CO浓度下降了58%，NO_2浓度下降25%，O_3浓度下降17%，SO_2浓度下降53%，空气中的铅浓度下降96%。特别是1987年制定了PM 10质量标准（年均值$50\mu g/m^3$），并制订了详细的实施计划，包括确定全国25个不达标区域，14个PM 10严重超标区域，制订州实施计划以确保不达标地区尽快达标，各州设立专门机构负责执行州实施计划，并举行听证会听取公众意见，定期进行实施效果评估，适时调整控制措施。通过以上措施，美国PM 10控制取得显著效果。PM 10排放量已由

1990 年的 2775 万吨减少到 2010 年的 1819 万吨，下降了 34.4%；PM 10 全国年均浓度也由 1990 年的 82μg/m³ 下降到 2010 年的 51μg/m³，下降了 37.8%（见图 3）。

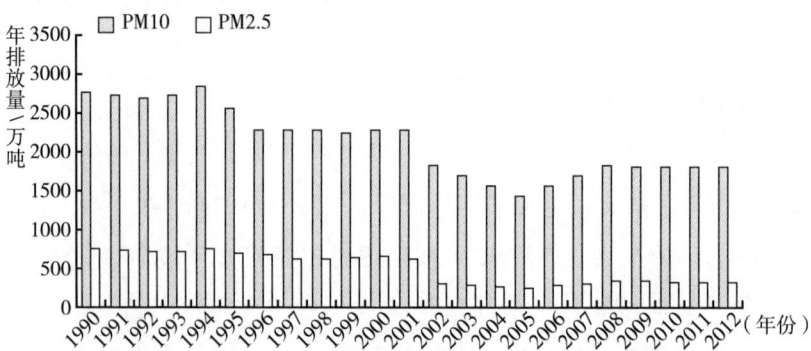

图 3　1990~2010 年美国 PM 10 和 PM 2.5 排放量变化趋势

资料来源：USEPA，http://www.epa.gov/ttn/chief/trends/index.html.

美国为控制 PM 2.5 采取了一系列措施，1997 年在全球率先制定了 PM 2.5 环境标准（年均值 15μg/m³）；1998~2001 年建立国家监测网络，850 个质量浓度站点，400 个能见度监测站点，4~8 个超级站点；2001~2005 年建立监测数据库，确定不达标区域；2005~2008 年各州提交达到 PM 2.5 环境标准的执行计划；2008~2017 年执行达标计划，并最实现 PM 2.5 达标。由此看出，美国从提出 PM 2.5 标准到最后实现全国达标，计划利用 20 年时间。2000 年以来，美国在控制 PM 2.5 方面初见成效，2000~2010 年 PM 2.5 排放量由 650 万吨下降到 328 万吨，下降了 49.5%；PM 2.5 年均浓度由 13.62μg/m³ 下降到 9.99μg/m³，下降了 26.5%（见图 4）。

欧盟为控制空气污染，1999 年首次颁布空气质量标准指令，并于 2000 年、2002 年和 2004 年分别加以修订，最新修订是 2008 年颁布的新标准，在 PM 10 空气质量标准之外，增加了 PM 2.5 空气质量标准，该标准已于 2010 年起正式执行。PM 10 年均浓度限值为 40μg/m³，PM 2.5 年均浓度限值为 25μg/m³，2020 年起 PM 2.5 标准进一步加严，年均浓度限值执行 20μg/m³，并明确要求各成员国每年需向欧盟委员会报告空气质量达标情况。

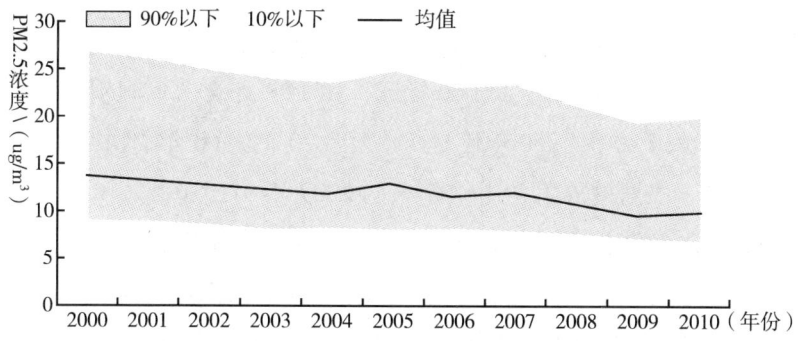

图4　2000~2010年美国空气中PM 2.5浓度变化趋势

资料来源：USEPA，http://www.epa.gov/airtrends/pm.html。

欧盟将能源工业部门作为颗粒物排放控制重点，主要减排措施有燃料转换，以气代煤用于发电，改进工业设备上的污染防治设备。1990~2010年，欧盟国家PM 10排放量由275万吨减少到204万吨，下降了25.8%；PM 2.5排放量由193万吨减少到139万吨，下降了28%（见图5）。

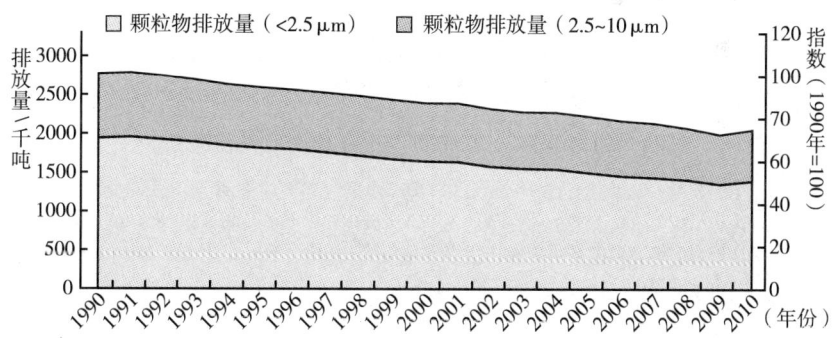

图5　1990~2010年欧盟PM 10和PM 2.5排放变化趋势

资料来源：欧洲环境局（EEA），http://www.eea.europa.eu/。

综上所述，欧美国家基本上在1970~1990年这20年间控制SO_2、NO_x等常规大气污染物排放，1990~2010年这20年间控制PM 10和PM 2.5等污染物排放，取得了明显效果，空气质量有了明显改善。

与欧美国家相比，中国目前的发展阶段与其不同，因而污染控制能力还相对薄弱，加之产业结构偏于重化工和制造业，致使环境质量较差。目前，中国人均GDP按汇率计算刚刚超过5000美元，按PPP计算，也刚刚达到8000多美元，相当于美国20世纪50年代初期、西欧20世纪60年代初期和日本1970年代初期水平。根据世界卫生组织公布的2009年91个国家PM10年均值数据，并根据世界经济史权威麦迪逊网站公布的2008年世界各国人均GDP数据，我们做出了PM10年均浓度与人均GDP之间的关系图（见图6）。图6显示，若达到欧盟PM10年均浓度40μg/m³标准的国家，人均GDP一般为1万～1.5万美元（1990年美元，PPP）。

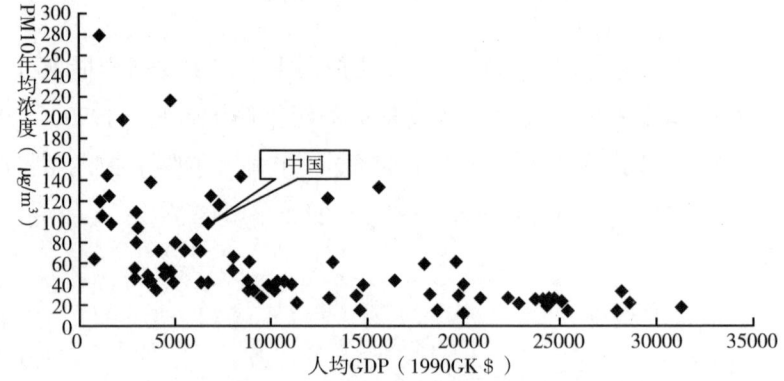

图6　91个国家人均GDP与PM10年均浓度关系

资料来源：2008年世界各国人均GDP数据（PPP）来源于Angus Maddison Homepage. 2010，http：//www.ggdc.net/MADDISON/oriindex.htm；2008～2009年世界各国PM10年均浓度数据来源于世界卫生组织，2011，http：//apps.who.int/gho/data/? vid=34201#。

因此，我们认为，中国城市空气质量真正好转，并达到欧美国家空气质量标准（PM10年均浓度40μg/m³～50μg/m³），还需要20年时间。理由是，今后20年如果中国没有陷入"中等收入陷阱"，经济能够保持中速增长，人均GDP年增速假定为3.39%（取1978～2010年中国人均GDP增速6.78%的1/2），则2030年中国人均GDP可达到1.4万美元左右（1990年美元，PPP），刚好落入PM10年均值在欧美标准之内。依据这一经验，中国到2030年前后大气环境质量将步入全面好转时期。

PM 2.5 污染的治理路径与绿色低碳发展

四 中国控制 PM 2.5 污染的战略路径和措施

根据我国 2006 年以来的节能减排经验,考虑到 2010～2030 年,中国经济可能从高速增长期进入中速增长期,人均资源消费量比如人均钢材、人均水泥消费量陆续与经济增长脱钩,重化工业扩张势头有所遏制,产业结构调整和淘汰落后产能的步伐将加快。加之环境标准加严,环境执法力度加大,企业治理污染的投入会进一步加大,同时公众对环境质量要求越来越高,促使各级政府将进一步强化环保公共服务职能。综合考虑以上有利因素,预计 2020～2030 年,中国主要污染物排放将会陆续达到峰值点,污染排放全面下降的时代将会到来。为了加快这一进程,全面实现 PM 2.5 的控制目标,我们建议采取以下六方面步骤和措施。

(一)转变处理"发展与环境"关系的思想观念,促进绿色低碳发展

迄今为止,影响我国环境保护工作和生态文明建设的最大难点是政府直接干预经济以及官员的政绩观。无可否认,政府在中国经济起飞中发挥着重要作用,但这样的做法利弊并存。针对发展经济和环境保护的关系,如果政府仅仅把推动经济发展始终作为其主要职能,其结果就是"经济与环保难以兼得",我们设定的各项环境监管制度和生态文明考核评估恐怕就要流于形式。也正是由于这个原因,我国早在 1989 年就颁发的《环境保护法》在修改过程中举步维艰,面对来自各个部门和既得利益集团的重重阻力;同时也不难理解为什么我们并没有从一次次的环境突发事件中充分吸取教训,而这些恰恰是西方国家掀起环境保护运动的主要推动力。

思想上的灰霾不除,环境中的灰霾难消。改革开放 30 多年,我国的经济实力已经今非昔比,而且随着传统比较优势的逐步丧失,经济不可能永远持续高速增长下去,跨越"中等收入陷阱"需要新的思路。目前到了加快政府职能转变、发展模式转型,以及真正改变片面强调 GDP 的政绩观的时候了,实现绿色低碳发展和"保护优先"实际上是对我们的决心、勇气、智慧和行动的考验。政府需要从直接参与经济活动中退出来,重点加强提供包括环境保护

047

在内的公共服务，创造良好的市场竞争环境，充分发挥政府的监管效力，限制高污染高耗能建设项目，控制煤炭消费的快速增长，依靠科学技术，培育包括绿色、低碳、智能、创新等要素在内的现代生产要素和新竞争力，通过转变思想方式、生产方式、消费方式、贸易方式和能源利用方式，实现国家经济社会的可持续发展。

（二）抓紧制定《清洁空气法》，统筹PM2.5等大气污染物治理

消除灰霾需要严格执法和铁面问责。但如果法律本身不足以控制污染，不足以根除灰霾，不足以给我们一个蔚蓝天空，那么，我们就需要制定一部新的法律。相比较美国1990年开始实施新修订的《清洁空气法》，中国2000年修订通过的《大气污染防治法》过于简单粗糙。无论是文字条款、刚性约束、惩罚规定，还是管理细则、制度创新，中国目前的《大气污染防治法》与美国的《清洁空气法》都相距甚远。其结果是中国的大气污染"守法成本高、违法成本低"的现象长期存在，缺少针对各种大气污染物的精细化分类管理和严格的排放统计监测制度。

有鉴于此，中国当务之急是要抓紧制定中国自己的《清洁空气法》，以取代已有的《大气污染防治法》。如能做到这点，我们有理由相信再经过20年的严格执法努力，中国的大气环境就会真正消除灰霾、再现蓝天。

建议由发改委和环保部牵头，联合财政、工信、科技、卫生以及中国科学院等部门，大幅度修改现行《大气污染防治法》，形成中国的"清洁空气法"，力争2014年"两会"期间，由全国人民代表大会通过。目前，应组织专家尽快起草法律草案，并向社会公开征求意见。《清洁空气法》应包括基本管理制度，主要污染物控制（包括二氧化硫、氮氧化物、挥发性有机物、一氧化碳、臭氧、PM10、PM2.5等标准污染物和有害污染物），主要污染源控制（包括固定源和移动源），区域空气质量管理（包括达标区、未达标区、京津冀地区、"长三角"地区、"珠三角"地区等空气质量特别管理区域），以及激励措施和法律责任等。

（三）制定主要大气污染物减排时间表和区域空气质量达标时间表

实施全污染物排放总量控制和协同治理，是遏制环境污染的根本性措施。

2015年国家在制定"十三五"环保规划时,应通盘考虑主要污染物减排时间表,根据经济发展水平、产业结构演变趋势、各类污染物环境影响程度以及减排技术条件,分阶段、分步骤地实施主要污染物减排。建议减排时间表为:2005年SO_2、COD(已实施),2010年NO_x、NH_3-N(已实施),2015年PM 10、CO、VOCs、NH_3、大气Hg,2020年PM 2.5。

具体减排量以2010年为统一基准年,排放量为全口径统计,包括工业源、生活源、农业源和集中式,建议到2020年,与2010年相比,各主要污染物减排幅度:SO_2、NOx减排20%,PM 10、CO、VOCs、大气Hg等指标减排10%左右。到2030年,与2010年相比,各主要污染物减排幅度:SO_2、NOx减排45%,PM 10、CO、VOCs、PM 2.5、大气Hg等指标减排30%左右。力争未来用20年时间,使主要污染物排放量基本降到环境容量阈值以下。具体来说,2010~2030年SO_2、NOx减排量实现1000万吨左右,到2030年使SO_2、NOx排放量控制在1200万吨左右,达到小于两者环境容量。其他主要污染物根据达标要求,相应确定减排量。力争到2030年,使重点城市空气环境质量达到国家新的二级标准,PM 10年均浓度控制在70μg/m³限值,PM 2.5年均浓度控制在35μg/m³限值。考虑到中国各地发展水平不平衡,建议分区域、分阶段实现环境质量达标目标。建议空气质量达到二级标准时限:"长三角"地区、"珠三角"地区和京津冀地区等东部地区于2020年达标,中部地区于2025年达标,西部地区于2030年达标。

为此,建议国家发改委和环保部联合制定全国城市空气质量达标长期规划(2015~2030年),经国务院审批后实施。各省(区、市)根据国家规划制定相应的地方规划,通过科学研究确定本地区PM 2.5形成的主要来源、污染物指标和治理方案,细化年度的减排指标和空气质量指标,并报国家发改委和环保部审批后实施。发改委、环保部以此为依据每年开展规划执行检查,对完成规划目标的省份给予奖励,在环保项目资金上给予倾斜;对未完成规划目标的省份给予处罚,来年不再批复任何新污染源项目。

(四)制订科学的发展规划,构建区域环境综合管理体系,实施污染物精细化管理,促进区域大气联防联控

制定好区域综合规划是优化空间结构、治理大气复合污染、推进生态文明

建设的基本前提。在目前已经发布的"十二五"相关规划和地方发展规划中，有许多与大气污染治理相关的内容，其中存在的两个主要问题：一是规划之间缺少协调和衔接；二是许多规划的制定还不是建立在科学研究的基础上，不少规划目标、行动及相关保障措施还只反映部门或地区利益，存在许多随意性，并不能真正实现区域大气污染综合治理或联防联控的客观要求；三是区域（包括城市群地区）层面的跨部门综合规划还处于缺位状态，缺少科学的规划工具。因此，要加强区域绿色低碳发展和大气联防联控综合规划的研制，在充分考虑区域资源环境总量控制的基础上，将地区内的土地利用、能源结构、交通布局、环境保护、社会公共服务等内容统一起来，处理好中央与地方、发展与环保以及地区之间的关系，统筹污染物固定源、移动源的控制，通过情景分析和政策模拟实现动态管理和精细化管理，落实规划的项目，评估规划的效果。同时，在大气PM2.5逐步治理的过程中，应针对突发大气污染事件，制定相应的应急计划，根据具体情况，采取分级应急措施和区域协调步骤，以最大限度地减少区域灰霾污染事件可能造成的后果。

（五）制定排放补偿制度，完善相关行政政策、经济激励及市场手段

制定排放补偿制度。对空气质量达标地区，新上污染源项目，按照等量补偿原则，对该地区污染物新增量与既有污染源削减量按照1∶1的比例给予补偿；对于空气质量未达标地区，新上污染源项目，按照双倍补偿原则，对该地区污染物新增量与既有污染源削减量按照1∶2的比例给予补偿。

制定和完善经济激励政策。国家环保投入占GDP的比例要逐步提高到3%，新上污染源项目环保投资占项目总投资比例应达到5%~7%。同时，进一步完善脱硫脱硝电价政策，脱硝电价应尽快提高到1分/度，以弥补脱硝成本。尽快出台环境税，目前建议开展二氧化硫税和氮氧化物税，税率应略高于治理成本，建议硫税和氮税的税率均为2元/千克。同时，在燃油税中每升提取0.2元建立清洁交通基金，用于淘汰黄标车补偿和购买新能源汽车补贴。

完善污染排放许可证制度。参照美国做法，设计两种许可证，即运行许可证和新源建设前许可证。运行许可证应写明如下信息：排放的污染物名称和数

量、排放源的所有者、采取的治理措施与步骤,以及监测措施和报告等。以上信息应在网上公开,接受社会监督。同时,强制推行企业环境信息公开制度。对主要污染源排放信息在网上和企业大屏幕上实时公布,以便监督,对拒不执行排放信息公开的企业给予处罚。鼓励社会团体和个人举报违法排污,一旦查实给予2万元奖励。

加大违法排污处罚力度。对违规排污者实行"按日计罚",每天罚款10万元,或者处以2年之内的监禁,或者两者兼有;如果重犯,则加倍处罚。对捏造、窜改排污数据的,处以20万元罚款或1年之内监禁。对因疏忽而向空气排放有害气体的,则处以100万元的罚款或5年之内的监禁。对因大气污染排放造成重大污染事故的,处以200万元的罚款或10年之内的监禁。总之,治理灰霾,必须出重拳、用重典。

(六)改善环境保护的治理结构,鼓励各利益相关方特别是社会公众的参与

区域大气污染治理是一项跨部门、跨区域的复杂系统工程,需要全社会的共同参与,因此建立统筹协调和协商民主机制非常必要。打破政府部门绝对主导、单向推动的管理模式,通过法律法规的修改明确政府、企业和公众的责任,进一步形成以政府为主导、以企业为主体、市场有效驱动、全社会共同参与的推进生态文明建设的新格局。要充分相信公众的觉悟和智慧,一方面,通过落实更透明的信息管理和公开制度,建立公众参与环境保护的保障机制,包括建立公众参与的环境决策平台、环境监督平台和环境司法救助平台。建立健全公众环境诉求的反映和沟通渠道,是保障社会稳定的基本出路。另一方面,改革现行的社团管理制度,取消各种不合理的规定,放松对非政府组织的管制,鼓励民间环保公益组织的发展,真正使公众成为促进环境保护的骨干力量。

参考文献

[1] 鲍晓倩、冯其予:《143万平方公里陷入"霾"伏》,《经济日报》2013年1月31

日第 11 版。
[2] 国家统计局:《中国统计年鉴 2011》,中国统计出版社,2011。
[3] 国家统计局、环境保护部:《2011 年中国环境统计年鉴》,中国统计出版社,2011。
[4] 环境保护部等:《2011 年中国环境状况公报》,2012 年 6 月 6 日,http://jcs.mep.gov.cn/hjzl/zkgb/2011zkgb/。
[5] 卢亚灵等:《中国主要污染源 VOCs 排放清单分析与趋势预测研究》,载王金南、陆军、吴舜泽等编《中国环境政策(第九卷)》,中国环境科学出版社,2012。
[6] 任勇:《日本环境管理及产业污染防治》,中国环境科学出版社,2000。
[7] 解振华主编《国家环境安全战略报告》,中国环境科学出版社,2005。
[8] 王金南等:《关于国家"十二五"污染物排放总量控制的思考》,载王金南、陆军、吴舜泽等编《中国环境政策(第七卷)》,中国环境科学出版社,2010。
[9] 王跃思:《京津冀 2013 年元月强霾污染事件过程分析》,中国科学院大气物理所"大气灰霾追因与控制"专项组之"大气灰霾溯源"外场观测项目组,2013 年 2 月。
[10] 中国科学院可持续发展战略研究组:《2012 中国可持续发展战略报告——全球视野下的中国可持续发展》,科学出版社,2012。
[11] 中国科学院可持续发展战略研究组:《2013 中国可持续发展战略报告——未来十年的生态文明之路》,科学出版社,2013。
[12] USEPA. 2012 - 12 - 03. *National Emissions Inventory (NEI) Air Pollutant Emissions Trends Data*. http://www.epa.gov/ttn/chief/trends/index.html.
[13] WANG Yi, China's Environment and Development Issues in Transition, *Social Research*, spring 2006, 73 (1): 277 - 91.
[14] WHO, *Global Health Observatory*, 2011 - 09 - 26, http://www.who.int/gho/phe/outdoor_air_pollution/exposure/en/index.html.

B.4 北京及周边区域颗粒物和细粒子排放源特征及其来源解析

王跃思 唐贵谦 潘月鹏*

摘 要：
2013年初，北京成为中国受雾霾危害最严重的城市之一，因此受到国际社会的特别关注。那么，造成雾霾现象的原因到底是什么？其化学组成结构、形成机理和特征的主要来源又是什么？本章通过对北京及周边区域大气污染物排放源清单的整理，分析大气污染排放特征、来源及其形成机理，并基于这些分析提出应对措施。

关键词：
颗粒物 细粒子排放源 污染排放

一 北京及周边区域污染排放现状分析

社会经济活动的发展、能量消费的增加以及各类环保措施的实施共同影响了北京及周边区域的大气污染物排放。污染源排放清单是进行空气质量模拟的必要输入，因而也是进行控制措施评估的关键和科学制定污染控制对策的基础。为了定量了解北京及周边区域大气污染物排放的地域和部门特征，为空气质量模式提供排放源清单，以科学地指导控制北京及周边区域大气污染，本研究以东亚大尺度排放清单为基础，整理使用了北京和天津市环保局的环境统计数据及北京、天津和河北地区的统计年鉴以及路网信息，以2010年为基准，建立了北京及周边地区北京奥运会前后各种大气污染物的排放清单。

---

* 王跃思，中国科学院大气物理研究所教授；唐贵谦，中国科学院大气物理研究所博士；潘月鹏，中国科学院大气物理研究所博士。

（一）北京及周边区域高分辨率清单

排放源清单制作所需资料包括：东亚区域排放源清单、环境统计调查数据、统计年鉴以及以往研究报告和成果。

本文所采用的东亚区域排放源清单是 TRACE – P 实验和 ACE – Asia 实验提供的排放源清单，该清单在经过一系列改进后，2006 年又进行了更新，此清单在亚洲区域使用最广，得到了广泛认可。

《中国统计年鉴》《北京市统计年鉴》《天津市统计年鉴》和《河北省经济年鉴》等作为反映中华人民共和国经济和社会发展的资料性年刊，系统收录了全国各省、市、自治区的经济、社会、环境等各方面的统计数据，这些数据真实地反映了各地的生产、生活状况。而《中国能源年鉴》和《中国交通年鉴》则是反映中国能源建设、生产、消费、供需平衡以及交通运输、邮电通信业的整体情况的权威性资料书。本研究为了衡量各地区的污染物排放量，对与污染物排放有关的统计数据进行了整理，作为污染物排放量推估和空间分配的依据。

东亚区域排放源清单以及环境统计调查数据不能被模式直接利用，污染物排放数据要经过空间的处理，对排放量进行网格化处理以适用于模式。空间数据的整理包括两部分：一是地理信息数据整理；二是排放数据网格化。中国基础地理信息系统数据库提供了中国县级行政区界数据，同时也提供了直辖市各区的行政区界数据。之后，将最小单元为区、县的排放量平摊到区县面上，应用 ArcGIS 的空间数据处理功能，对此排放量进行切分，切分后区县的边界与模式网格相交划分成许多小区域，这些区域既属于某一个区县又属于某一个模式的网格，将属于同一个模式网格的小区域合并就得到了此网格的排放量。

本研究结合北京、天津和河北的统计年鉴、能源年鉴等和环境统计数据把最小排放单元从 0.5×0.5 度细化到区或县。利用 ArcGIS 的空间分配功能，将县或区的排放量进行网格化，制作了北京及周边区域 $9km \times 9km$ 的高分辨率排放源清单。此高分辨率排放源清单中排放源的分类与东亚区域排放源清单保持一致，包含的污染物有 NO_x、SO_2、VOCs、PM 10、PM 2.5、CO 和 NH_3。

（二）各类排放源对大气污染的贡献度分析

图 1 显示，京津冀区域的 SO_2 排放源主要来自电厂、工业、居民化石燃料

燃烧，这三类排放源贡献超过99%，其中电厂排放的 SO_2 的贡献率达到62%，其次为工业排放，贡献率也超过25%，居民化石燃料燃烧大概占11%。天津和河北不同排放源对 SO_2 的贡献率较为相似，而北京则有很大不同。虽然三个主要排放源没有变化，但是电厂对于北京 SO_2 的贡献仅占48%，而贡献率占第二位的则是居民化石燃料燃烧，贡献率占25%，工业的贡献率与天津和河北类似，均在25%左右。

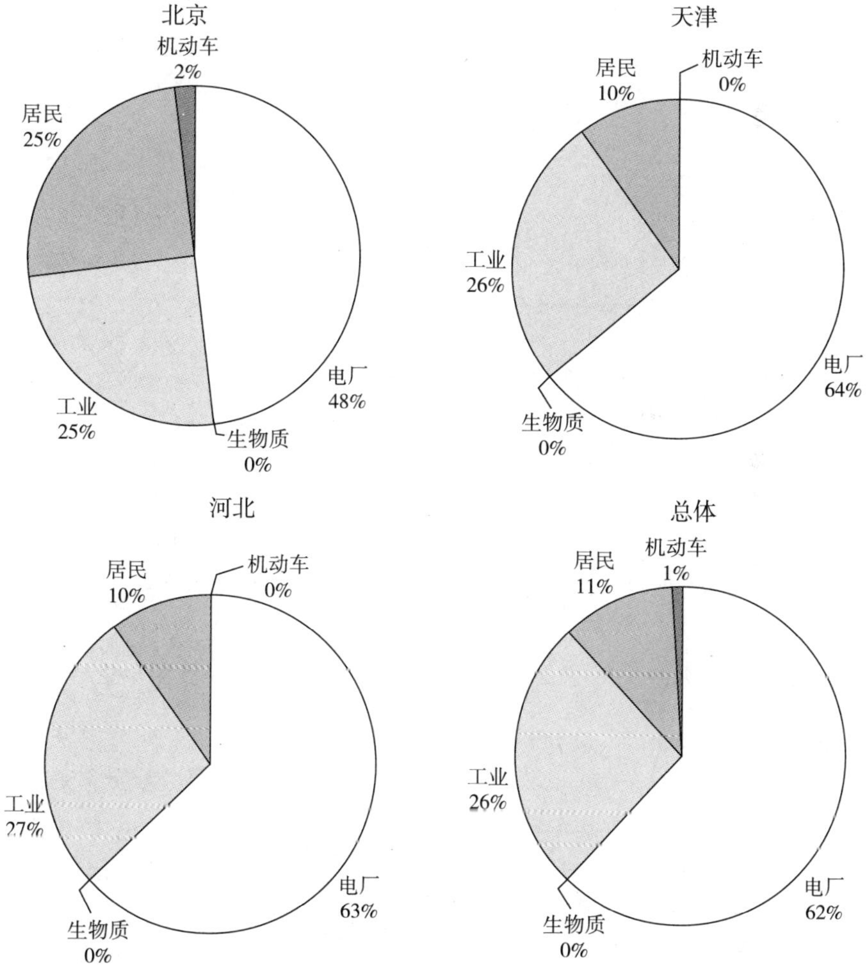

图1　京津冀区域不同排放源的 SO_2 贡献率

图2显示,京津冀区域主要的NO_x排放源与SO_2有很大差异,主要的排放源有四种,分别为电厂、工业、机动车和居民化石燃料燃烧。其中,电厂贡献41%,工业贡献29%,机动车贡献23%,居民化石燃料燃烧贡献6%。两个直辖市北京和天津与河北的排放源构成有很大差别。北京和天津主要的NO_x排放源为机动车和电厂,而河北则是电厂和工业占较大份额,这也反映出北京、天津与河北能源结构的巨大差异。

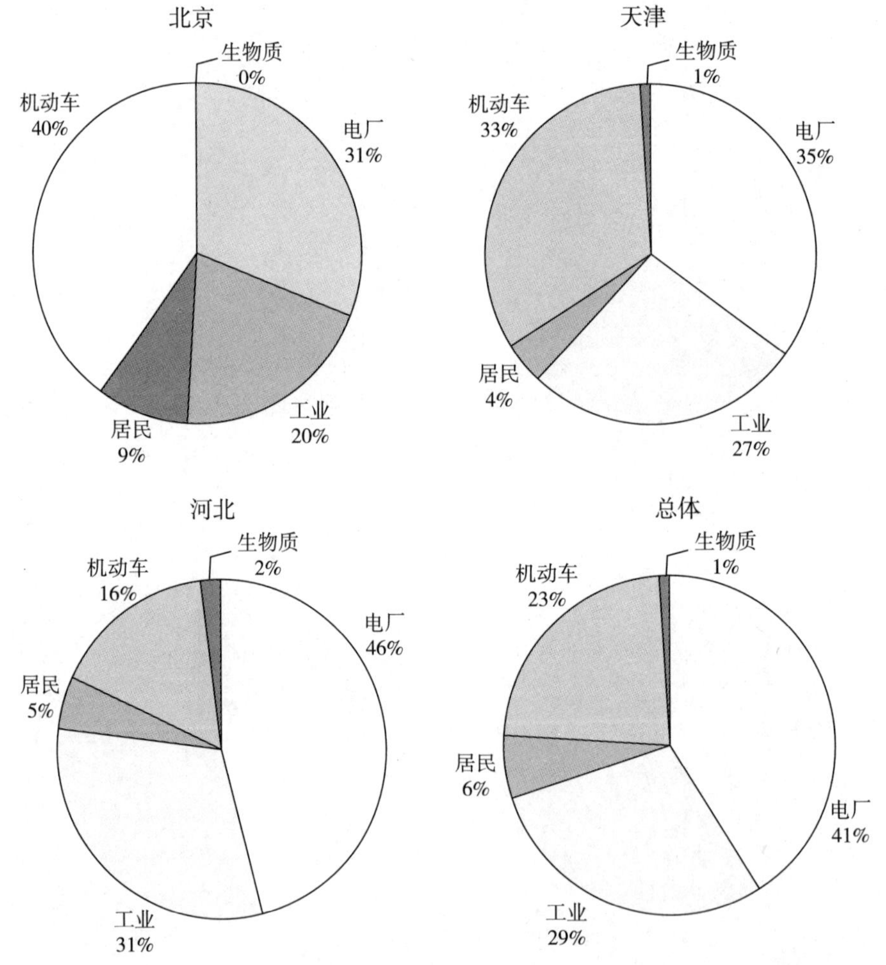

图2 京津冀区域不同排放源的NO_x贡献率

京津冀区域 VOCs 的主要排放源为三类，分别为工业、机动车和居民排放，对三个省市 VOCs 排放贡献的排放源都不相同。图 3 显示，北京市主要的 VOCs 排放源为机动车和工业，两种排放源分别占 40% 左右，居民化石燃料燃烧和溶剂使用则占 16%；天津市炼油行业较多，导致主要的 VOCs 排放源为工业，贡献率达到 64%，其次为机动车，贡献率达 20%，居民化石燃料燃烧和溶剂使用占 10%；河北省居民化石燃料燃烧和溶剂使用占 VOCs 排放的比例明显升高，达 32%，工业和机动车则分别占 35% 和 29%。

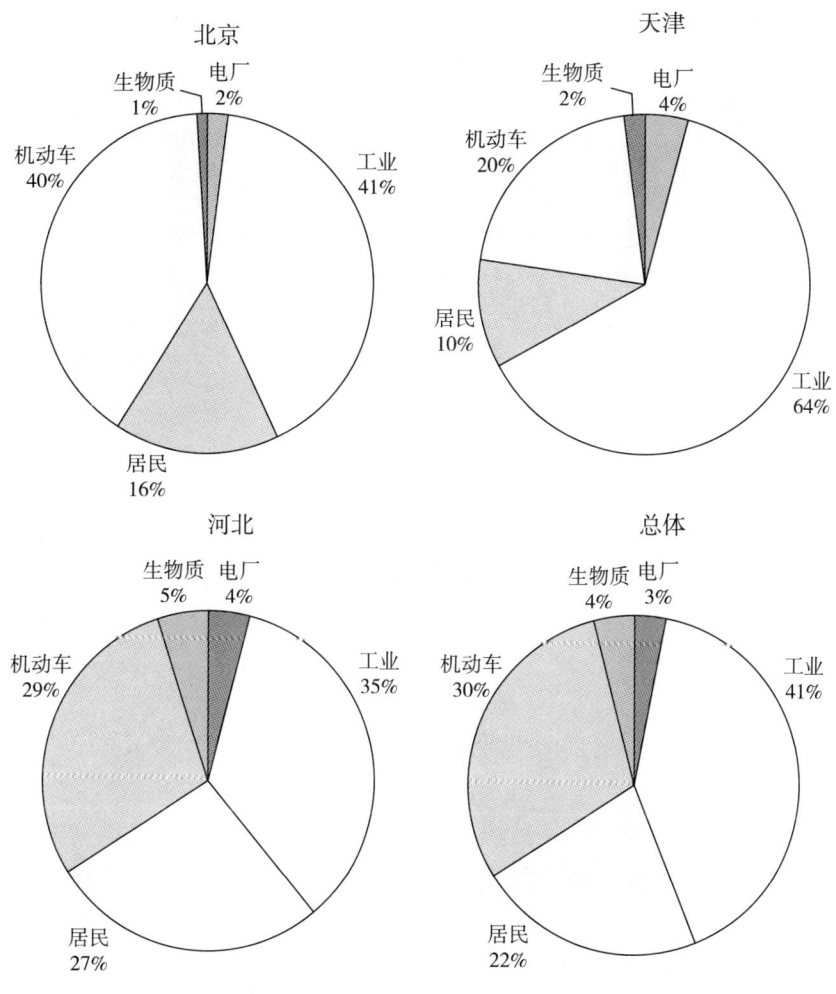

图 3 京津冀区域不同排放源的 VOC_s 贡献率

图4表明京津冀区域NH_3的排放源主要来自养殖业和化肥施用两类。北京和天津两个直辖市化肥施用的贡献率在45%左右,养殖业则分别占41%和33%,由于两个大城市人口较多,人体排放的贡献率也在10%以上。河北省是农业大省,化肥施用占的贡献率超过60%,养殖业也超过30%。

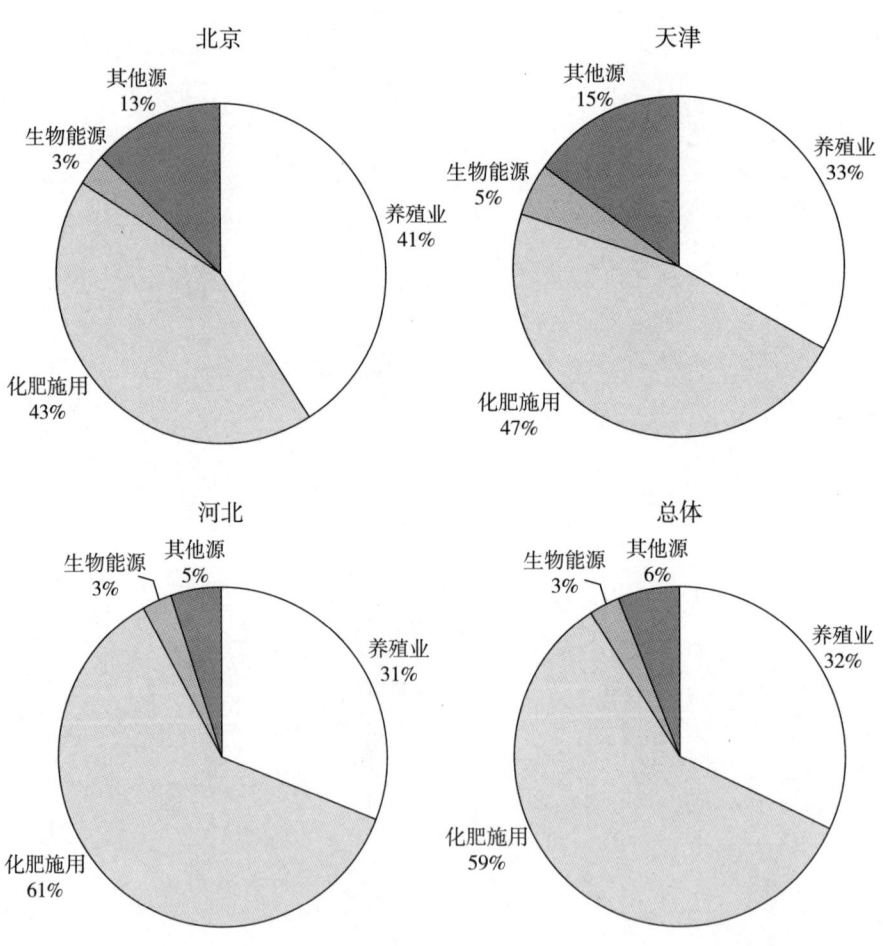

图4 京津冀区域不同排放源的NH_3贡献率

图 5 显示，京津冀区域原生排放的 PM 10 主要来自工业、居民化石燃料燃烧和电厂排放，其中工业排放的贡献超过 60%，居民化石燃料燃烧超过 20%，电厂贡献在 12%。北京市由于工业搬迁使得工业所占的百分比只有 51%，而居民化石燃料燃烧的贡献则接近 30%。

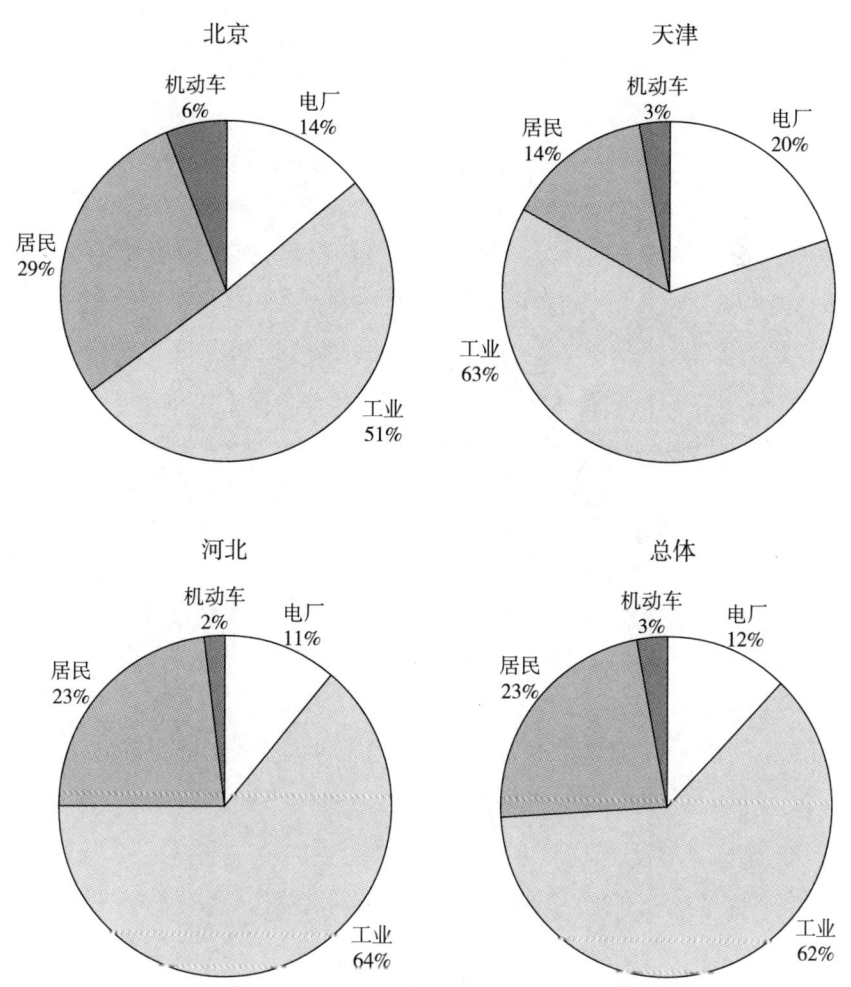

图 5 京津冀区域不同排放源的 PM 10 贡献率

图6显示，京津冀区域原生排放的PM2.5的来源与PM10有很大差异，主要的PM2.5排放源为机动车、工业和电厂。其中，机动车排放和道路扬尘所占比例为50%，工业排放的贡献占37%，居民化石燃料燃烧和电厂排放仅占10%左右。

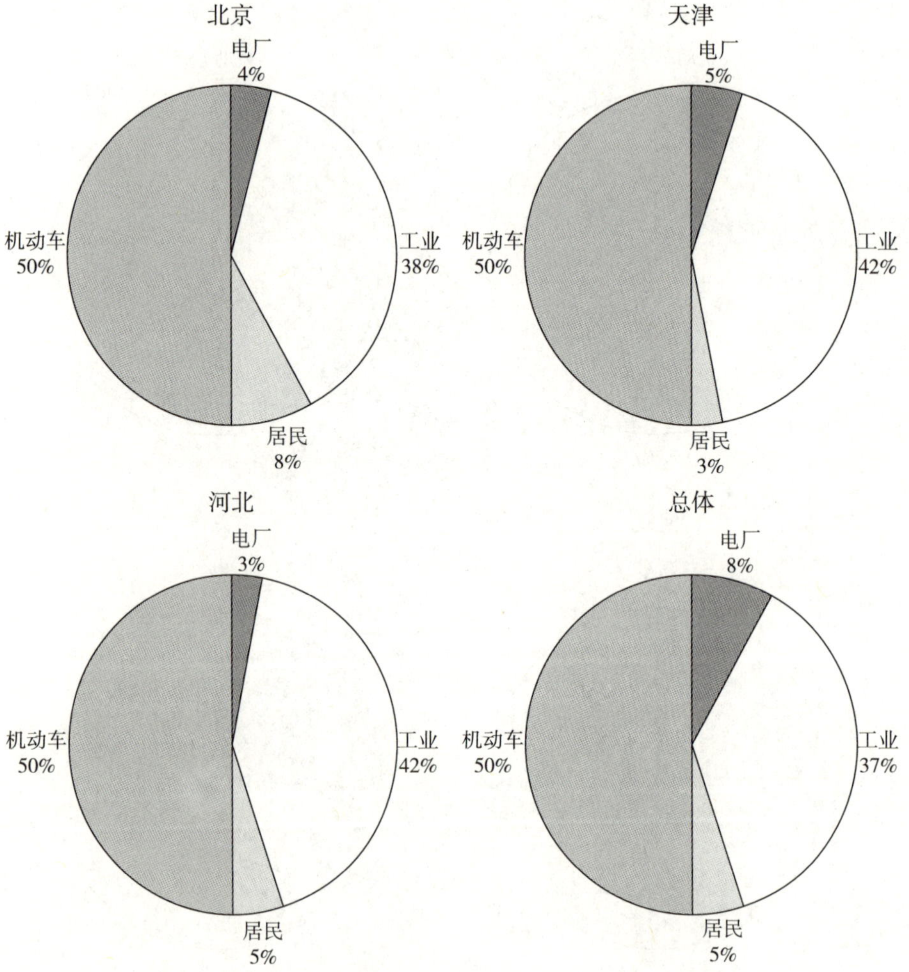

图6 京津冀区域不同排放源的PM2.5贡献率

图7显示，京津冀区域黑炭（BC）（虽然在 PM2.5 中仅占3%～5%，但消光的作用很大）主要来自居民化石燃料燃烧、工业和机动车排放。由于居民燃煤减排措施比较少，BC 排放量较大，占总排放量的比例超过50%，工业则占34%，机动车占12%左右。值得注意的是，天津的 BC 排放与北京和河北呈现很大差异。天津市主要的 BC 来源为工业，贡献率超过50%，这也主要与天津工业占较大比重有关。

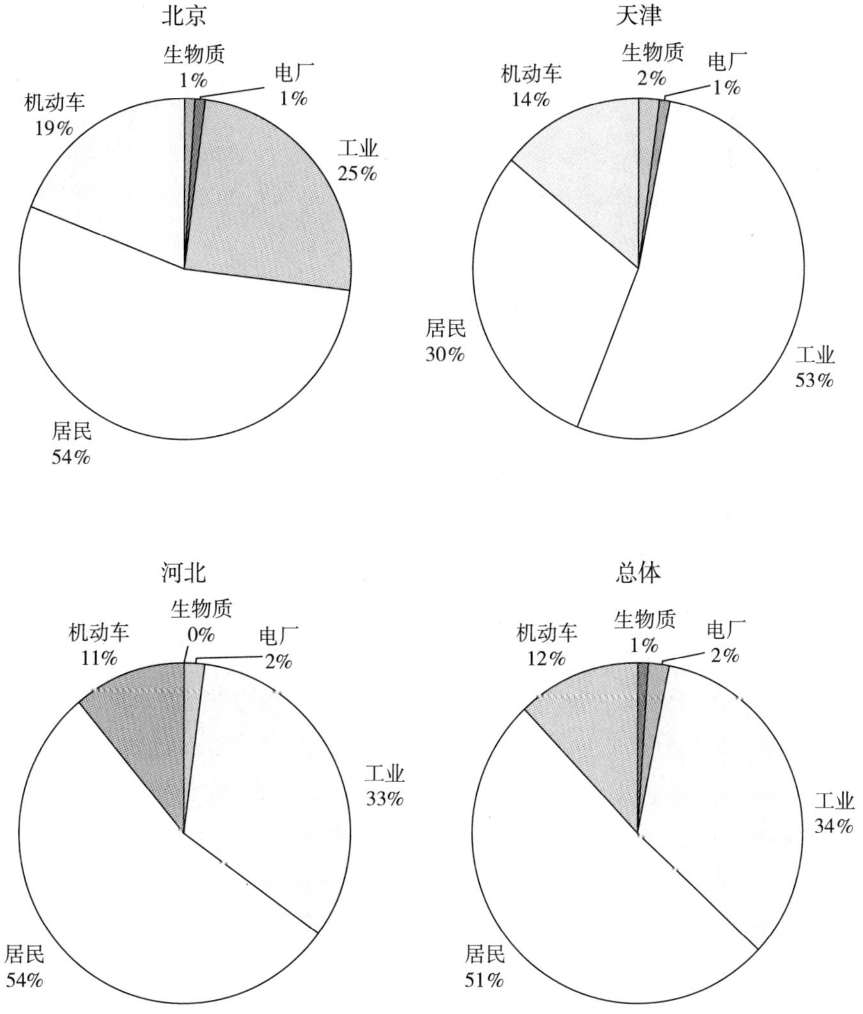

图7 京津冀区域不同排放源的 BC 贡献率

图 8 显示，京津冀区域有机碳（OC）的排放与黑炭 BC 大同小异，只不过主要的排放源变成了居民化石燃料燃烧、工业和生物质燃烧。其中，居民化石燃料燃烧贡献比例为 67%，工业排放相比 BC 减少到 20% 左右，生物质燃烧的贡献为 8%。

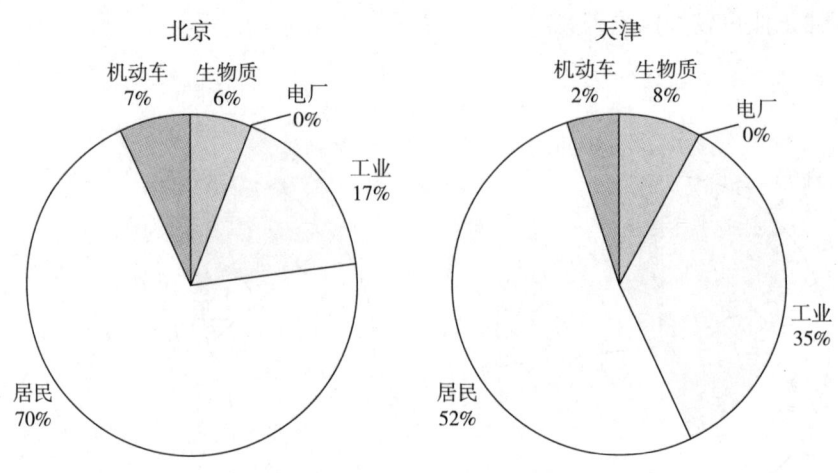

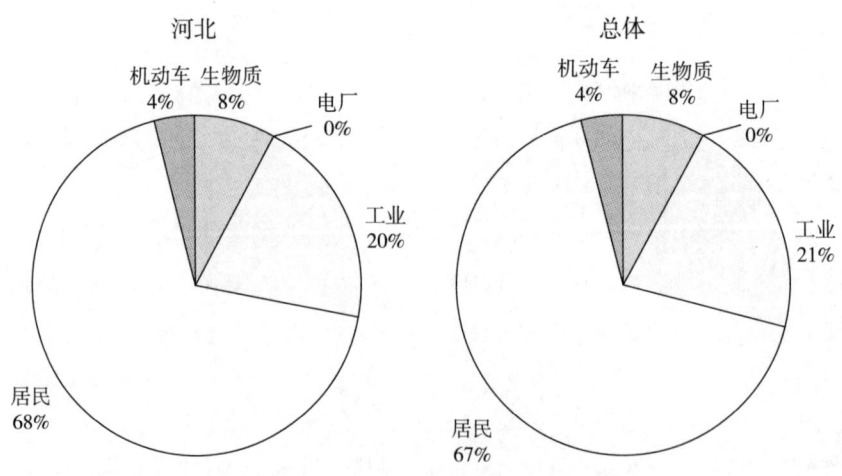

图 8　京津冀区域不同排放源的 OC 贡献率

二 排放源清单的校验

图9反映的是地面观测、卫星观测与排放源时空分布的比对。左侧为NO_x，右侧为SO_2，自上而下分别为地面观测、卫星观测和排放源强度。在获取了京津冀区域不同污染物的排放源清单后，我们需要利用观测数据对排放源强度的时空分布进行校验。一次污染物中NO_x和SO_2的地面和卫星数据较全，而VOCs种类较多，NH_3数据较少，因此后两种污染物与观测的比对较难实现。另外，由于PM为二次污染物，与PM的直接排放强度关系不显著，PM排放与环境浓度的比对也比较困难。因此，我们针对一次污染物中的NO_x和SO_2进行了地面、卫星观测与排放源强度的比对（见图9）。

从图9中可以看出，NO_x的地面和卫星观测结果与排放源强度的时空分布状况一致，呈现出大城市浓度高、农村及偏远山区浓度低的特征。但卫星观测结果与排放源强度分布状况稍微有些不同，北京作为华北区域最大的城市，卫星观测的NO_x浓度并不是最高，地面的NO_x却基本处于最高水平，产生这种差异的原因是，北京地区电厂较少，而石家庄、天津和唐山市电厂较多，较高的烟囱以及烟雨的抬升使得电厂对地面NOx浓度的贡献较少，也就导致石家庄、唐山和天津的地面观测浓度低于北京，而卫星观测柱浓度则高于北京。这一点也充分反映了估算的排放源强度不仅总量正确，不同种类排放源的分配也很合理。

SO_2的地面、卫星的观测结果显示天津和河北的平原区域SO_2浓度较高，北京地区浓度次之，山区及农村浓度最低，与之对应的排放源强度也显示出这种特征。通过分析可以发现：第一，北京地区电厂较少，地面的SO_2浓度较低；第二，北京地区SO_2的减排效果显著，地面和卫星浓度均呈现较低浓度。尽管如此，卫星观测的SO_2的空间分布与地面观测有些许差别，这除了前面提到的高空排放源的差异以外，卫星观测SO_2时所用光谱与O_3的吸收带一致，也导致了卫星观测SO_2浓度有较大偏差。

综合以上来看，两个重要的PM前体物NO_x和SO_2的地面观测、卫星观测和排放源强度的时空分布特征较为一致，说明排放源的估算合理、可靠，能够用于研究京津冀区域的污染特征分析。

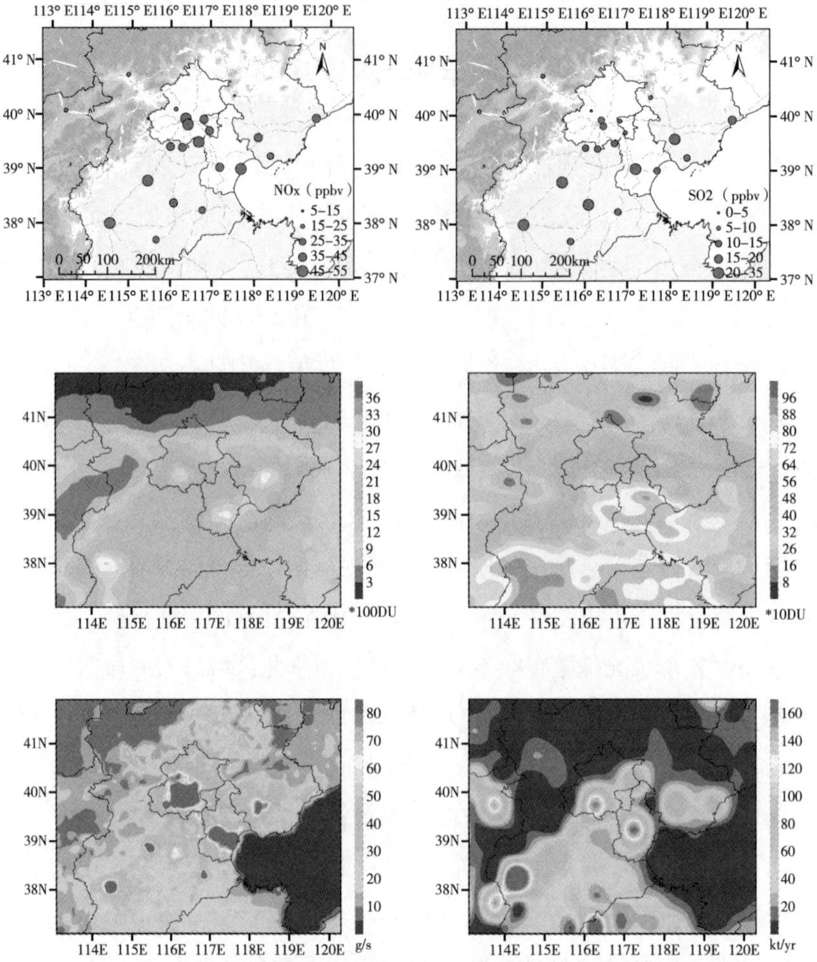

图9 地面观测、卫星观测与排放源时空分布比对

三 北京及周边地区细粒子污染现状及来源

(一)北京及周边地区细粒子及前体物空间分布

图10为京津冀地区SO_2的年均浓度空间分布图。从图10中可以看出,京津冀平原地区河北和天津站点SO_2浓度较高,其中石家庄站SO_2浓度最高,达

31 ppbv。山区和北京及近周边站点 SO_2 浓度较低,其中乡村站灵山最低,仅有 1.4 ppbv。京津冀地区 SO_2 的主要排放源为工业和电厂,占区域 SO_2 排放总量的60%以上。通过以上分析可以发现,以奥运为契机,北京 SO_2 污染源减排措施实施效果显著,使得北京及近周边区域 SO_2 浓度低于其他区域。石家庄、保定和河间三个站点年均值超过国家二级标准($60\mu g/m^3$),天津和唐山站浓度也接近国家二级标准。因此,二氧化硫的重点控制区域为京津冀平原的河北和天津地区。

京津冀地区 NO_x 排放主要来自机动车、电厂和工业燃烧。局地机动车排放对近地面 NO_x 浓度的贡献超过74%,而局地电厂与工业源对近地面 NO_x 浓度的贡献分别为2%和13%。总体来说,由于 NO_x 化学活性较强,生存寿命较短,其浓度主要受局地排放影响,区域输送较弱。另外,由于机动车的排放高度较低,使得机动车排放对近地面 NO_x 浓度的贡献最大。因此,NO_x 浓度的时空分布与机动车排放量有很好的相关性,也反映了当地的机动车保有量。NO_x 浓度与城市类型和大小直接相关。拥有较多机动车的大型城市,比如北京、天津、石家庄、保定 NO_x 浓度较高,其中北京铁塔站最高,NO_x 年均浓度达55ppbv。乡村与较不发达的山区城市 NO_x 浓度较低,其中灵山站最低,年均值仅有 8ppbv。

O_3 高值区域都分布在非城市区域,这与 NO_x 的分布趋势恰好相反。其中兴隆站由于排放量较低,受北京及河北、天津输送的影响 O_3 浓度最高,年均值达 49.3ppbv。华北平原的城市地区 O_3 较低,唐山站浓度最低,仅有 18ppbv,这种低值正是由于较高浓度的 NO 对 O_3 的消耗造成的。O_x 浓度反映了区域的大气总氧化能力。京津冀区域大气总氧化能力较强,呈现北部高、南部低的特点。南部四个站点石家庄、沧州,河间和衡水 Ox 浓度均在 40ppbv 左右,而北部站点多在 45ppbv 以上,其中 XL 站最高,达到 57ppbv。

PM 是京津冀地区的主要污染物。工业源排放是京津冀区域的主要排放源,其次为居民生活、电厂和机动车排放。从图 10 中可以看出,区域 PM 10 污染严重,所有站点 PM 10 年均值均超过国家二级标准 $100\mu g/m^3$。华北平原西南部站点石家庄、保定以及北京近周边站点 PM 10 浓度较高,其中石家庄站 PM 10 浓度最高,年均值达到 $197\mu g/m^3$。山区及北京城郊站点 PM 10 浓度

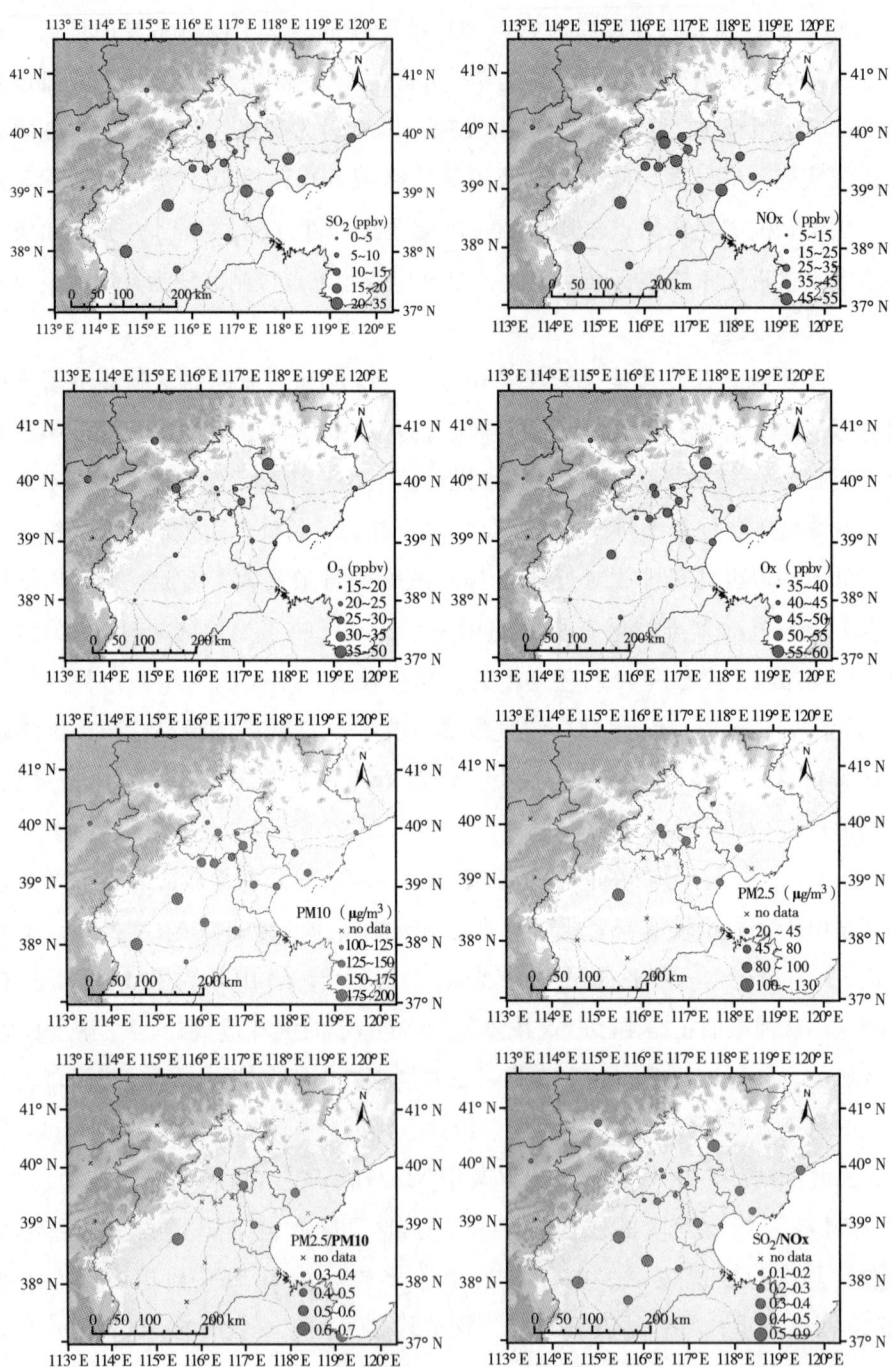

图 10 京津冀地区 SO_2、NO_x、O_3、O_x、PM 10 和 PM 2.5 年均浓度空间分布

较低，但也达 108.9μg/m³。对于细粒子 PM2.5 来说，京津冀区域污染更为严重，所有 9 个站点 PM2.5 浓度均超过 USEPA 年均值标准 25μg/m³。其中，北京城郊站阳坊浓度最低，也达 40μg/m³，超过 USEPA 年均值标准的 1.6 倍。浓度最高的站点为保定站，PM2.5 的浓度达 125μg/m³，是 USEPA 年均值标准的 5 倍。PM10 和 PM2.5 的这种分布特征与两个因素有关，分别为排放源强度和京津冀区域的风场。由于 PM10 和 PM2.5 在空气中寿命较长，受区域输送影响较大。受太行山和燕山的影响，华北平原内风速较小，山区风速较大。较高的污染物排放以及较低的风速使得京津冀西南部区域颗粒物污染最为严重。通过分析各个站点 PM2.5/PM10 可以看出，京津冀区域 6 个站点 PM2.5/PM10 值为 0.38~0.66。受海盐的影响，沿海站点塘沽 PM2.5/PM10 最低，仅有 0.38。内陆重污染城市保定站 PM2.5/PM10 值最高，达到 0.66，北京铁塔站 PM2.5/PM10 为 0.55，这与之前的观测研究一致。

（二）细粒子化学组成特征

由于 Anderson 采样器没有 PM2.5 的粒径段，相似的粒径段只有 PM2.1，因此用此粒径段的水溶性离子成分说明不同站点 PM2.5 的化学组分。图 11 为京津冀区域 5 个站点 PM2.1 中水溶性离子时间序列变化图，其中金属元素为 Na^+、K^+、Ca^{2+}、Mg^{2+} 的总和。从图 11 中可以看出，天津塔、保定和唐山站颗粒物中化学成分变化一致，体现出冬季较高的二次和金属离子浓度、夏季较高的二次离子浓度；BJT 站颗粒物化学成分略有不同，体现出冬季较高的 NO_3^- 和金属离子浓度，夏季较高的二次离子浓度，冬季 SO_4^{2-} 和 NH_4^+ 浓度较低；兴隆站化学成分差别较大，体现出夏季最高的二次离子浓度，其他季节的化学组分都较低。因此来看，化学分成分析的结果显示了因子分析结果中不同种类站点的污染特点。也就是说，河北西南部、天津和河北东部站点冬季一次粒子和二次粒子均较高，夏季二次粒子浓度较高；由于北京站点脱硫设施的全面启动，冬季北京站点 SO_4^{2-} 和 NH_4^+ 浓度较低，但是 NO_3^- 浓度和一次粒子浓度仍较高，夏季则体现出较强的二次粒子生成；乡村站点一次粒子浓度较低，大部分粒子来自二次生成。

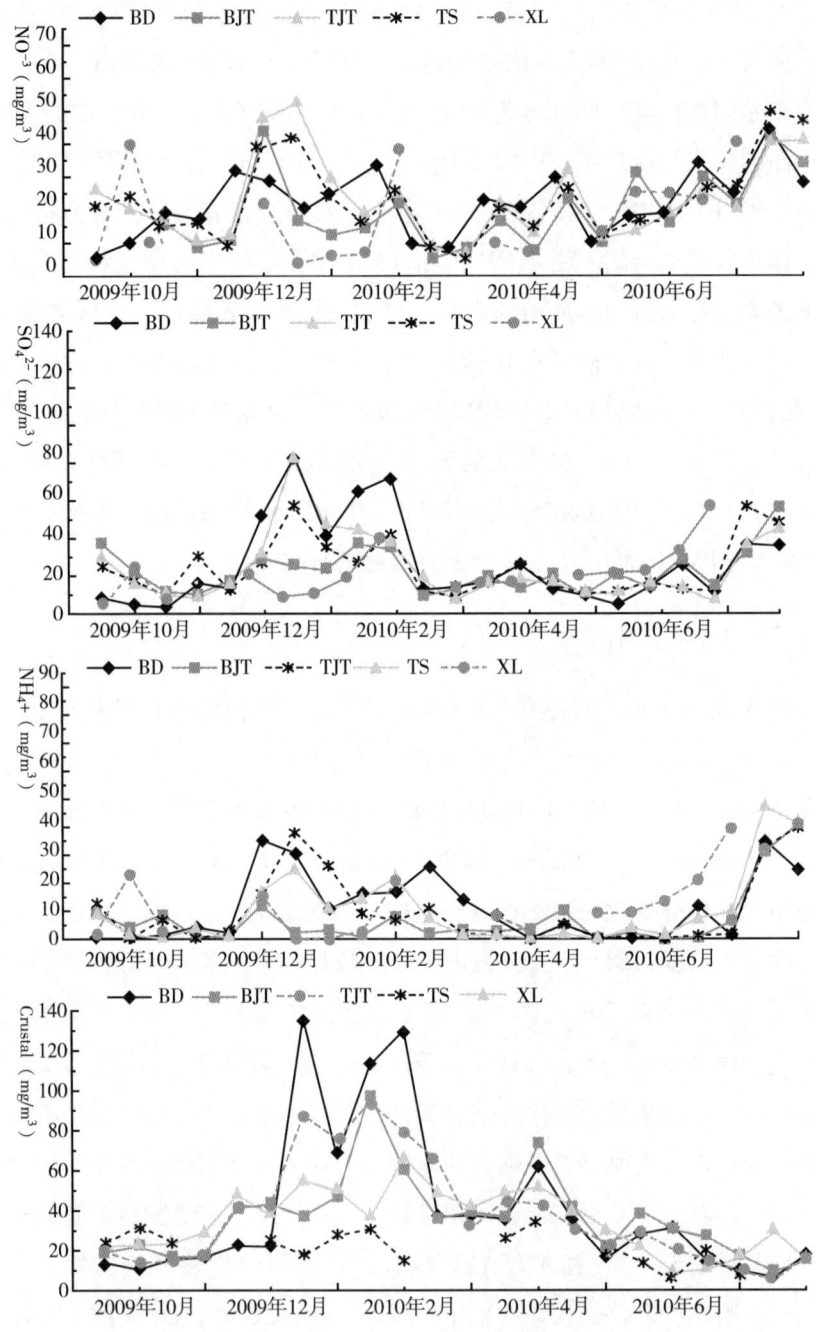

图 11 京津冀地区 5 个站点 PM 2.1 中水溶性离子时间序列变化

综合以上所述，河北西南部、天津和河北东部站点应重点控制冬季的一次污染物排放，包括原生排放的 SO_2、NO_x、NH_3、PM 10 和 PM 2.5，夏季则需要重点控制一次气态污染物 SO_2、NO_x 和 NH_3 的排放。北京和河北北部站点冬季应控制 NO_x、PM 10 和 PM 2.5 的排放，夏季应控制 SO_2、NO_x 和 NH_3 的排放。乡村站点一次污染物排放量均较低，但仅靠二次粒子生成和传输仍然使得 PM 2.5 年均值和日均值超标，说明区域二次粒子生成量较大。因此来看，区域二次粒子的控制是重中之重，也就是要着重控制整个区域的 SO_2、NO_x 和 NH_3 的排放。

（三）颗粒物化学组成重构

北京及其周边地区 2009～2011 年大气颗粒物化学组成特征的统计结果见表 1。从表 1 中可以看出，北京及周边地区 PM 2.1 的区域平均质量浓度为 $155.9\mu g/m^3$，最高值出现在天津，为 $224.8\mu g/m^3$，最低值出现在兴隆，为 $73.1\mu g/m^3$，城市站点明显高于区域背景站点。5 个站点 PM 2.1 中化学成分的平均含量依次为未解析部分（26.6%）＞二次无机盐（26.2%）＞有机物（21.6%）＞矿物尘（13.5%）≥建筑尘（5.0%）海盐（3.7%）＞重金属（1.7%），水溶性无机盐和有机物占据 PM 2.1 的绝大部分，其中最重要的又是二次无机盐，4 个城市站点二次无机盐的相对比例从高到低分别为保定（34.0%）、北京（30.9%）、唐山（26.0%）和天津（16.4%）。四个城市站的有机物相对比例比较接近，均在 20% 左右，约为区域背景站兴隆的两倍。五个站点海盐的相对比例天津和唐山略高于其他站点，主要由于两者在地理位置上更易于受到海洋的影响。重金属仅占大气颗粒物的一小部分，约占降尘量的 1.7%，但由于它们主要来自人为源，毒性强，需要关注其环境、健康效应，重金属的相对比例从高到低依次为唐山、保定、天津、北京和兴隆。

北京及周边地区 PM 9 的区域平均浓度为 $264.1\mu g \cdot m^{-3}$，各站点从高到低依次为保定、唐山、天津、北京和兴隆。矿物尘是 PM 9 的主要组成，其次是二次无机盐和有机物，分别占其总质量浓度的 21.7%、20.0% 和 18.8%，4 个城市站矿物尘的相对比例分别为保定（28.3%）＞唐山（26.9%）＞北京（22.6%）＞天津（17.8%），建筑尘与其存在相同的站点间变化关系。二次

无机盐从高到低依次为天津（24.7%）、北京（22.3%）、唐山（22.1%）和保定（12.2%）。与 PM 2.1 相同，四个城市站的有机物相对比例比较接近，均在 20% 左右，约为区域背景站兴隆的两倍，重金属的相对比例从高到低依次为唐山、保定、天津、北京和兴隆。

北京及周边地区 TSP 的区域平均浓度变化为 $311.8\mu g/m^3$，各站点从高到低依次为保定、唐山、天津、北京和兴隆，最高值出现在保定（$383.0\mu g/m^3$），最低值出现在兴隆（$141.1\mu g/m^3$）。TSP 中化学成分的平均含量依次为矿物尘（24.4%）>二次无机盐（17.8%）>有机物（17.7%）>建筑尘（7.1%）>海盐（3.6%）>重金属（1.4%）。矿物尘是 TSP 的主要组成，5 个站点矿物尘的相对比例从高到低分别为保定（31.9%）、唐山（28.0%）、北京（25.1%）、天津（20.8%）和兴隆（8.8%）。TSP 中有机物的相对比例与 PM 2.1 和 PM 9 相比，略有降低，但站点间的变化关系相同。4 个城市站点的二次无机盐的相对比例从高到低依次为天津（21.1%）、北京（19.3%）、唐山（19.2%）和保定（11.5%）。重金属的相对比例从高到低依次为唐山、保定、天津、北京和兴隆。

总体上，二次无机盐、矿物尘和有机物在颗粒物中的比例较高，细粒子的主要成分为二次无机盐，而矿物尘是粗粒子的主要组成。二次无机盐在不同粒径粒子中的相对比例依次为 PM 2.1（26.2%）> PM 9（20.0%）> TSP（17.8%），二次无机盐的相对含量随着粒径增大呈递减趋势，表明二次无机盐在细粒子中存在显著富集。矿物尘不同粒径粒子中的相对比例依次为 PM 2.1（13.5%）< PM 9（21.7）< TSP（24.4%），矿物尘的相对含量随着粒径的增大呈递增趋势，表明矿物尘显著影响粗粒子的质量浓度。PM 2.1、PM 9 和 TSP 中有机物的相对含量分别为 21.6%、18.8% 和 17.7%，随着粒径的增大，有机物的相对含量逐渐减小，指示有机物在细粒子中存在更显著的富集。建筑尘相对含量随粒径的变化趋势为 PM 2.1（5.0%）< PM 9（6.6）< TSP（7.1%），与矿物尘相同，指示其对粗粒子质量浓度的贡献。重金属在不同粒径粒子中的相对比例依次为 PM 2.1（1.7%）> PM 9（1.5%）> TSP（1.4%），随着粒径增大逐渐减小的变化趋势同样指示了重金属在细粒子中的显著富集。综上所述，二次气溶胶粒子、有机物和重金属在颗粒物中的相对含量随着粒径减小呈递增趋势，表明有毒物质在细粒子中富集。而矿物尘、建筑尘随着粒径增加而增加，主导了粗粒子的主要部分。海盐的相对含量在不同粒径颗粒物中无显著差异。

表1 大气颗粒物质量重构后化学组成特征的统计结果

PM粒径	站点	PM浓度（μg/m³）	建筑尘（%）	矿物尘（%）	重金属（%）	有机物（%）	元素碳（%）	海盐（%）	二次无机盐（%）	未解析（%）
PM 2.1	北京	137.0	3.8	9.8	1.3	19.6	1.5	3.2	30.9	29.9
	天津	224.8	6.2	23.4	1.5	22.0	1.6	5.1	26.0	14.2
	唐山	144.6	5.2	13.2	2.3	22.7	2.0	4.0	34.0	16.6
	保定	200.1	3.2	7.1	2.1	25.5	1.9	2.6	16.4	41.1
	兴隆	73.1	7.5	7.6	0.9	11.4	1.5	3.1	29.4	38.6
	区域平均	155.9	5.0	13.5	1.7	21.6	1.7	3.7	26.2	26.6
PM 9	北京	255.4	5.7	22.6	1.3	19.1	1.3	3.5	22.3	24.1
	天津	259.0	6.8	26.9	1.5	22.5	1.6	5.4	24.7	10.7
	唐山	281.9	8.8	28.3	1.8	18.6	1.5	3.7	22.1	15.0
	保定	383.0	5.2	17.8	1.6	19.4	1.3	2.6	12.2	39.9
	兴隆	141.1	7.5	8.1	0.8	10.3	0.6	3.5	24.2	45.0
	区域平均	264.1	6.6	21.7	1.5	18.8	1.3	3.7	20.0	26.3
TSP	北京	308.5	5.9	25.1	1.2	18.3	1.1	3.3	19.3	25.7
	天津	319.8	7.0	28.0	1.4	20.1	1.5	3.5	21.1	15.8
	唐山	341.4	9.8	31.9	1.7	17.4	1.5	3.5	19.2	15.1
	保定	434.7	5.7	20.8	1.5	18.6	1.2	2.6	11.5	38.1
	兴隆	154.5	7.6	8.8	0.9	10.0	0.6	3.7	22.9	45.5
	区域平均	311.8	7.1	24.4	1.4	17.7	1.2	3.6	17.8	26.8

（四）细粒子源解析

1. 常规源解析

按照PM的污染特征，将北京及周边地区站点分为三个种类，分别为河北和天津地区、北京地区和北京地区。为了分析这个三类地区PM的来源，将观测期间每个站点获得的48组PM 2.1化学成分的分析数据输入PMF模型中，输入不同的因子数目（3~12个）运行得到了不同的结果，通过比较不同因子数目得到的模型输出Q（E）值以及每个源成分谱的差异，发现因子数为6、7和8时得到的源成分谱比较合理。进一步参考北京地区细粒子的排放源以及比较别人的研究结果，我们将最终的因子数目确定为6个。经过多次运行后发现，当因子不旋转时（FPEAK=0），Q（E）的变化比较稳定，因此确定PMF模型运行的最终方案为 Factor=6，FPEAK=0。图12显示了PMF解析出来的保定市PM2.5的6类可能来源，分别为二次源、燃煤、扬尘、生物质燃烧、工业源和机动车。

PM2.1的第一类污染源为二次源，浓度贡献较高的化学元素为NH_4^+、NO_3^-、SO_4^{2-}和OC，分别代表了通过光化学反应生成的二次无机离子和二次有机物。从二次源的时间序列变化来看，夏季二次源的贡献明显高于冬季，夏季温度、湿度较高，大气的氧化能力强，有利于光化学反应的发生，而冬季受温度的影响，大气的氧化能力较弱，不利于光化学反应的产生。观测期间二次源对PM2.5的贡献为24.9%（见表2）。在2000年的观测结果显示，北京地区细粒子中二次硫酸盐和二次硝酸盐对PM2.5的贡献分别为19.3%和11.6%，二次转化的无机离子贡献之和为30.9%，与本研究结果十分接近。

第二类污染源中浓度贡献较大的化学元素为EC、OC、Cl和K，这4种化学元素通常被认为是燃煤的特征元素，同时从该类污染源贡献的时间序列变化来看，夏季该类污染源对PM2.1的贡献几乎为零，而冬季则显著上升，符合华北地区燃煤源分布的季节差异，因此可以判定第二类污染源为燃煤源。观测期间燃煤源对PM2.5的贡献为26.4%（见表2），远高于北京2000年的观测结果（17.2%）。同时，从图12可以看出，硫酸盐对燃煤源的贡献几乎为零，这也体现出与以往解析的PM2.5中燃煤源不同的特征。之前利用PMF模型解析的细粒子的燃煤源中，硫酸盐的贡献较大，以上现象表明，华北地区冬季采暖期的主要燃料发生了变化，由以往的以燃煤为主的取暖方式向以燃油为主的方式转变，这可能也是本文研究结果中燃煤源对PM2.5的贡献显著降低的主要原因。

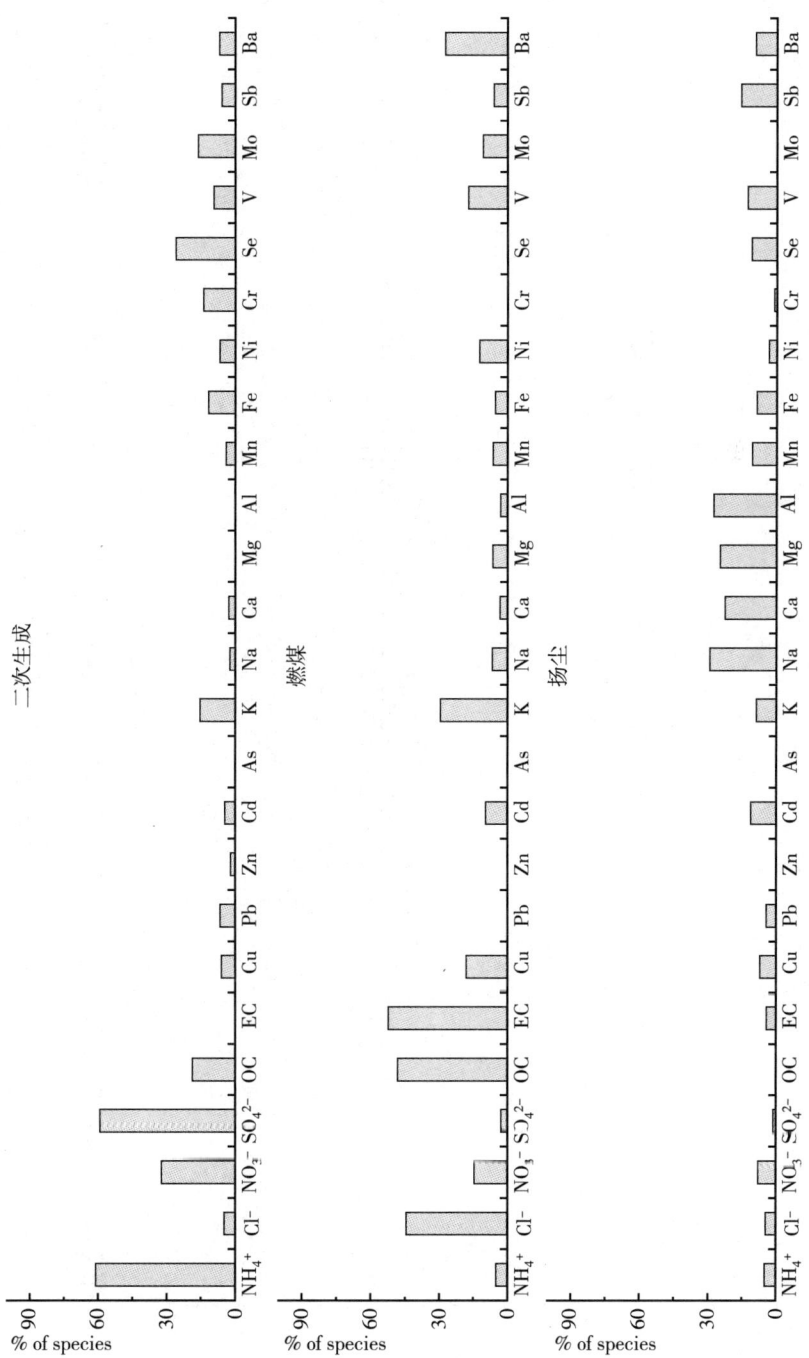

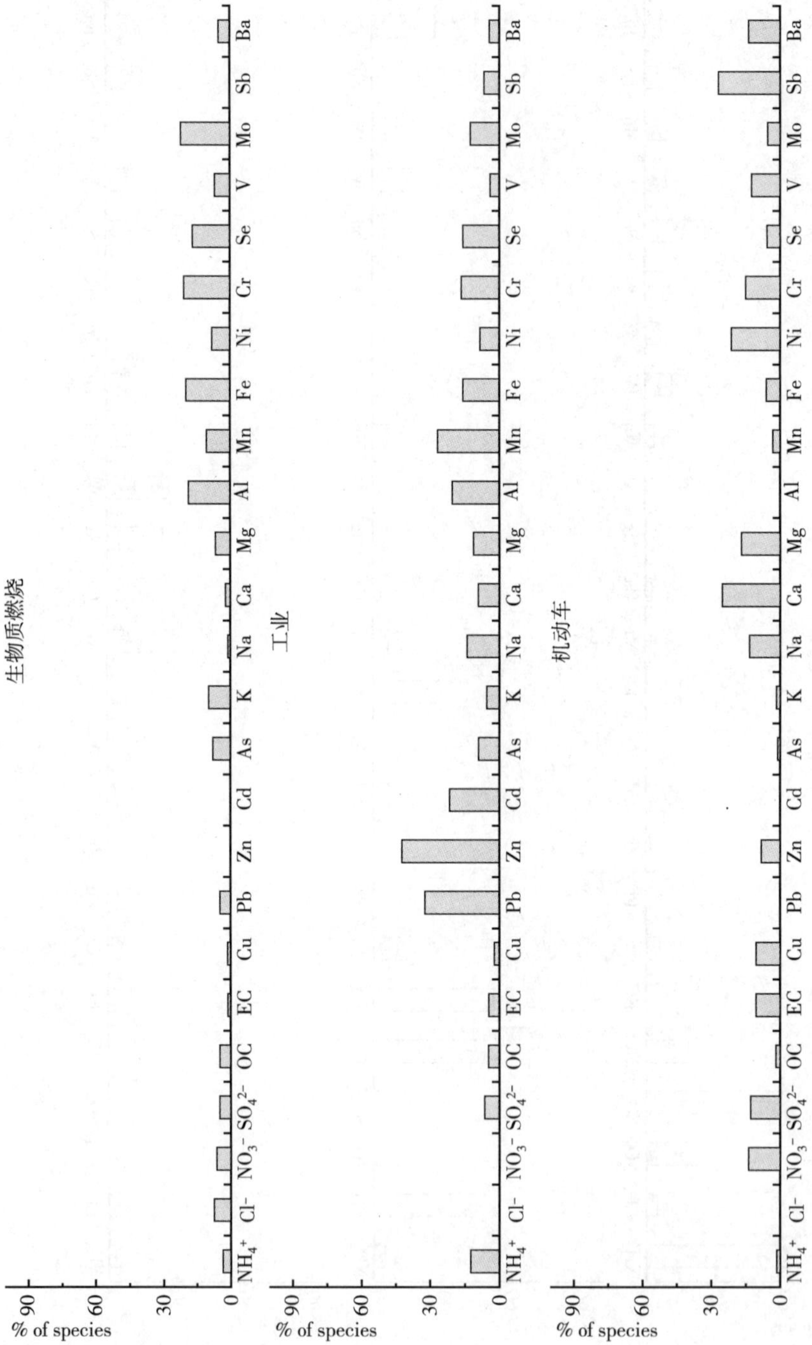

图12 PMF 解析的6类排放源中不同成分的贡献百分比

第三类污染源为扬尘，其特征化学元素为 Mg、Ca、Na、Al 等地壳元素，同时从图 12 中还可以看出，在扬尘源中 EC 也表现出一定的贡献，这可能是由于扬尘受人类活动的影响较大，大量腐烂的植物、垃圾和燃烧源排放出的高浓度 EC 进入扬尘中有关。同时，从扬尘源的时间序列变化来看，夏季观测期间扬尘源的变化幅度较小。观测期间冬季扬尘的贡献量明显高于夏季，这主要是由于受沙尘的影响，地面沉降的扬尘量增加，从而导致更多的扬尘被机动车带起重新进入大气环境。观测期间扬尘的贡献为 5.7%，低于以往北京的研究结果（7.8%），但量级基本相当。

表 2　与北京地区 2006 年 PM 2.5 的源解析结果比较

本研究			Song et al., 2006		
源类型	源贡献		源类型	源贡献	
	%	μg/m³		%	μg/m³
二次源	24.9	34.6	二次硫酸盐	19.3	18.4
—	—	—	二次硝酸盐	11.6	11.1
燃煤	26.4	36.8	燃煤	17.2	16.4
扬尘	5.7	7.9	道路扬尘	7.8	7.4
生物质燃烧	6.2	8.3	生物质燃烧	9.8	9.4
工业源	11.4	15.8	工业源	5.6	5.3
机动车	9.4	13.0	机动车	5.9	5.6
—	—	—	沙尘	4.9	4.7
其他	16.0	22.3	其他	17.9	17.1

生物质燃烧污染源的特征为高 K。每年 6 月中旬至 7 月初是华北地区农田焚烧冬小麦秸秆的季节，6 月生物质燃烧源的贡献明显高于观测期间的其他月份，这也反映了秸秆焚烧的贡献。本研究中生物质燃烧源的贡献为 6.2%（见表 2），低于以前的研究结果（9.8%），主要原因在于近年来对秸秆焚烧的管控措施。

第五类污染源中金属元素（Pb、Zn、Cd 和 Mn 等）的浓度较高，主要来自工业源的排放，特别是金属冶炼行业。观测期间工业源的贡献为 11.4%（见表 2），明显高于以往北京的研究结果（5.6%），说明保定的工业仍然占有很大比例。

第六类流动源的特征为 EC、Zn 以及地壳元素 Ca 和 Mg 的贡献较高。Zn 广泛被用于润滑油、刹车片和轮胎中，因此常常作为汽油燃烧的示踪物。此外，机动车源在观测期间季节间的差异不明显，这也是移动源（机动车）区别于固定源（燃煤）的特征。观测期间机动车源的贡献为 9.4%（见表 2），明显高于以前的研究结果（5.9%）。近几年机动车保有量持续增加，反映出此类排放源贡献率的升高。

通过以上解析我们发现，虽然解析结果与之前的研究有类似之处，但是存在两个较大的问题。第一个是有些单独的有机物排放源无法解析，如植物排放、溶剂使用以及餐饮业；第二是二次生成的贡献率无法分配到一次排放源，也就不能对政策进行有效的指引。

2. 全化学成分谱源解析

针对第一个问题，本课题组设计了一种化学成分全谱分析方法。利用观测得到的颗粒物中的 OC 分类数据，分析其中的典型标识物，分别能表征不同的排放源，从而将植物排放、溶剂使用和餐饮业进行有效的区分。其中，植物排放的有效标识物为高碳数有机酸，主要是由植物蜡氧化生成；溶剂使用的标识物为低碳数有机酸，主要是溶剂氧化的产物；而餐饮业的标识物为油酸和亚油酸，主要是油类挥发导致。我们找到了三种典型的标识物，将有机酸数据增加到 PMF 模式重新进行解析得到九类排放源不能化学成分贡献的百分比（见图 13）。对解析结果进行整理发现，其他六类源解析结果变化不大，增加的三类有机物的源占 9.0%（见图 14），其中，植物排放、溶剂使用和餐饮业的贡献分别占 0.7%、5.1% 和 3.1%。

3. 二次源的分解及源解析结果

虽然通过全谱分析解析了有机物排放源对颗粒物 PM 2.1 的贡献，但是二次源如何分配到一次排放源中仍然是一个很重要的科学问题。为了解决这个问题，根据高时空分辨率源清单的结果，我们对不同地区不同排放源排放的一次污染物进行了详细的研究。忽略输送的影响，按照不同地区不同排放源对 SO_2、NO_x 和 NH_3 的贡献，将二次源分配到一次排放源，获得北京及周边地区 5 个站点 PM 2.1 的源解析结果。

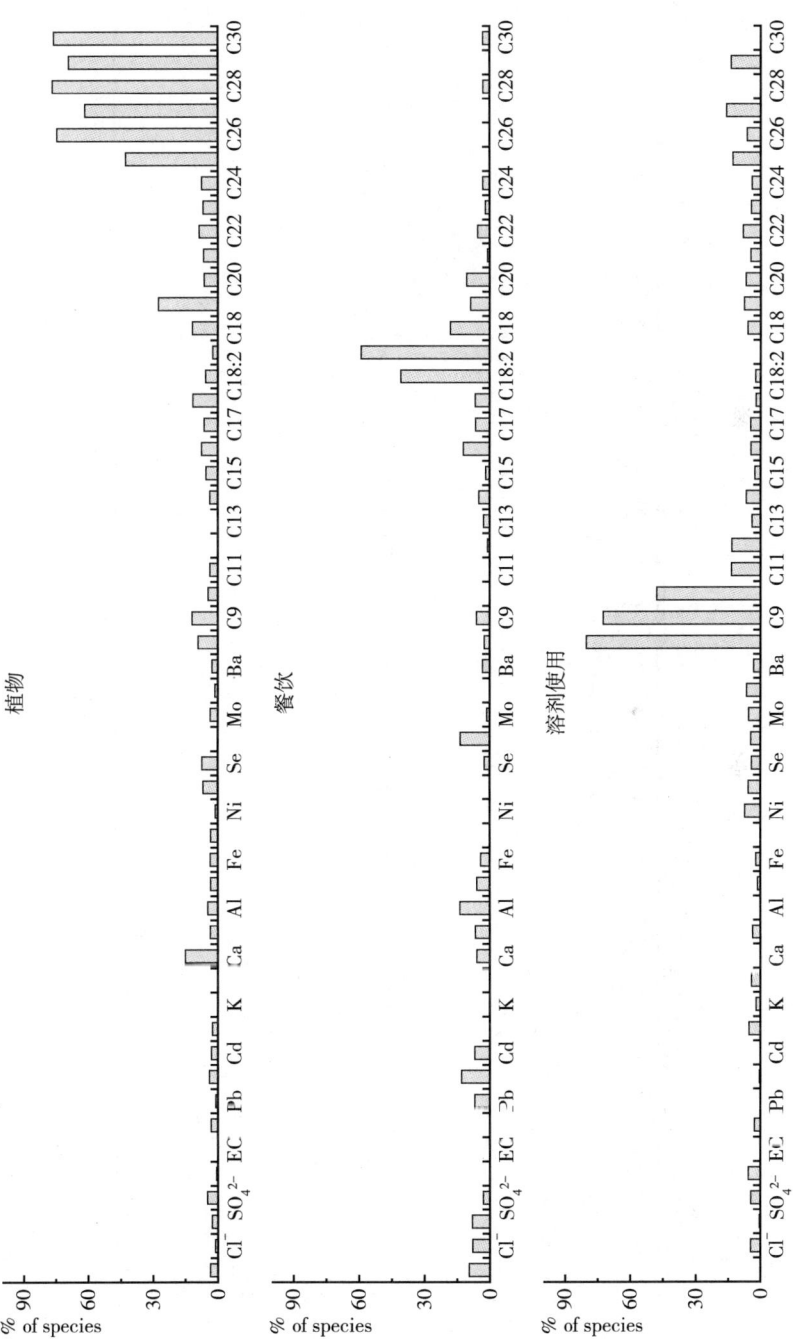

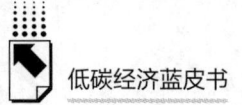

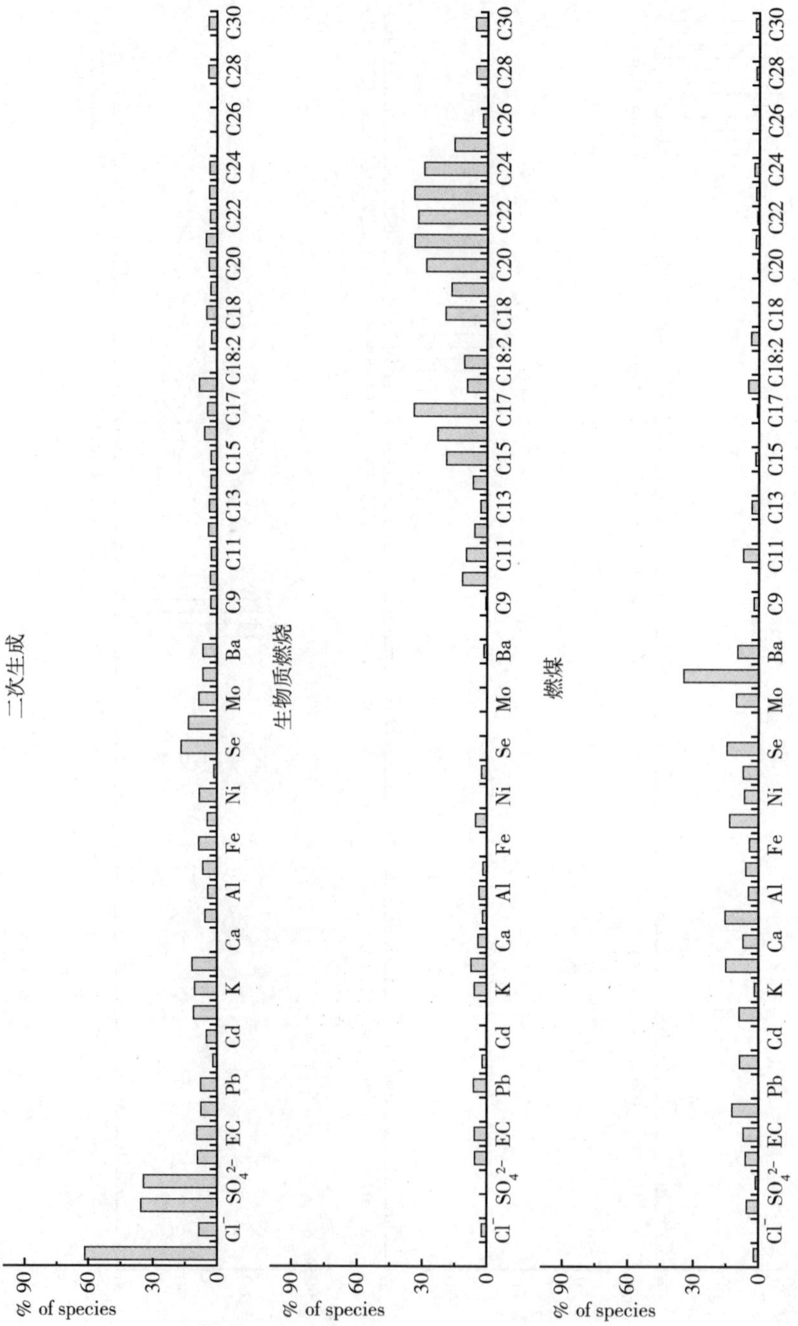
二次生成
生物质燃烧
燃煤
% of species
0
30
60
90
Cl⁻ SO4 2- EC Pb Cd K Ca Al Fe Ni Se Mo Ba C9 C11 C13 C15 C17 C18:2 C18 C20 C22 C24 C26 C28 C30

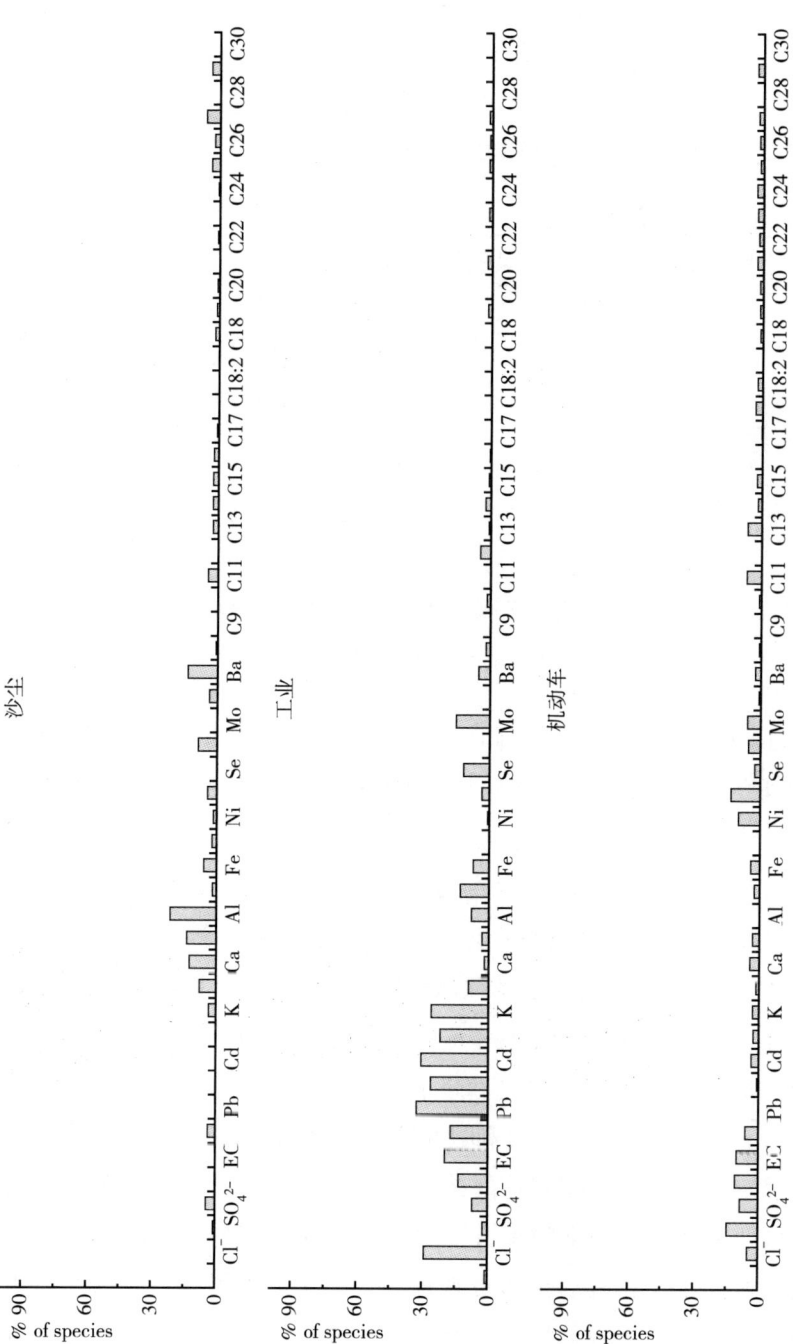

图 13　PMF 解析的 9 类排放源中不同成分的贡献百分比

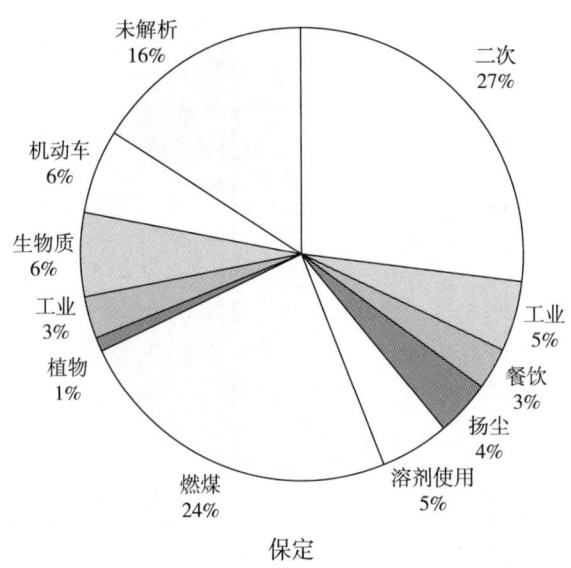

图 14　保定站不同排放源对 PM 2.1 的贡献率

从图 15 中可以看出，北京站不同排放源对 PM 2.1 贡献占前 3 位的分别是燃煤、机动车和餐饮，三个主要排放源占总贡献的 56.5%；天津站不同排放源对 PM 2.1 的贡献占前 3 位的分别是燃煤、机动车和工业，三个主要排放源占总贡献的 53.7%；保定站不同排放源对 PM 2.1 的贡献占前 3 位的分别是燃煤、机动车和工业，其中燃煤占总贡献超过 40%；唐山站不同排放源对 PM 2.1 的贡献占前 3 位的分别是燃煤、机动车和餐饮，三个主要排放源占总贡献的 54.6%；由于兴隆站地处背景区域，OC 分类数据含量太低，因此，有机酸无法检出，因此常规源解析发现不同排放源对 PM 2.1 的贡献占前 3 位的分别是燃煤、机动车和扬尘，三者之和超过 60%。

通过以上分析发现，北京市和唐山市应该着重削减燃煤、机动车和餐饮源；而保定和天津区域应着重削减燃煤、机动车和工业排放源；兴隆处于背景区域，大部分的污染物来自河北、天津和北京的区域输送，由于区域背景站点显示燃煤和机动车的贡献较大，因此可以得出，北京及周边区域受燃煤和机动车的影响最大，也就是说，这两种排放源是应首先着重控制的排放源。

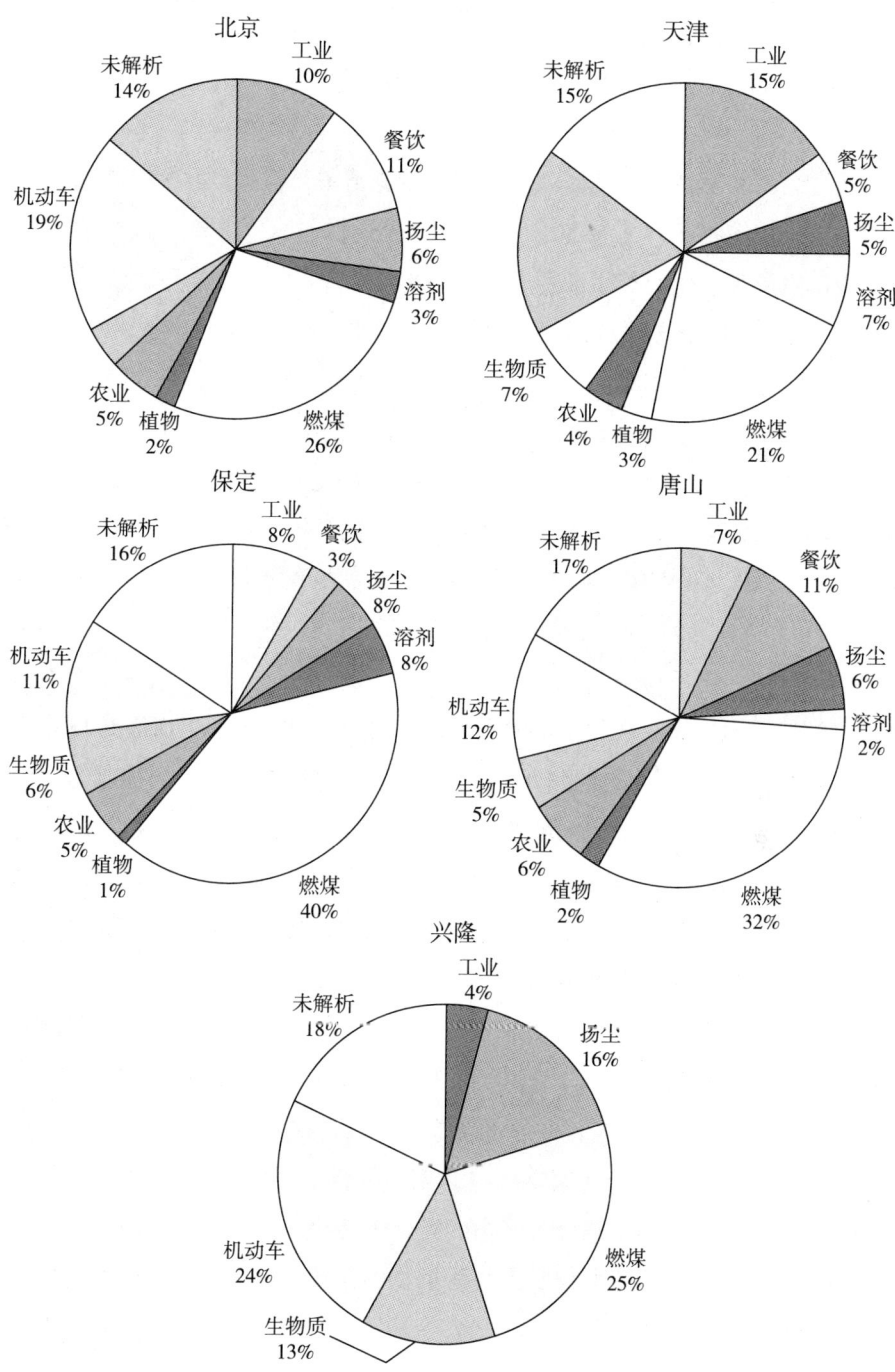

图 15 北京及周边区域 5 个站点不同排放源对 PM 2.1 的贡献率

四 结论及建议

通过编制北京及周边地区高分辨率排放源清单,认识到北京及周边区域主要的细粒子前体物 SO_2 主要来自电厂和工业过程,NO_x 主要来自机动车和电厂,NH_3 主要来自化肥施用和畜牧业,VOCs 主要来自机动车和工业过程,BC 和 OC 主要来自燃烧过程。

大气物理所对京津冀区域 PM 2.1 的化学成分分析发现,二次水溶性离子硫酸盐、硝酸盐和铵盐占 30%~40%,碳质气溶胶占 30%~40%,金属元素占 10% 左右。通过对不同区域的观测发现,为了控制细粒子污染,河北西南部、天津和河北东部站点应重点控制冬季的一次污染物排放,包括原生排放的 SO_2、NO_x、NH_3、PM 10 和 PM 2.5,夏季则需要重点控制一次气态污染物 SO_2、NO_x 和 NH_3 的排放。北京和河北北部站点冬季应控制 NO_x、PM 10 和 PM 2.5 的排放,夏季应控制 SO_2、NOx 和 NH_3 的排放。乡村站点一次污染物排放量均较低,但仅靠二次粒子生成和传输仍然使得 PM 2.5 年均值和日均值超标,说明区域二次粒子生成量较大。因此来看,区域二次粒子的控制是重中之重,也就是要着重控制整个区域的 SO_2、NO_x 和 NH_3 的排放。通过源解析进一步研究表明,PM 2.5 的来源发生了巨大变化,燃煤和汽车及相关产业来源占 50%;钢铁、化工和电子等工业过程产生占不到 10%;餐饮过程所占份额升高较快,在北京和唐山超过 10%。

从技术角度分析,首先要从源头控制,也就是在消减一次排放的 PM 2.5 的同时,大力消减 PM 2.5 的主要气态前体物 SO_2、NO_x、NH_3 和 VOCs 的排放。但是鉴于 PM 2.5 化学组成的时空差异,应针对不同地区、不同季节特有的致霾因子制定不同的消减策略。以北京市为例,PM 2.5 大约 30%~40% 来自原始排放,20%~30% 来自大气中的光化学转化,30%~40% 来自区域的协同贡献。北京市虽然能降低自身大气污染物的排放,却无法解决周边污染物的生成和传输。因此来看,目前北京 PM 2.5 污染仍难以改变"1/3 靠天,1/3 靠自己,1/3 靠周边"的格局。北京市虽然能降低自身大气污染物的排放,却无法解决周边污染物的生成和传输。因此来看,单靠一个地方政府努力,永远达不到新标准的规定。区域联防联控，是解决PM 2.5问题的前提，但由于联合组织方式本身就需要大量的科学研究，使得区域联防联控的难度非常大。

为了控制京津冀区域，特别是北京地区细粒子污染，可能的控制措施建议如下。

（1）产业结构调整。改变粗放型经济增长方式，大力发展第三产业，降低高能耗的第二产业比例。

（2）产业布局。由于偏南风容易导致京津冀地区的高污染，将京津冀作为一个整体考虑产业布局，建议高能耗的第二产业（工业电厂等）移到沿海地区或京津冀以北和以西的高海拔地区，这有利于一次污染物的扩散和沉降。

（3）环保措施监管。快速推进脱硫、除尘和脱硝设备的安装和使用，特别需要加强大气污染物处理设备的有效使用和独立监管。

（4）清洁能源使用。加快推进低硫煤、天然气、太阳能和风能等清洁能源的使用，提高油品质量，从根本上降低化石燃料燃烧排放的污染物。

（5）加强新排放源研究评估。观测研究发现，燃油含硫量偏高、餐饮烟气排放VOCs和区域来源不明确的NH_3排放，都对PM 2.5有不可忽略的贡献，需要加强监测和评估，确定源头后才能制定应对措施。例如，京津冀NH_3的可能来源如若确定为近海养殖、畜牧业、农业（主要是化肥过量施用）、汽车（三元催化过量）、工业脱硝（还原剂用氨水或尿素过量）和垃圾处理，即可制定相应减排措施，可削减大部分NH_3排放，从而使大气中PM 2.5减少15%。

B.5
日本治理环境的经验及其对中国治理 PM 2.5 问题的启示

薛进军 郭琳*

摘 要： 2013 年初的全国大范围雾霾天气使得 PM 2.5 成为继"低碳"以来的热门话题，而由此滋生的"北京咳"成为最热门的搜索词。这令人想起日本的四大公害病之一："四日市哮喘病"。这两个病症非常相似，原因也很接近，即都发生在高速增长时期，都是由于大力发展制造业、大量出口工业产品，特别是大量使用化石燃料导致的环境污染造成的。因此，比较日本的经济发展模式和环境治理的经历，对中国走出发展中的环境困境可能有所启发。

关键词：
PM 2.5 环境治理 能源

一 环境治理的根本在产业结构的调整

第二产业、特别是制造业是能源消耗的主体和环境污染的主要来源，历史证明，几乎没有国家能够脱离"先污染后治理"的老路。

日本的高速增长始于池田内阁的"国民收入倍增计划"，从 1960 年到 1970 年，日本保持了 9% 的持续增长，人均收入翻了一番多，20 世纪 70 年代末成为世界第二大经济体。此后，在经历了出口带动的增长、1985 年"广场协议"日元升值、20 世纪 80 年代末的泡沫经济后，20 世纪 90 年代出现持续的"平成不况"，增长率大幅下降。但与此同时，日本大力调整了产业结构，

---

* 薛进军，日本名古屋大学教授；郭琳，国际低碳经济研究所研究员。

淘汰了和向海外转移了一批"重大厚"和高耗能、高污染产业，第二产业比重从1970年的44%下降到2010年的27%（见图1）。而中国从1978年到2010年，第二产业的比重一直保持在47%，而工业污染物排放是产生环境问题的根本原因。因此，要从根本上治理环境，必须转变产业结构。

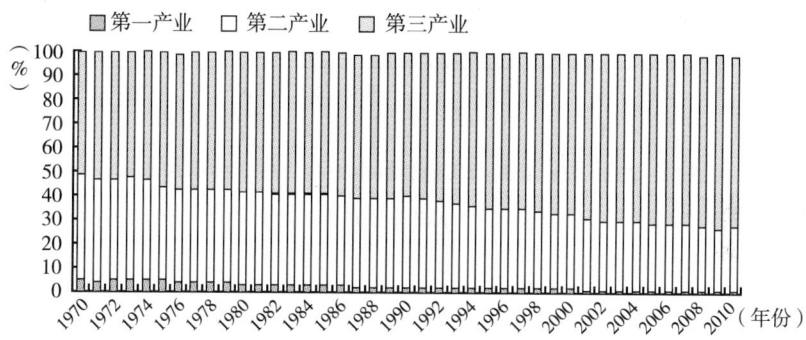

图1　日本的产业结构变化

资料来源：《日本统计年鉴2012》。

二　出口结构调整有利于环境治理

日本、亚洲"四小龙"和中国经济发展的共同特点之一是出口带动的增长模式。但问题是，以制造业为主的出口增长经常是把产品出口到国外，却把生产过程中产生的二氧化碳和污染物排放留在了本国，产生了所谓"碳泄漏"和"隐含污染"问题。中国现在是世界的工厂，也是高碳（二氧化碳）和高硫（二氧化硫）经济，在得益于出口带动的增长成果的同时，也被冠以"世界垃圾场""污染大国""全球污染城市最多国家"的恶名。图2显示，中国的贸易依存度（显示一国出口导向发展的主要指标）与二氧化硫排放（环境污染度）高度正相关，而图3的日本则是负相关和反向变动。这说明，要改善环境，还需要改变国际贸易的结构，生产和出口低碳、低污染物排放的产品。其实，日本的做法是不断进行环境技术创新，通过开发环境友好型产品提高国际竞争力，形成新的贸易格局。

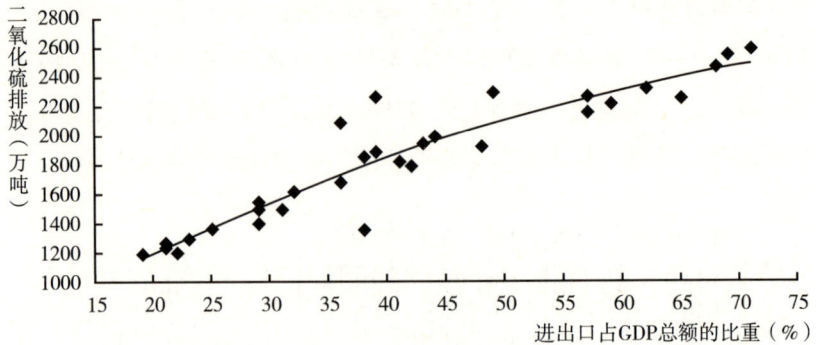

图 2　1980~2010 年中国贸易依存度与二氧化硫排放关系

资料来源：根据国家统计局《中国统计年鉴》各年版和 IEA 数据绘制。

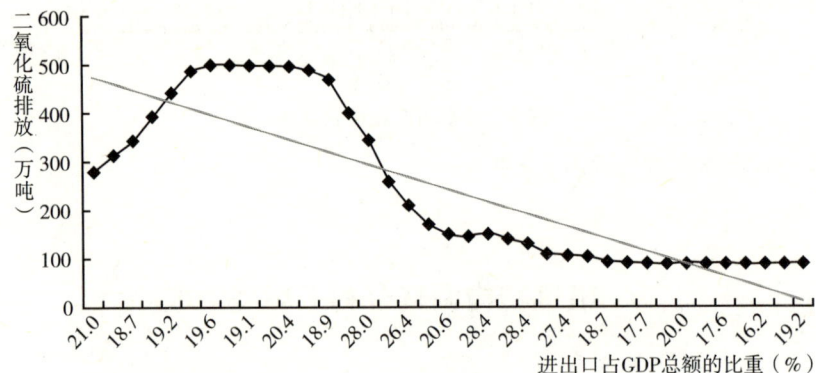

图 3　1960~1996 年日本贸易依存度与二氧化硫排放关系

资料来源：根据国家统计局《中国统计年鉴》各年版和 IEA 数据绘制。

三　环境技术进步是环境治理的关键

日本环境改善的重要契机有两个。一是公害问题激化。20 世纪 60 年代，日本发生了侵害人体神经系统的熊本水俣病和由石油冶炼导致的大气污染引起的四日市哮喘病等环境问题。这些问题引发了市民环境保护运动和大量的环境与公害诉讼，促使人们反思经济增长与环境保护的关系。1970 年，日本国会通过了一系列环境保护的法律法规，从制度上为环境问题的根本解决提供了法律依据和政策保证。二是石油危机。日本是一个资源和能源匮乏的国家，其化石燃料基本依靠进口。1973年和1978年两次石油危机严重影响了向经济大国行进中的日本经济，特别是第一次石油危机造成1974年物价上涨24%，直接导致日本高度成长期的终结。但这也形成了倒逼机制，刺激了节能和环境治理技术的迅猛开发，促使日本经济向环境友好型过渡。图4是日本能源技术专利的推移，可以看出20世纪70年代以后专利数量急剧增加，这就为日本的能效提高、环境治理提供了科学技术保障。图5证明由这些技术引起的产业部门能耗降低成效显著。与此同时，日本已有17位诺贝尔奖获得者，其中自然科学奖多与节能减排和环境有关。这些使得日本成为环境技术创新和出口大国。

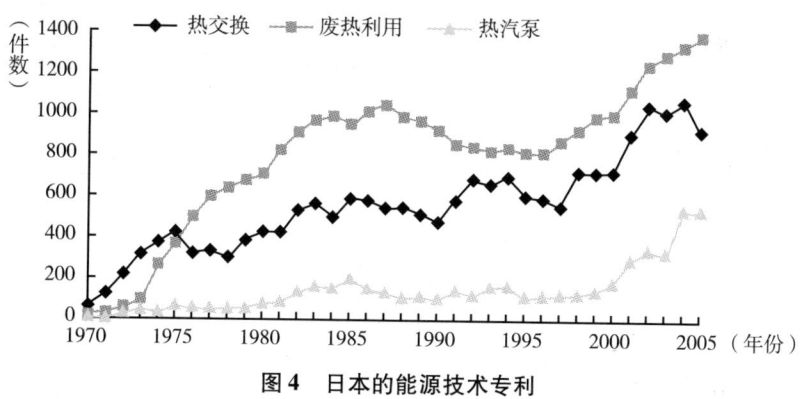

图4　日本的能源技术专利

资料来源：〔日〕渡边聪（2013）。

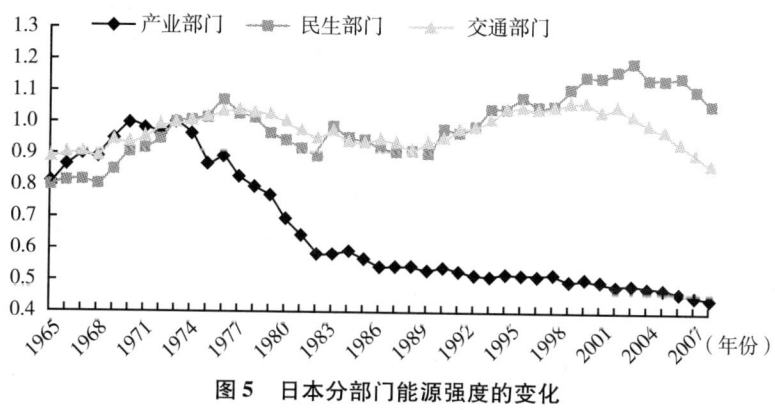

图5　日本分部门能源强度的变化

资料来源：〔日〕渡边聪（2013）。

反观中国，在能源强度（单位GDP的能耗）上，2010年中国的能耗要比日本高出8倍，表明中国虽然节能减排的成就巨大，但仍然是高耗能经济，而高耗能是高污染的重要来源。因此，要改善环境，还需提高能源使用效率，而这又需要大力发展节能减排技术。

四 能源结构改变可以改善环境

中国的能源结构中煤炭占到七成，而由于脱硫技术没有完全普及，由煤炭起源的发电、炼钢、家庭煤炉产生的二氧化硫随着工业化、城市化和人口流动的大量增长不断增加。图6、图7显示石化能源结构、城市化率与二氧化硫高度相关，可以说明中国空气污染，特别是PM 2.5剧增与化石燃料的大量使用和发电以及制造业发展过程中排放出的二氧化硫和二氧化碳有很大关系。

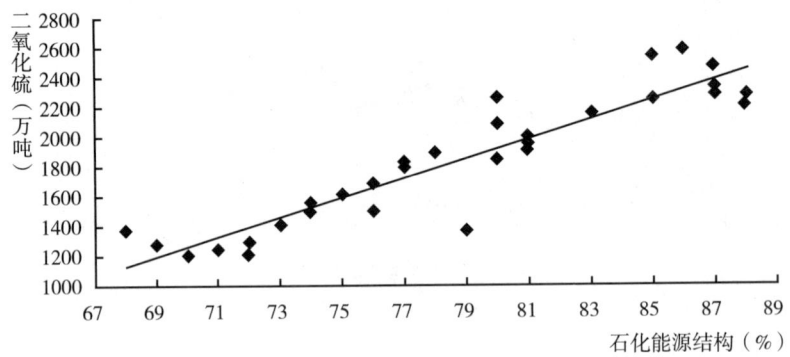

图6 中国的石化能源结构与二氧化硫排放（1981~2011年）

资料来源：国家统计局：《中国统计年鉴》各年版。

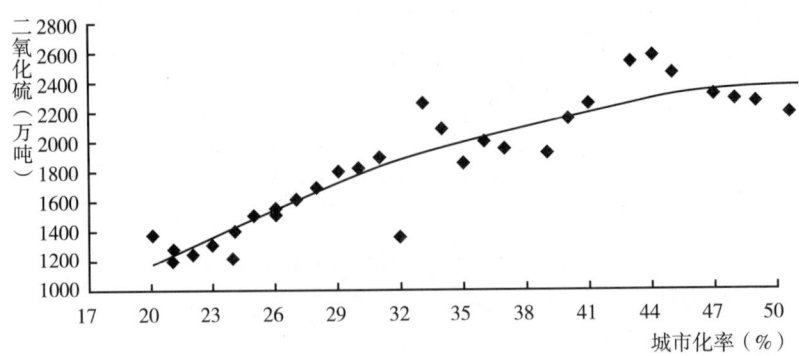

图7 中国的城市化率与二氧化硫排放（1981~2011年）

资料来源：国家统计局：《中国统计年鉴》各年版。

五 中国的环境何时才能根本改变

库兹涅茨曲线描述的是经济增长与环境改善的交替长期关系,根据发达国家的经历,大多数国家治理环境用了上百年,其中日本从公害大国走向环境大国用了50多年。

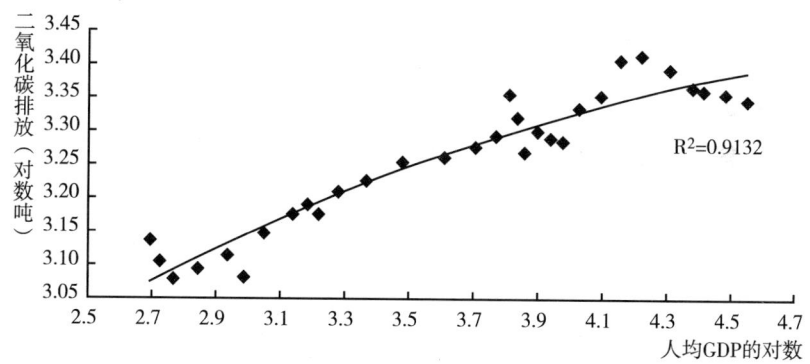

图8 中国的环境库兹涅茨曲线(1980~2011年)

资料来源:国家统计局:《中国统计年鉴》各年版。

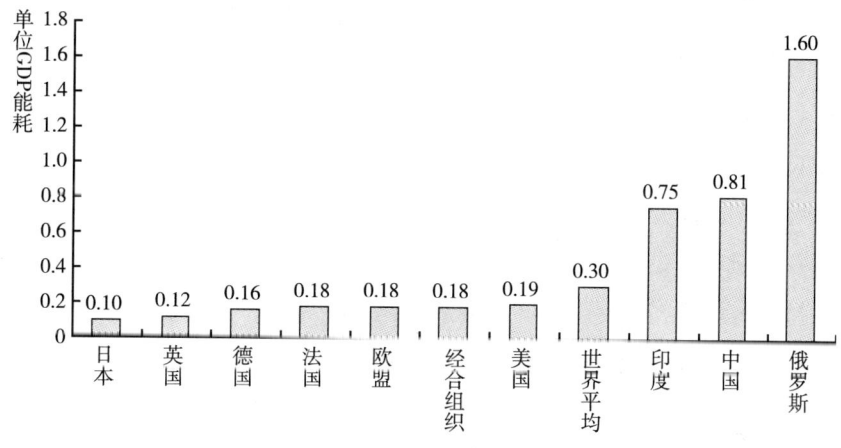

图9 2010年能源强度的国际比较

在治理污染方面,英国从1952年的"雾都事件"到蓝天重现用了50多年,德国用了30多年,日本用了20多年。中国是一个发展中大国,拥有13

亿人口，城市化率刚刚超过50%，第二产业比重高达50%，增长模式是出口带动型，被称为"世界的工厂"等，这些都使得中国的环境问题比其他国家更严重，范围更大，牵扯面更广，原因更复杂，治理起来更困难。图8是中国的库兹涅茨曲线，它表明，在人均收入增长的同时，二氧化硫等污染物的排放也在不断增加，近年二氧化硫排放虽有减少，但还不能说明已经达到了拐点。因此，中国的环境可能继续恶化。图9表明，中国的单位能耗要远远高于发达国家，甚至是日本的8倍，节能的压力巨大。由此推断，要从根本上解决环境问题，消除雾霾重显蓝天，可能还需要20~30年以上。

六 中国治理环境污染的几点建议

鉴于上述分析和国际比较，我们想做出以下判断。

第一，应当加快发展方式的转变，特别是推动产业结构、能源结构、出口贸易结构的迅速改变。从日本的经历来看，要把第二产业的比重降下来，需要30~40年。但如果我们下定决心转变，再加上强有力的政策和强劲的技术进步，可能会缩短这一进程。

第二，加大环境技术的开发与创新力度。中国经济增长速度在全球名列前茅，但科学技术力量、技术创新、新产品开发水平与其经济增长率不相匹配。理论和经验表明，一国的经济发展在初期主要依靠资源和劳动推动，但要实现长期增长和可持续发展，必须依靠科技进步推动。因此，汽车单双号行驶、淘汰老式设备、关停并转等措施虽能立竿见影，但还不是治本，也不能保持长久。而要从根本上治理好环境，必须依靠环境技术的进步，用节能和低排放产品来保持经济增长与环保同步。这是发达国家的经验，中国也必须遵循。

第三，建立自下而上的环境监测和治理体系。日本的经验是国会立法，政府制订法规政策，企业遵循、市民监督。发生环境问题后市民向政府报告，与企业谈判，与政府互动，共同商讨解决办法。这也解决不了问题的话就一状告到污染企业倒闭为止。这样逐渐养成了市民的环境保护意识，形成了企业自觉保护环境和开发环境友好型产品的良性循环机制。中国现在法律政策体系并不缺乏，但基本上是自上而下的，缺少的是市民自发的监督和保护（不是暴力)、企业有良心有信誉的自主性的环保行动、政府有效的监管和惩罚与激励。

第四,研究环境污染与健康、疾病的关系。环境污染在严重影响我们的健康和生活质量,从病理上解开污染与疾病的关系意义重大,在日本、德国、英国、美国等国,这都是引起全民关注、解决环境问题的重要转折点。"四日市哮喘病"的例证是,石油冶炼企业群排污造成空气污染,引发了哮喘、扁桃腺炎、慢性支气管炎、结膜炎、肺气肿、心脏病等多种疾病,并出现了婴乳儿死亡率增高,甚至不堪疾病折磨自杀的问题。但要证明这些疾患与环境污染的关系很不容易。为此,市民与企业、政府打了无数官司,后来由于一名中学生因空气污染造成心脏病发作的死亡事件引起了全国广泛关注,医学研究逐渐提出病例证明后,病患与环境污染的关系才得到认证。但后来的法律诉讼和对患者的赔偿治疗花了近半个世纪的时间。至于中国,污染对人体的影响日益严重,媒体不断曝光的"毒奶粉"问题、"瘦肉精"事件、"蔬菜农药超标"问题、"污染饮料"、"肺矽病"问题、"甲醛中毒"问题、"甲状腺"问题、"畸形儿"问题、"北京咳"问题、"癌症村"问题,已经造成了大量的病患和死亡(有报道说中国每年有几十万人死于环境污染,几万人死于雾霾),但要证明这些病患与环境污染的关系,不仅需要科学论证,还需要时间。但是,如果能从科学上论证几例,打上几场大官司,可能会加快治理空气污染问题的步伐。

第五,加强环境统计。中国的统计数据一直受到国际社会质疑,环境数据也不例外,因为中国只有大中型和规模以上企业才有环境统计人员和直接统计数据,而中小企业、边远地区和乡村基本没有,二氧化硫、二氧化碳等环境数据监测也主要分布在大城市,因而环境数据大多是推算出来的,而不是统计出来的。这一疑问的最新证据是环保部公布的二氧化硫、化学需氧量、固体废物等指标近年来出现下降趋势,但老百姓亲身体验到的是空气、水、土壤、食品、建筑、涂料等污染不断加重,特别是人类生活离不开的空气,应该是"看不见,摸不着,闻不见",但现在是"既能看得见也摸得着更闻得着"(杨澜访谈录)。只有真正的环境统计数据才能解开这些谜,为治理环境问题提供真实的依据。

人类对环境问题认识的不足和科技发展的滞后，使发达国家经历了先污染后治理的痛苦并付出了高昂的代价。如今，人类对环境与发展已有了相当的认识，环境技术水平也大大高于以前，特别是已经有了惨痛的教训，也积累了一定的治理经验，理应避免重走发达国家的老路、经历环境公害苦痛，但遗憾的是，中国不但没能避免重蹈覆辙，甚至比他们走得更远，创造所谓的"环境污染奇迹"。日本等发达国家用了半个多世纪才治理好环境，中国如此之大，环境污染如此严重，何时才能得以治理，我们不能按常规发展经验去预见，但应当说，没有相当的决心，很难在短期内从根本上改变。

中国经济在强大，中国人在变富，中国人现在也"不差钱"了，那还差什么呢？那就是环境——"看得见的蓝天"和"看不见的空气"。

参考文献

[1] 国家统计局：《中国统计年鉴》各年版。
[2] 国际能源机构：《各国碳排放数据集 2012》。
[3] 世界银行：《世界发展指标 2012》。
[4] （日本）经济产业省：《能源白皮书 2012》。
[5] （日本）经济产业省：《通商白皮书 2012》。
[6] 日本总务省统计局网页：http://www.stat.go.jp/。
[7] 〔日〕宫本宪一：《日本的环境问题》，有斐阁，1975 年。
[8] 〔日〕都留重人：《公害的政治经济学》，岩波书店，1972 年。
[9] 四日市公害资料馆：《公害问题资料》。
[10] 薛进军主编《中国的经济发展与环境问题：理论与实证分析》（日本部分），东北财经大学出版社，2002 年。
[11] 薛进军编著《低碳经济学》，社会科学文献出版社，2011 年。
[12] 〔日〕渡边聪："Japan's Experiences of Energy Saving and Business Model for Low-carbon Economy", *Chinese Journal of Population, Resource and Environment*, Vol. 23, No. 1, 2013。

对策篇
Strategy Report

B.6
"十二五"时期节能目标的地区分解

白泉　田智宇　薛进军*

摘　要：

按地区分解能源强度下降目标、落实目标责任制，是中国政府"十一五"时期以来取得节能成效的重要经验。"十二五"时期，中国进一步提出单位GDP能源强度下降16%的目标，如何平衡各地区不同的经济发展阶段和水平，兼顾技术、结构和管理方面的节能潜力差距，将全国节能目标科学、合理地进行地区分解，是深入开展节能工作的重要前提。本文提出依据各地区节能责任、潜力、能力和难度因素，建立全面反映不同地区特点的综合评价指标体系，并利用聚类分析方法，在既定的全国节能目标的前提下，将31个省（市、区）分为五类，确保相似地区承担相近的节能目标，不同类型的地区有所区别。在此基础上，提出确保各级政府完成节能目标的政策建议。

---

* 白泉、田智宇，国家发展和改革委员会能源研究所研究员；薛进军，名古屋大学经济学院教授，国家发展和改革委员会能源研究所客座研究员。本稿系薛进军任发改委能源所兼职研究员期间的合作研究成果之一。

关键词:

能源强度　地区分解　能耗

引　言

"十一五"时期,中国政府提出单位 GDP 能耗下降 20% 的约束性节能目标,通过逐级分解落实目标责任,取得了显著的节能成效,单位 GDP 能耗累计下降 19.1%,节约能源 6.7 亿吨标准煤,减少二氧化碳排放 14.6 亿吨。"十二五"时期,中国进一步提出单位 GDP 能源强度下降 16% 的目标,并要求合理分解节能目标,综合考虑各地区经济发展水平、产业结构、节能潜力等因素,将全国目标层层分解落实。按地区逐级分解节能目标,是有中国特色的节能政策体系的制度基础,也是确保各项节能措施有效落实的重要保障。但是,与"十一五"时期相比,伴随节能工作的深入开展,中国在"十二五"时期面临的节能形势更加复杂,技术节能潜力空间减少,结构节能进入攻坚阶段,节能降耗与经济发展之间面临的两难矛盾突出,合理分解节能目标的难度进一步加大。以往按照"一刀切"方法分解目标,没有合理兼顾不同地区发展阶段、水平的差距,科学依据存在不足,也不利于调动地方政府节能的自觉性、主动性,已经难以有效发挥对各地区转变发展方式的导向作用。

本文在"十一五"节能目标分解方法的基础上,提出统筹考虑节能降耗与经济发展目标,采取综合评价比较方法,从地方节能的必要性、可行性和面临的难度角度出发,综合考虑节能责任、潜力、能力、难度等因素,建立全面反映不同地区特点的综合评价指标体系,利用聚类分析方法,将全国 31 个省(市、区)区分为若干类型,分别确定不同的节能目标,并提出相应的政策建议。

一　对"十一五"节能目标分解方法的讨论

(一)"十一五"节能目标分解方法

"十一五"时期,中国政府分解节能目标,主要采取地方自愿承诺、中央与地方协商确定的方法。首先,中央政府依据全国资源环境约束、结构转型任务等,提出到2010年单位GDP能耗下降20%左右的目标。其次,地方政府结合本地区实际情况,提出自愿承诺目标。最后,对于自愿承诺目标高于全国目标的地区,中央政府予以确认;对于自愿承诺目标低于全国目标的地区,中央与地方政府进行多次磋商,在确保完成全国节能目标的前提下,最终确定合理的地区节能目标。

从"十一五"节能目标分解结果看,在全国31个省(市、区)中,吉林节能目标最高,为30%;山西、内蒙古次之,为25%;山东较高,为22%;北京、天津、河北等20个地区与全国目标相同,均为20%;云南、青海为17%;福建、广东为16%;广西为15%;海南、西藏为12%。由于部分地区自愿承诺的节能目标不够合理,难以确保完成,在实际工作中,经中央与地方政府协商,对吉林、山西、内蒙古的节能目标进行了调整,从原有目标一律降低到22%,其他地区目标未做调整。

(二)存在的问题和不足

"十一五"期间,中国政府首次把节能目标作为经济社会发展的约束性指标,并探索建立目标责任制,强化各级政府节能责任。通过采取地方政府自愿承诺、中央政府协商确认的方法,调动了各地区节能降耗的积极性。但在实际工作中,节能目标分解方法存在不足,对地区之间差异重视不够,一定程度上存在"一刀切"的现象,具体表现在以下几点。

一是科学依据存在不足。从理论上看,单位GDP能耗指标与各地区自然条件、经济发展水平、产业结构、能源结构、技术实力等多种因素相关,科学比较地区节能潜力,需要从技术、结构、管理节能潜力,以及边际节能成本等多个角度出发,综合评价节能投入与产出、经济与社会影响等。"十一五"期间,各地区实际承诺节能目标缺少对本地区节能潜力、能力和意愿的深入分析,决策过程主观色彩过重,提出目标的科学依据不够。中央对地方提出的承诺目标缺少有效的评估方法,造成了一些承诺目标高的地区压力任务过大,一些承诺目标低的地区节能任务不饱满。

二是没有有效兼顾效率与公平原则。从效率角度看,具有较大节能潜力的

地区应承诺较高的节能目标；从公平角度看，经济社会发展水平较高的地区应承诺较高的节能目标。如果用单位 GDP 能耗和人均 GDP 指标分别度量节能潜力和发展水平，我国地区间节能潜力和发展水平并不匹配。以 2005 年为例，宁夏单位 GDP 能耗最高，北京最低，相差 4 倍多，但从人均 GDP 看，宁夏不足北京的 1/4。考虑到我国地区间发展水平很不均衡，中西部地区发展的任务较重，在目标分解过程中，需要平衡现阶段节能与发展的关系问题，兼顾公平与效率原则，这在目前的分解方法中体现不够。

三是与其他发展目标的协调不够。节能目标分解是典型的多目标决策过程，除了考虑能效水平因素外，还要兼顾结构调整、布局优化、发展转型等问题。如果仅仅从地区已有节能潜力出发，比较各地区边际节能成本，确定全社会成本最小的目标分解方案，并不能保证全国实现 20% 的节能目标，也不利于促进地区经济结构优化，不利于最大限度地调动地方政府节能的主动性、积极性。

二 建立基于聚类分析的综合评价节能目标分解方法

在全面总结"十一五"时期节能工作的经验与不足，借鉴全球温室气体减排目标分解方法等研究的基础上，本文提出建立基于聚类分析的综合评价节能目标分解方法，全面考虑与节能目标分解相关的各个因素，包括节能责任、潜力、能力、难度以及意愿等，建立综合评价指标体系，通过地区间相互比较，区分不同类型，实现"相似地区承担相近节能目标，不同类型地区有所区别"的分解目标。具体包括以下几点。

（一）建立全面反映不同地区特点的综合评价指标体系

节能目标分解要在促进各地区协调、可持续发展的要求下，综合考虑不同地区资源禀赋、经济水平、能源结构、产业结构、技术能力等方面的差距，归纳而言，主要包括节能责任、节能潜力、节能能力和节能难度四个方面。结合现有统计数据条件，我们分别选择一系列指标，力求最能反映不同地区上述方面的特点和差异，建立尽可能全面反映不同地区特点的综合评价指标体系（见表1）。以节能责任为例，包含地区能耗总量、经济规模在全国的比重、经济发展水平和增速、环境压力等方面指标。能耗和 GDP 所占比重大、经济发展水平高、增速快、环境压力大的地区，应当承担较多的节能责任。

对于一些评价指标，从不同角度衡量会得出不同的评价结果。例如，工业比重高、高耗能产业增加值占工业增加值比重大，既可视为节能潜力较大，也可看作节能难度较高。在本文中，我们兼顾这两方面内容，在节能潜力、节能难度中都分别予以考虑，同时为避免重复，每个指标在综合评价指标体系中仅出现一次。

表1 节能目标分解综合评价指标体系

节能责任	能源消费量占全国比重
	地区生产总值占全国比重
	人均能耗
	地区经济发展速度
	二氧化硫排放占全国总排放量比重
节能潜力	单位 GDP 能耗
	单位工业增加值能耗
	工业增加值占 GDP 的比重
节能能力	地方财政收入占全国比重
	固定资产投资额
	人均 GDP
	每十万人口高等学校平均在校人数
	各地区技术市场成交额
	研究与试验发展（R&D）经费支出比重
节能难度	能源自给率
	煤炭占能源消费量比重
	高耗能产业增加值占工业增加值的比重
	规模以上企业个数
	企业平均产值

（二）在评价指标体系基础上进行综合评价打分

利用统计数据资料，对全国 31 个省（市、区）进行综合评价打分。其中，指标权重根据经济、社会、环境、能源发展目标和要求，以及政策优先度、有效性等因素，采取专家打分方法确定，重点比较各地区应承担的节能降耗责任、节能潜力和能力大小，适当照顾工作难度。同时，选取不同权重，对综合评价结果进行敏感度分析。各地区最终的综合评价得分，作为节能目标分解的定量参考。

（三）利用聚类分析方法对31个地区进行归类

依据节能目标分解综合评价指标体系，采用统计聚类分析方法，对全国31个地区进行归类。聚类分析方法可以从多重维度出发，将相似地区归为一类。在本文中，我们具体选择离差平方和方法进行聚类分析，最大限度减少统计分析中的"信息损失"。聚类分析结果与综合评价的定量分析结果互为验证，为确定目标分解地区类别提供依据。

（四）将全国节能目标进行地区分解

根据综合评价结果和聚类分析结果，将全国31个地区分为五大类。在既定全国节能目标的前提下，确定不同类别地区节能目标的范围。为便于评价比较，每一类地区承担相同的节能目标。在此基础上，将全国节能目标分解到各个地区。

（五）协商确定各地区"十二五"节能目标

根据"十一五"经验，采取地方自愿承诺、中央与地方协商分配的方式有利于调动地方政府节能主动性，在"十二五"时期仍然是可取的。上述目标分解结果可以作为中央与地方协商的参考，对地方主动承诺的目标进行客观评价。

三 结果与讨论

（一）不同权重下的综合评价结果

为全面起见，我们分别按照强调责任、强调潜力、强调能力、强调难度四种情形设置不同权重，计算各地区综合评分结果（见表2）。

"十二五"时期节能目标的地区分解

表2 不同权重下的综合评分结果

项目	强调责任	强调潜力	强调能力	强调难度
一级指标权重	4∶2∶2∶2	2∶4∶2∶2	2∶2∶4∶2	2∶2∶2∶4
地区综合评价得分排序	山东	宁夏	上海	上海
	上海	山东	北京	北京
	江苏	河北	江苏	辽宁
	辽宁	辽宁	山东	广东
	广东	山西	广东	山东
	河北	内蒙古	辽宁	江苏
	内蒙古	上海	天津	天津
	天津	江苏	浙江	浙江
	北京	广东	河北	河北
	河南	天津	内蒙古	湖北
	浙江	河南	河南	宁夏
	山西	浙江	宁夏	福建
	宁夏	贵州	湖北	四川
	湖北	青海	山西	河南
	四川	湖北	四川	重庆
	吉林	北京	吉林	内蒙古
	贵州	吉林	福建	吉林
	湖南	四川	湖南	湖南
	重庆	重庆	重庆	广西
	福建	陕西	陕西	贵州
	陕西	湖南	贵州	安徽
	黑龙江	黑龙江	黑龙江	江西
	青海	福建	安徽	青海
	安徽	甘肃	江西	黑龙江
	广西	新疆	广西	山西
	江西	江西	青海	陕西
	新疆	安徽	新疆	新疆
	甘肃	广西	甘肃	甘肃
	云南	云南	云南	云南
	海南	海南	海南	海南

可以看出，在强调不同因素的情形下，各地区综合评分结果排序虽然略有变化，但并没有出现颠覆性的结果。经济发达地区，包括上海、山东、江苏、天津、广东、浙江；能耗和资源大省，包括辽宁、河北、宁夏、河南等，其排序始终居于全国前一半。对于个别地区，突出强调某一方面因素时，会对最终结果产生一定影响。例如，山西、内蒙古在三种情形下，排序都居于全国前一半，但在强调难度的情形下，内蒙古综合评分排全国第16位，山西排第25位。

地区综合评价结果中可从聚类分析结果中得到验证（见图1），根据综合评价指标体系，全国30个地区显示出较好的聚类效果。

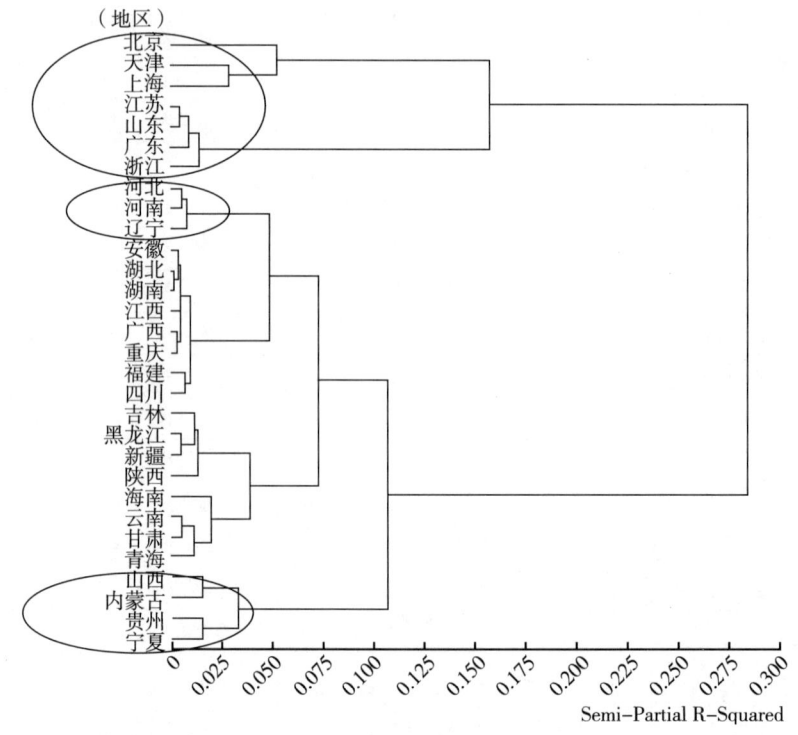

图1 综合评价指标聚类分析结果

（二）节能目标分解结果

在既定的"十二五"时期全国节能目标的前提下，参考上述综合评价和聚类分析结果，得到各地区节能目标分解结果（见表3）。

表3 建议的"十二五"期间节能目标分配方案(排名有顺序)

单位：%

类型	地区	节能目标
第一类地区	北京、天津、上海、江苏、山东、广东、浙江	18
第二类地区	河北、山西、内蒙古、河南、辽宁	17
第三类地区	吉林、黑龙江、安徽、福建、江西、湖北、湖南、广西、重庆、四川、云南、陕西	16
第四类地区	贵州、甘肃、青海、宁夏	15
第五类地区	海南、西藏、新疆	12

具体而言，第一类、第二类地区应承诺较高的节能目标，其中，北京、天津、上海、江苏、山东、广东、浙江由于节能责任和能力指标评分较高，应明显高于全国节能目标，河北、山西、内蒙古、河南、辽宁由于节能潜力指标评分较高，应略高于全国节能目标。第三类地区包括吉林、黑龙江、安徽等，应承担与全国相同的节能目标。第四类、第五类地区由于经济规模和能耗总量较小，大多地处西部，经济发展水平落后，可承担较低的节能目标，包括贵州、甘肃、青海、宁夏、海南、西藏、新疆等。

四 主要结论和政策建议

第一，经济发达和能耗较高地区都应承担较高节能目标任务。根据节能责任、潜力、能力、难度多方面综合评价和聚类分析结果，无论是经济发达地区，如北京、上海、天津、江苏、山东、广东、浙江，还是能耗大省和资源省份，如山西、内蒙古、贵州、宁夏、河北、河南、辽宁，都应该承担较高的节能目标任务。

第二，各地区应结合自身情况明确节能工作重点。利用节能目标分解综合评价指标体系，能够指导各地区明确节能工作重点。对于经济发达地区，由于技术节能潜力有限，实现节能目标需要主要依靠结构调整，包括大力发展第三产业、提高传统产业附加值等；对于能耗大省和资源省份，由于仍处在经济快速发展阶段，工业包括高耗能行业比重可能长期维持较高水平，实现节能目标需要主要依靠技术进步，同时提高新增产能的能效和技术门槛等。

第三，进一步完善有中国特色的节能目标责任制。在我国当前发展阶段和现行体制下，需要进一步完善节能目标责任制，包括将节能目标按地区分解与按部门、行业分解结合起来，确保分工合理、权责一致；在分解制定差异化节能目标的同时，加快出台相应配套措施，包括对节能目标较高地区加大转移支付，对达成目标难度较大地区加大政策、资金、技术扶持力度等。

第四，鼓励各级政府提出积极的节能目标，加快发展方式转变。国内外理论和实践表明，单纯依靠市场不能导致节能潜力自然实现。"十二五"期间，我国在调整经济结构、优化增长内容和提升发展质量方面，存在很大的潜力和空间。在当前我国各级政府掌握较多行政资源的情况下，通过设定积极的节能目标，推动加快转变发展方式，有利于调动地方政府的积极性和主动性，实现以节能推动地方实践科学发展的目的。

参考文献

[1]《国务院关于"十一五"期间各地区单位生产总值能源消耗降低指标计划的批复》，2006。

[2] 国家统计局：《中国统计年鉴2006》，中国统计出版社，2007。

[3] Phylipsen, G. J. M., Bode, J. W., Blok, K., Merkus, H., and Metz, B., 1998b. "A Triptych Sectoral Approach to Burden Differentiation, GHG Emission in the European Bubble", *Energy Policy*, Vol. 26 No. 12, pp. 929–943.

[4] Phylipsen, G. J. M., 2004. "The Triptych Approach," Presentation for Center for Clean Air Policy Dialogue on Future International Actions to Address Global Climate Change.

[5] Stephanie O., Lynn P., TIAN Zhiyu, 2011. "Target Allocation Methodology for China's Provinces: Energy Intensity in the 12th FYP", LBNL.

[6] Ringius L., Torvanger A., Holtsmark B., "Can Multi-criteria Rules Fairly Distribute Climate Burdens? OECD Results from Three Burden Sharing Rules", *Energy Policy*, 1998, 26: 777–793.

[7] Marklund P. O., Samakovlis E., 2007. "What is Driving the EU Burden Sharing Agreement: Efficiency or Equity", *Journal of Environmental Management*, 85: 317–329.

[8] Campo C. D., Monterio C. F., Soares J O., 2008. "The European Regional Policy and the Socio-economic Diversity of European Rregions: a Multivariate Analysis", *European Journal of Operation Research*, 187: 600–612.

B.7
湖北省碳交易试点*

齐绍洲 王班班**

摘 要：

2011年，国家发展和改革委员会批准广东、湖北、北京、天津、上海、重庆、深圳"两省五市"作为碳交易试点，2013年开始交易。湖北省是中部地区唯一的试点。同时，湖北省作为一个尚处在快速工业化进程中的省份，经济覆盖面大，其经济发展水平、产业结构和碳排放特征在全国具有较强的代表性。因此，湖北省碳交易试点的经验教训对我国建立全国性碳交易体系将具有较强的启示作用。

关键词：

碳交易 碳市场 碳排放

一 湖北省的社会经济及温室气体排放基本情况

湖北省是我国中部地区的重要省份。从经济总量、经济增速和产业结构来看，湖北省都可谓是我国的"发展中省份"。一是经济总量在全国31个省（市、区）中处于中上游水平。二是经济尚处于快速增长的阶段，近年来GDP增速均明显高于全国平均水平。三是产业结构仍然以工业为主，重化工业特征明显，钢铁、化工、水泥、汽车制造、电力等行业在湖北省工业发展中占重要地位。

湖北省的经济发展阶段和产业结构特征决定了其碳排放总量和趋势（见

---

* 本文受到中国清洁发展机制基金赠款项目——湖北省碳排放权交易试点项目（项目编号：121311001）的支持。
** 齐绍洲、王班班，武汉大学经济与管理学院。

图1）。一是湖北省的碳排放总量较大，特别是其中工业是排放占比最大的部门。据测算，2010年全省二氧化碳排放总量达35479.44万吨，其中，"十一五"期间每年工业部门的排放量都占到将近六成。在工业行业中，电力、化工、水泥、钢铁、汽车制造等行业每年碳排放量均排在前五名。二是全省碳排放在未来一段时期内还将保持增长态势。湖北省"十二五"规划的GDP增长目标是不低于10%，可以预见未来一段时期内，全省碳排放总量将依然保持增长势头。

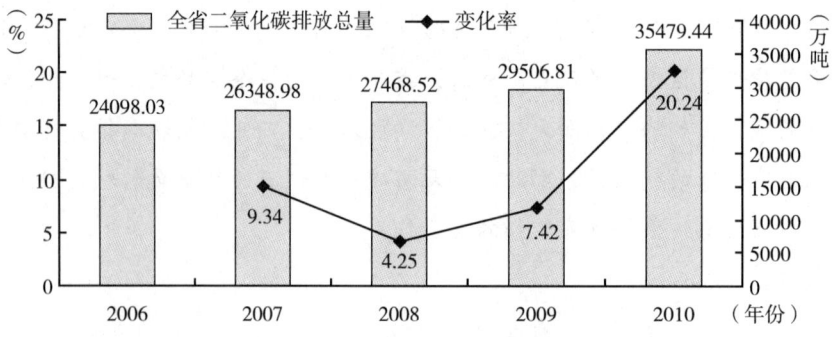

图1　2006~2010年湖北省二氧化碳排放总量与变化率

与此同时，"十一五"期间湖北省的碳强度有所下降，全社会碳强度从2006年的3.16万吨/亿元下降至2010年的2.75万吨/亿元（2006年不变价），下降率为12.97%。工业行业碳强度更是下降了24.69%，从2006年的4.90万吨/亿元下降到2010年的3.69万吨/亿元（2006年不变价）（见图2）。"十

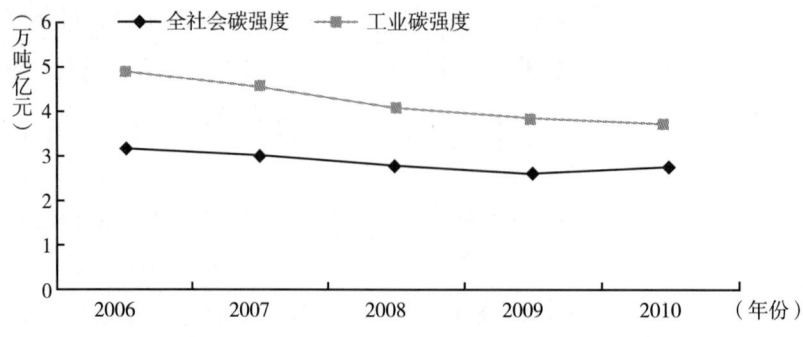

图2　2006~2010年湖北省全社会和工业部门碳强度

二五"期间，根据《"十二五"控制温室气体排放工作方案》，湖北省碳强度还须下降17%，能源强度下降16%，这一目标略低于其他几个试点省市（和重庆市相同）。

二 湖北省碳交易制度建设情况

在湖北省发改委的委托下，武汉大学、华中科技大学、武汉光谷联合产权交易所、中国质量认证中心武汉分中心、湖北经济学院五家单位成立联合课题组，就湖北省碳交易试点的制度展开研究和设计。目前，湖北省碳交易试点的制度框架和设计已基本完成，试点框架的基本要素和进展如下。

（一）起草了《湖北省碳排放权交易管理暂行办法》

《湖北省碳排放权交易管理暂行办法》（以下简称《管理办法》）是湖北省碳交易试点的法律基础，涵盖试点制度设计的各个方面。《管理办法》共包括九章四十八条，对湖北省碳交易试点的管理机构、总量设定依据、纳入企业门槛、配额分配方案、交易规则、注册登记、MRV、奖惩机制及各参与主体的法律责任等方面均做出了规定。《管理办法》的基本框架已获国家发改委气候司通过，预计将报送湖北省有关部门，以政府令的形式下达。

（二）将年能耗6万吨标煤及以上的工业企业纳入碳交易试点

湖北省试点阶段将主要纳入工业企业中的能耗大户。通过测算和比较不同纳入门槛值的企业数、碳排放量占比和行业减排成本，最终确定将2010年和2011年任何一年中年综合能耗在6万吨标准煤及以上的共153家工业企业纳入碳交易试点，这些企业的总碳排放量占全省排放量的33.34%，覆盖的行业范围包括建材、化工、电力、冶金、食品饮料、石油、汽车及其他设备制造、化纤、医药、造纸等。

（三）建立模型预测并确定碳交易市场配额总量，形成既有配额、新增预留、政府预留三大部分的总量结构

碳交易市场的总量设定和总量结构需充分考虑湖北省的经济发展阶段和产

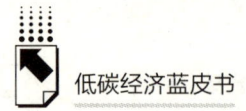

业结构特征。湖北省的总量设定分三步进行。第一步是建立经济模型,预测湖北省到2020年的全社会碳排放总量。第二步是根据预测的全社会碳排放总量和碳市场的覆盖范围,确定试点期间湖北省碳市场的配额总量。第三是充分考虑湖北省经济增长对新增投资的需求,确定既有配额、新增预留、政府预留三大部分的总量结构。纳入企业已有项目和设备的配额总量在试点期间保持不变,并每年从碳市场总量中预留固定比例配额为政府管理、调控碳交易市场所用,最后剩余部分的配额全部预留给纳入行业达到能耗门槛的新企业和纳入企业的新项目。这部分配额不论在数量上还是在占比上均逐年增加,以保证湖北省的经济增长空间。

(四)试点期间配额实行免费分配,并设计了"祖父法"和绩效激励相结合的配额分配方案

湖北省将在试点期间对纳入企业和新企业、新项目免费发放配额,并初步设计在试点期后采用逐步增加拍卖比例的渐进混合模式,最终向完全拍卖过渡。

在免费配额分配的方法上,考虑到试点初期可操作性问题和减排绩效激励等问题,湖北省设计了结合"祖父法"和企业减排绩效的"碳强度绩效奖励法"。具体而言,企业80%的配额将取决于过去三年的历史排放量平均值,剩余20%的配额取决于企业"十一五"期间单位增加值碳排放下降率和行业平均下降率的比较。

(五)详细规定了监测、报告、核查的流程和方法学

湖北省监测、报告、核查(MRV)体系的设计包括MRV的流程、二氧化碳的量化方法、监测、报告和核查的具体规定等。湖北省试点的MRV应遵循如下流程:企业提交监测计划—核查机构审核—省发改委批准—企业提交监测报告—核查机构核查—核查机构提交核查数据。在温室气体的量化方法上,制定了《温室气体(GHG)排放量化、核查、报告和改进的实施指南》(DB42/T727-2011),并对不同行业的量化方法进行了分别说明。MRV体系的设计还分别对监测方法、企业填写报告方式、核查机构/人员的资质和核查流程进行了详细规定。

（六）设计开发记录配额分配、划拨、履约、注销的注册登记系统，并集成系统数据链接、配额管理等综合功能

湖北省注册登记系统是管理机构和企业间实现碳排放配额分配、履约、注销及系统间划拨的操作平台，由湖北省发改委直接管理，其使用者主要有管理机构和企业。除此之外，湖北省注册登记系统还整合配额查询和管理数据分析、信息公布等综合功能，并实现与核证系统和交易系统的数据链接。

（七）设计了定价转让和协商议价转让两种交易方式，制定交易规则并开发交易系统

湖北省碳交易试点的交易规则和交易系统在设计上的主要考虑是在现行法律法规的框架内尽可能地降低交易成本，增强碳市场的流动性。

交易标的物包括湖北省碳排放权配额和在湖北省行政区域内投资产生并经国家自愿减排交易登记簿登记备案的核证自愿减排量（包括森林碳汇）。碳交易市场的参与者为强制减排企业、拥有自愿减排量的法人机构，经主管部门批准，进行碳排放储备、投放的机构以及合规的机构投资者。交易方式采用定价转让和协商议价转让的混合交易方式，并对价格的非正常大幅波动设计了一些限制措施。根据交易规则的要求，湖北省正在开发相应的交易系统。

（八）中国自愿减排交易体系的核证自愿减排量经认定后可用于抵消，上限不超过初始配额的10%

在抵消机制的设计上，规定中国自愿减排交易体系所产生的核证自愿减排量（CCER）经认定后可用于企业的履约，但强制减排企业每年上缴的CCER不得超过该企业年度初始配额的10%，以避免过量供给。

与此同时，本着促进湖北省节能减排的原则，湖北省要求抵消机制所采用的CCER必须来自发生在湖北省行政区域内的碳减排项目。

（九）设置以经济处罚为主的惩罚机制

湖北省碳交易试点对未能履约企业的处罚主要以经济手段为主，罚款额度

为企业实际排放与上缴配额之间差额的三倍,并规定在第二年配额分配时双倍扣除企业未能上缴的这部分配额。

(十)设立湖北省碳交易试点管理机构,并联合多部门形成多层次的管理体系

湖北省碳交易试点设置了以湖北省碳排放权交易试点工作领导小组(以下简称领导小组)为统筹领导,以省发改委为主管机构,并联合多部门和机构共同运作的管理体系。省发改委内设立湖北省碳排放权交易管理中心,负责碳排放权交易的日常管理工作。同时将筹建湖北省碳排放权交易专家委员会,为碳排放权交易市场提供技术支撑和专业咨询。

(十一)人员培训和能力建设情况

湖北省碳交易试点的能力建设分几个阶段实施。第一个阶段是组织参与湖北省碳交易试点制度设计工作的课题组成员与欧盟、澳大利亚、日本等地区专家就技术问题进行研讨。第二个阶段是在碳交易试点的设计过程中,与代表性企业进行调研和座谈,向企业介绍碳交易的主要内容和湖北省试点的基本设计。第三个阶段是在碳交易试点设计基本完成的阶段对各地、市、州政府和有关机构的人员进行培训。第四个阶段是在湖北省试点制度设计完成后,对纳入企业进行全面培训。目前,前三个阶段的能力建设工作已经展开,第四个阶段的培训将在湖北省试点正式交易之前全面铺开。

B.8 中国区域碳排放分异特征与低碳发展对策*

谭显春　顾佰和　王毅**

摘　要：

党的十八大提出了"五位一体"的总体布局，再次强调"推进绿色发展、循环发展、低碳发展"。走具有中国特色的低碳发展道路，是促进我国转变经济增长方式，保护生态环境，实现资源可持续利用的重要举措。由于我国正处在工业化发展中期，并且区域间资源禀赋迥异、经济技术水平差异较大，因此现阶段我国的温室气体排放一方面增长较快，另外，面临着不同的低碳转型挑战和路径选择。本文在总结我国区域碳排放分异特征的基础上，分析了我国区域低碳发展差异的成因及主要问题，并给出了相应的对策建议。

关键词：

中国　碳排放　区域分异　低碳发展

一　中国碳排放的现状

（一）中国碳排放的特征及变化趋势

根据统计数据分析，2000~2010年，我国碳排放总量处于快速增长阶段，

---

* 本文得到了中国科学院战略性先导科技专项项目"区域碳排放与产品碳足迹"（XDA05140000）、国家发改委委托课题"中国低碳发展区域政策研究"、中国科学院科技政策与管理科学研究所重大研究任务 A 类项目"中国绿色低碳发展路线图研究"（Y20113）的资助。

** 谭显春，中国科学院科技政策与管理科学研究所研究员；顾佰和，中国科学院科技政策与管理科学研究所博士生；王毅，中国科学院科技政策与管理科学研究所研究员。

碳排放量增速快、增幅大，年均增速为8.42%，CO_2排放量由2000年的33.4亿吨增长到2010年的75.1亿吨[①]。

通过对2000~2010年中国分燃料品种类型、分部门的CO_2排放量的计算和分析（见图1和图2），得出中国的CO_2排放呈现如下特征。

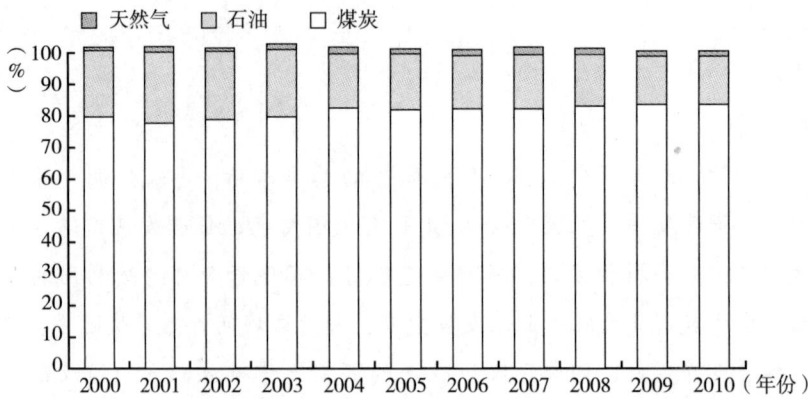

图1 2000~2010年中国分能源品种化石燃料燃烧CO_2排放构成

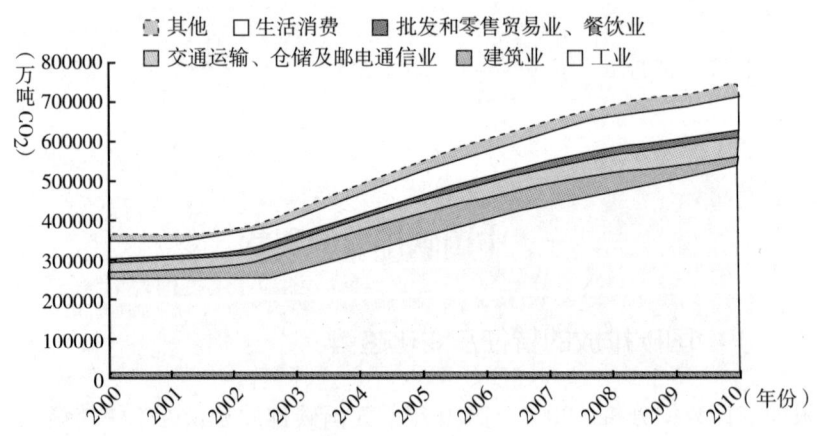

图2 2000~2010年中国分部门CO_2排放量

注：数据来源于《中国能源统计年鉴》，核算方法参考IPCC推荐的方法。

---

① 本文中基础数据均来源于2000~2010年的《中国统计年鉴》和《中国能源统计年鉴》。

第一,以煤为主的化石燃料燃烧为中国CO_2排放主要来源,短期内难以改变。2000~2010年,中国因煤炭燃烧而产生的CO_2排放占全部化石燃料燃烧排放的比例均超过75%,特别是在2008~2010年,煤炭作为化石燃料燃烧产生的CO_2排放的比例甚至超过80%,而煤炭在化石燃料中的主体地位在短期内难以改变。2000~2010年,相对清洁的天然气燃烧带来的CO_2排放虽然也在逐年增加,但其占全部化石燃料产生的CO_2排放的比例仅为2%~3%。

第二,工业部门是中国CO_2排放的最主要的贡献源。工业部门的CO_2排放量由2000年的23.6亿吨大幅增长到2010年的53.0亿吨,占全国化石燃料燃烧排放CO_2的比重高达70%以上。我国大部分地区正处在工业化发展的中期阶段,工业部门将长期主导我国的CO_2排放。要实现低碳经济的转型和发展,必须首先解决工业部门的减排问题。

第三,我国交通和居民生活部门CO_2排放增长迅猛,并随着城市化进程的加速而加快。2000~2010年,二者CO_2排放增速分别为8.7%和8.3%。2010年,二者合计CO_2排放量占全社会总排放量的18.6%。其中,在我国汽油和柴油消费产生的CO_2排放中,交通运输业的贡献高达70%以上。随着中国城市化的高速推进和居民消费的升级,这两大领域CO_2排放的增长速度和比重都将提高。

第四,我国农村以生物质能源利用为主,商品能源稳中有升,可再生能源比例短期内难以提高。农林行业在2000年CO_2排放为9695.5万吨,2010年达到15908.4万吨,增幅为58%。但由于其基数小,2010年排放量占全国CO_2排放量的比重仅为2.1%。

(二)中国碳排放的空间格局

根据区域格局,可以将中国划分为东、中、西三大地带。其中东部地区包括北京、天津、河北、辽宁、上海、江苏、浙江、福建、山东、广东、广西和海南12个省(区、市);中部地区包括山西、内蒙古、吉林、黑龙江、安徽、江西、河南、湖南和湖北9个省(区、市);西部地区包括重庆、贵州、四川、云南、陕西、甘肃、青海、宁夏和新疆等。其中西藏和港澳台地区数据不全,未列入分析。

根据现有数据基础计算,中国各省市CO_2排放分异特征如图3。

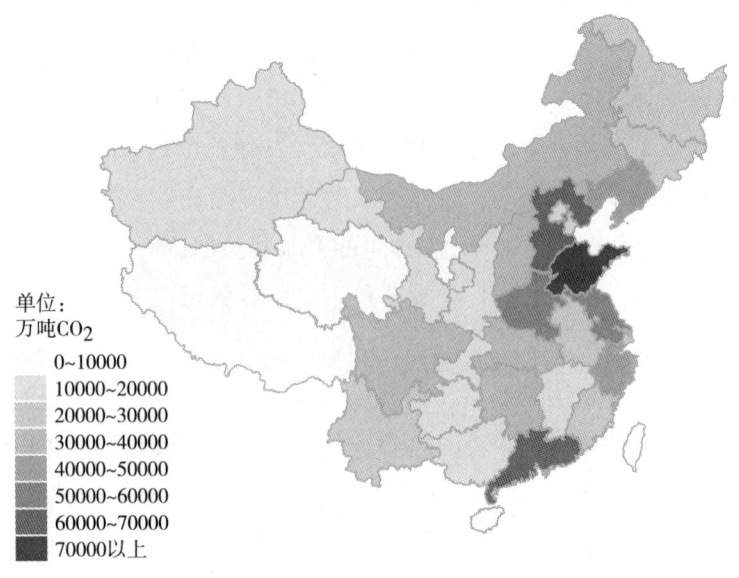

图3-a 2010年中国各省区 CO_2 排放总量

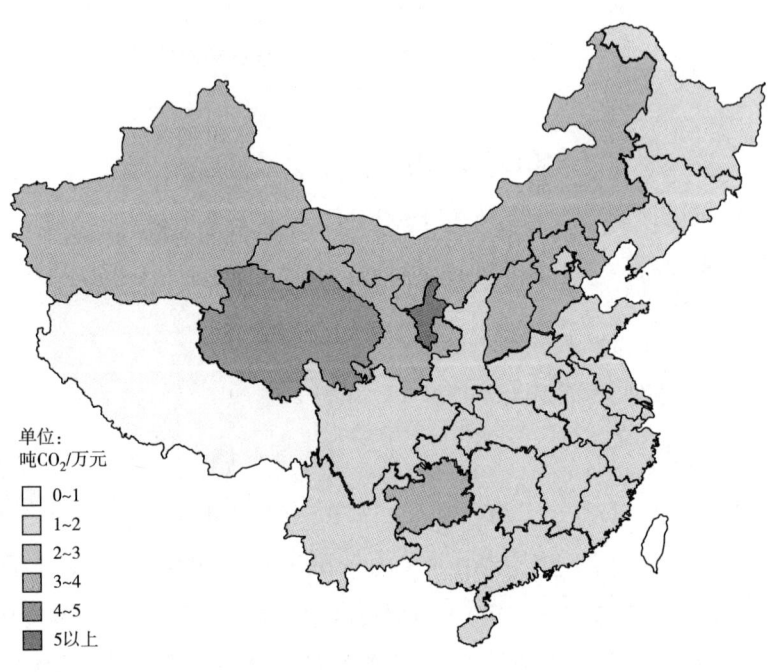

图3-b 2010年中国各省区 CO_2 排放强度

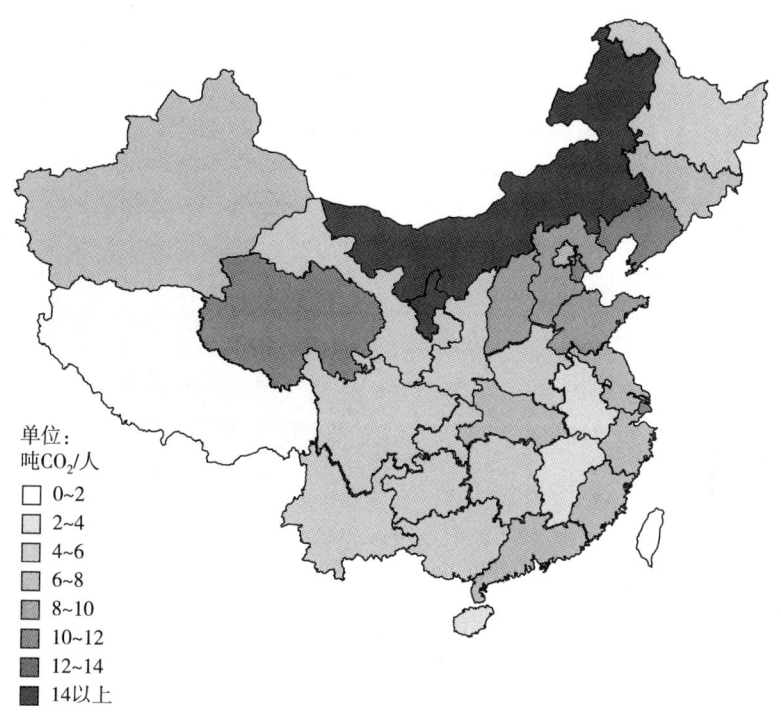

图3-c 2010年中国各省区人均CO_2排放量

资料来源：《中国统计年鉴》和《中国能源统计年鉴》。

从图3a-c中可以看出，2010年中国各省区CO_2排放在地域上呈现如下特征。

第一，CO_2排放总量方面：沿海高，内陆低，东部主导；重化工业为主体的省区碳排放总量普遍较高。

受经济发展程度和一次能源消费水平的影响，东部沿海地区的碳排放在全国始终占据主导地位。中部地区CO_2排放占全国的比重在一段时间内保持稳中有降的态势。20世纪60年代中期至90年代中期，中部地区CO_2排放占比曾呈现一定程度的下降，但是随着当地经济的快速发展，2000年以后中部地区CO_2排放占全国的比重已经基本稳定在31.0%左右。西部地区受到西部大开发政策实施的影响，CO_2排放增加明显，到2010年西部地区CO_2排放占全国的比重已达17.0%。

第二，CO_2排放强度方面：西高东低。

东部地区经济发达，GDP产值远远高于西部地区，导致CO_2排放虽然高于西部地区，但CO_2排放强度却比西部地区低。这也反映出，实施西部大开发政策以来，西部地区以高耗能来换得经济发展的现状。

第三，人均CO_2排放量：北高南低，东高西低

我国东部地区的经济发展水平较高，人民生活水平相对较高，已经跨入上中等收入阶段，这使得东部地区的人均CO_2排放量普遍高于西部地区。而我国北方地区重工业基础雄厚，布局密集，工业排放巨大；且北方地区冬季较为寒冷，取暖空调等建筑用能明显高于南方地区，因此北方地区的人均CO_2排放量要高于南方地区。这也表现出不同地区的CO_2减排潜力不同，减排的重点对象和所采取的措施也应有所不同。

二 中国能源消费碳足迹评价

碳足迹（Carbon Footprint）是由生态足迹（Ecological Footprint）衍生出来的概念，但碳足迹也有其特有的内涵。碳足迹可以用来衡量人类活动对自然生态系统的影响，人类消费对生态系统占用的程度，揭示其发展趋势和主要矛盾，并侧重于人类能源活动的碳排放对大气环境的影响。

尽管碳足迹概念近年来被广泛应用，但其内涵并不完全一致。在不同的定义下，计算得到的碳足迹结果不同甚至相反，这样计算结果中必然有一些是不符合实际情况的，并可能产生歧义，因此要得到一个可比较的碳足迹结果，碳足迹的概念就必须是明确和可参考的[1][2]。一般来说，为避免重复计算，碳源不包括甲烷、CFCs等其他含碳温室气体的排放源，而煤炭、石油和天然气消费是大气中CO_2排放的主要贡献者，故将碳足迹定义为化石能源消费产生的CO_2总量。

---

[1] Eric Johnson: Disagreement over Carbon Footprint: A Comparison of Electric and LPG Forklifts, *Energy Policy*, 2008 (36).

[2] Geoffrey Hammond: Time to Give Due Weight to the "Carbon Footprint" Issue, *Nature*, 2007 – 01 – 18.

（一）中国碳足迹构成及变化趋势

采用 IPCC 推荐的表观消费量法计算我国 2000~2010 年不同化石燃料消费产生的 CO_2 排放量。此法采用的是能源宏观数据，可大体界定某国的能源活动[1]。具体来说是以一国的一次能源产量为依据，以全部燃料的进口、出口、库存变化，以及根据国际航线中一国飞机和轮船在境外的加油量及外国飞机和船舶在一国境内的加油量做出调整的结果，可确保全部碳量都计算进去。

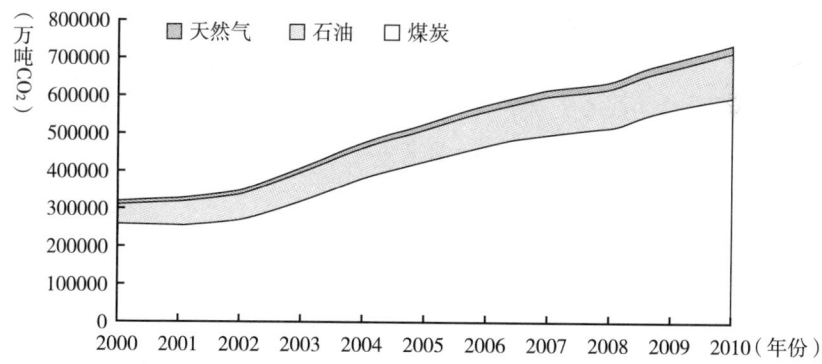

图 4　2000~2010 年中国不同类型化石燃料燃烧 CO_2 排放量

资料来源：《中国统计年鉴》和《中国能源统计年鉴》。

中国碳足迹总量已达到较大的规模，且近年来增长速度明显加快，其中，以煤炭为主的固体燃料碳足迹比重大（图 4）。

近年来，伴随经济的高速发展，中国化石能源消费规模呈现快速增长的态势，相应的化石能源消费的碳足迹亦快速增长。2000~2010 年，中国化石能源消费的碳足迹增长了将近 2 倍。中国这 11 年碳足迹的直线增长与近 10 年来中国经济的高速增长是相辅相成的。

在化石能源消费碳足迹中，固体化石能源（煤炭、焦炭等）消费产生的碳足迹所占比例最高，尽管液体（石油）和气体（天然气）化石能源碳足迹比重有所增加，但比重仍然较小。以 2010 年为例，固体化石能源碳足迹占

---

[1]　林而达、李玉娥：《全球气候变化和温室气体清单编制方法》，气象出版社，1998。

80.6%，石油约占 16.6%，天然气只占 2.8%。

尽管目前中国人均碳足迹仍然相对较低，但已呈现出逐年增加的趋势。荷兰环境评估机构 PBL 和欧盟联合研究中心（JRC）发布的研究成果表明，中国人均 CO_2 排放量在 2011 年同比上涨了 9%，达到每人 7.2 吨，这离欧盟成员国人均 CO_2 排放 7.5 吨来说仅有一步之遥[①]。随着中国人民生活水平的不断提高，对基础设施、住宅和交通工具的需求必将激增，未来如何有效控制人均碳足迹的增长将成为应对气候变化过程中的一个重要的课题。

（二）中国各省区化石能源消费碳足迹

不同的省区由于其经济发展程度不同，碳足迹也有较大的差异。图 5 显示了我国 2010 年各省化石能源消费的碳足迹[②]。

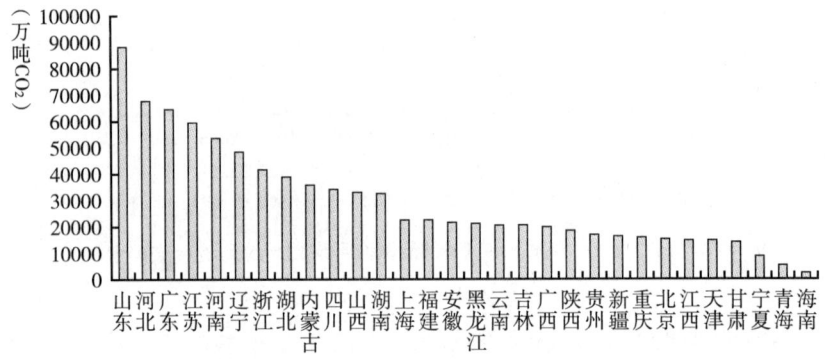

图 5　2010 年中国各省（市、自治区）化石能源消费的碳足迹

资料来源：《中国统计年鉴》和《中国能源统计年鉴》。

2010 年中国各省区化石能源消费的碳足迹以山东省最大，为 89123.0 万吨 CO_2，其次为河北省。山东省碳足迹高与其人口多、经济规模大（2010 年 GDP 仅次于广东和江苏，位居全国第三）、重工业占比高密切相关。

碳足迹最小的是海南省，为 2687.8 万吨 CO_2，其次是青海省，为 6007.1 万吨 CO_2。海南省碳足迹小是因为海南省的产业结构以第三产业和第一产业为

---

① 《中国人均碳排放量已接近欧洲水平，美国仍高居首位》，人民网，2012 年 7 月 23 日。
② 因数据原因，未计算西藏、香港、澳门和台湾。

主，且能源结构相对优化，煤炭燃烧引起的 CO_2 排放量仅占全省排放量的 50%左右，因此碳足迹小。青海省碳足迹小主要是因为其经济规模小，2010 年青海省 GDP 仅为 1350.4 亿元，排在所有上述参与核算省（市）的最后一位，因此化石能源消费也随之较小。

此外，我国省域碳足迹有两个突出特征。一是发达地区产业结构趋于合理，化石能源消费的碳足迹与经济社会发展水平没有显著偏离；二是以化石能源生产或其他重化工工业为主体的省区，单位产出能耗高，从而导致其碳足迹与社会经济发展水平呈现偏离状态。

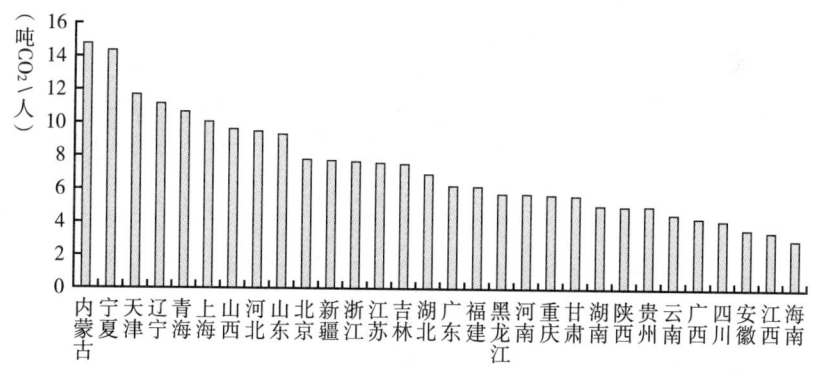

图 6　2010 年中国各省（市、自治区）人均化石能源消费的碳足迹

资料来源：《中国统计年鉴》和《中国能源统计年鉴》。

对 2010 年中国各省域人均碳足迹的计算表明，人均碳足迹总体上呈现北高南低的空间特征。内蒙古和宁夏分别排在省域人均碳足迹的前两位（见图 6），这主要是因为内蒙古和宁夏的产业结构均以重工业为主，经济发展对化石能源的依赖较高，而两自治区的人口又相对较少，这导致两自治区的人均碳足迹要远高于其他各省份。人均碳足迹最小的省份是海南省，仅为 3.09 吨 CO_2；江西为 3.57 吨 CO_2，位居倒数第二位。

三　我国区域低碳发展差异的成因及主要问题

我国各区域之间由于资源禀赋、经济发展和能效水平不同，导致各区域实现低碳转型具有明显的差异。东部地区具有明显的技术和资金优势，使其在产业结构和能源效率上优于中西部地区，加强各区域之间的交流，有助于各地区发挥自己的优势，实现全国的碳减排目标。

（一）各地区处于不同的经济发展阶段

我国东部地区处于工业化的中后期，而中西部地区正处于工业化初期或初期向中期的过渡阶段。中西部地区工业一直是碳排放大户，以高耗能工业为主的中西部地区节能潜力巨大。

（二）东部地区"三高产业"加速向中西部地区转移

近年来，随着经济结构调整压力的加大，东部地区的企业特别是"高污染、高耗能、高排放"的企业正加速向中西部地区转移，而中西部地区为了加快经济的发展，对这些企业几乎全盘接受，更加剧了中西部地区低碳发展的艰巨性。

（三）各地区低碳技术和资金支持差异较大

东部地区由于经济发达，资金较为充裕，对低碳技术研发给予的资金和政策支持力度也较大，而中西部地区发展水平较低，财力有限，特别是欠发达地区，贫困问题尚未完全解决，投入适合本地区的低碳技术的研发资金更是有限。

（四）各区域间缺乏良好的沟通机制

东部发达地区在低碳技术和管理方面有许多值得中西部地区借鉴的经验。加强各区域之间的交流与沟通，有助于低碳技术和管理经验的传播，更有利于发挥各自的优势，实现全国的碳强度降低目标。但由于中国各行政区划分的障碍，各区域之间尚未建立畅通的沟通机制，影响了我国低碳发展的整体实施效果。

（五）我国低碳发展的法律法规不完善

虽然近年来我国出台了一系列法律，如《节约能源法》《循环经济促进法》《清洁生产促进法》《可再生能源法》等，这些法律的出台和实施对低碳发展起到了极大的促进和保障作用，但从国际社会低碳发展的经验来看，低碳发展需要国家相关法律法规及政策的支持，并实施执行。目前我国促进低碳发展的法律体系并不完善，《应对气候变化法》尚未出台，各区域的低碳法规体系不健全，低碳发展缺乏有效的保障措施。

（六）低碳统计、监测体系不健全

我国现行的能源和温室气体统计工作十分薄弱。相关统计指标体系和调查体系不健全，统计资料不完整，数据质量不高，此外各地区之间还存在能耗统计口径不一的问题。这种状况显然不能适应新形势下生态文明建设的需求，不能满足各级职能部门指导、推进低碳发展工作的需要。

四 区域低碳发展的对策建议

碳减排的实质是大力发展低碳经济。发展低碳经济，不仅是应对全球气候变化政府间谈判的客观需求，而且也是我国自身可持续发展的必然选择。低碳经济是确保我国经济长期稳定发展的可行手段①。

低碳经济是通过减少温室气体排放来实现国家或地区社会财富积累最大化的发展理念或发展形势。我国学者庄贵阳认为，低碳经济的实质是能源效率和清洁能源结构问题，核心是能源技术创新和制度创新，目标是减缓气候变化和促进人类的可持续发展，即依靠技术创新和政策措施，实施一场能源革命，建立一种较少排放温室气体的经济发展模式，减缓温室气体变化②。

综合考虑各区域现状，采取有力的政策措施，加快调整产业结构，强化科技支撑，建立健全相关管理制度和工作机制，有利于促进我国的低碳经济向前发展。

---

① 曾德刚、胡庆忠：《我国发展低碳经济的方法与途径研究》，《经济研究导刊》2011年第14期。
② 庄贵阳：《中国经济低碳发展的途径与潜力分析》，《国际技术经济研究》2005年第8卷第3期。

（一）确定差异化的区域低碳发展目标

中央政府在制定各区域减排目标时，应改变过去的普惠制办法，按照"区别对待、分类指导"的原则，根据各地区主体功能定位、经济发展水平、能源资源禀赋和碳排放现状等因素，制定差别化的碳减排和能源消费控制指标。同时，国家应该动态跟踪各区域碳排放情况，依据反馈数据更新"双控"目标，从时间和地域两个维度动态统筹区域的低碳发展。部分发展基础好的地区应提前探索制定本区域碳排放总量控制目标。

（二）成立低碳发展的专项资金

加大中央财政对低碳发展的投入力度，成立国家层面的专项资金，统筹协调类似"五省八市"试点开展多层面试点示范工程建设，积极探索绿色低碳发展新模式；鼓励有条件的地区率先成立本地区的专项资金，尝试设立有自身特色的科研专项和产业化示范工程，以重点行业、工业园区、商业和社区为抓手，突破重点领域关键技术，提高能源利用效率，加快成果推广应用和产业化。同时，加大东部发达地区对中西部落后地区的对口援助和支持力度，促进低碳技术的传播与扩散。

（三）建立区域间低碳发展的沟通机制

建议由国家发改委牵头，设立低碳发展协调机构，各省市应对气候变化的主要职能部门为协调机构成员。建立各区域之间定期交流和沟通的联席会议制度，推进各区域的低碳发展实践交流，要求已经开展低碳经济试点的"五省八市"、低碳产业园区试点、低碳社区试点、碳交易试点等国家试点地区定期公开发布低碳发展等方面的信息，发挥好各层次的试点作用，以点带面，促进全国各区域低碳工作的协调和共同发展。

（四）完善低碳领域的法律法规

国家层面加强应对气候变化法制建设，加快制定和实施《应对气候变化法》及碳交易等专门的法规，各区域之间也应出台适合本地区应对气候变化的专门法规；不断完善现有相关低碳法规体系，保持各领域政策与行动的一致性，使其能够保障低碳发展，发挥协同效应；鼓励国家和地方研究制定重点行业、重点产品、重点技术的低碳标准体系；加强相关领域执法监管体系建设，保障法律法规有效实施。

（五）加强低碳发展的基础能力建设

建立健全温室气体排放统计、监测、考核制度，完善温室气体统计核算体系；强化统计人才培养和基础队伍建设，将应对气候变化教育纳入教育体系，加强相关教育培训和舆论引导。

参考文献

［1］中国科学院可持续发展战略研究组：《2009 中国可持续发展战略报告——探索中国特色的低碳道路》，科学出版社，2009。

［2］Eric Johnson：Disagreement over Carbon Footprint：A Comparison of Electric and LPG Forklifts，*Energy Policy*，2008（36）.

［3］Geoffrey Hammond：Time to Give Due Weight to the "Carbon Footprint" Issue，*Nature*，2007（1）.

［4］林而达、李玉娥：《全球气候变化和温室气体清单编制方法》，气象出版社，1998。

［5］《中国人均碳排放量已接近欧洲水平，美国仍高居首位》，人民网，2012 年 7 月 23 日。

［6］曾德刚、胡庆忠：《我国发展低碳经济的方法与途径研究》，《经济研究导刊》2011 年第 14 期。

［7］庄贵阳：《中国经济低碳发展的途径与潜力分析》，《国际技术经济研究》2005 年第 8 卷第 3 期。

B.9 中国与欧盟在气候变化和低碳发展领域的合作

赵忠秀 王 波*

摘 要：
中欧在气候变化和低碳发展领域的合作集中在温室气体减排能力建设和未商业化清洁能源技术研发、示范领域。双方的比较优势差异是合作的基础。对共同但有区别的责任的原则的认识差异是双方在多边合作的重要障碍，在对处于商业化阶段的清洁能源技术和产品的贸易和投资中，双方的竞争因素大于合作因素，是未来双边摩擦的主要诱因。

关键词：
中欧 气候变化 能力建设 技术合作

引 言

为确保在21世纪末前全球气温增长的幅度不超过2℃，必须在2030年前使二氧化碳的排放量达到峰值，2050年前开始降低。中国与欧盟分别是世界上最大的发展中经济体和发达经济体，所排放的二氧化碳占全球二氧化碳排放总量的30%左右，因此双方在未来的气候变化中共同承担着重大责任。在减少碳排放方面开展合作，是双方国际合作的一个重要领域。

---

* 赵忠秀，对外经济贸易大学国际贸易学教授、副校长，国际低碳经济研究所所长；王波，对外经济贸易大学国际关系副教授，国际低碳经济研究所副所长。本文将欧盟成员国与中国在气候变化和低碳发展领域的合作均视为欧盟与中国的合作框架中的内容。本文的低碳发展指清洁能源和可再生能源领域的发展与合作，两者在本文中为同一概念。

中国与欧盟在气候变化和低碳发展领域的合作

同时，虽然两者在温室气体年排放量上均属于排放大国（经济体），但是，按照人均和历史排放水平计算，中国远远低于欧盟。根据"共同但有区别的责任"原则，在京都议定书中，前者没有承担约束性的减排义务，后者需承担约束性减排任务。

作为发达国家阵营中的一员，欧盟是国际气候变化谈判的倡导者和积极推动者，它在减排目标、内部减排机制、对国际减排合作的资金贡献等领域都是最积极的。

《京都议定书》的生效与实施是与欧盟的领导作用分不开的。在哥本哈根谈判中，欧盟提出的减排目标也是西方发达国家中最为激进的。哥本哈根会议后欧盟委员会根据哥本哈根共识中发达国家承诺的从2010年到2012年为发展中国家筹措300亿美元的减排援助基金，已经通过决议每年提供24亿欧元，向国际社会表明欧盟应对气候变化的决心和领导者角色。[1]

欧盟在气候变化问题上的积极态度具有很强的民意基础。根据欧盟委员会和欧洲议会联合和进行的民意调查，57%的欧盟受访者认为气候变化是最重要的环境威胁，[2] 因此政府的更迭对气候变化政策影响不大。[3] 这与美国国内对气候变化的分歧形成鲜明的对比。

中国则是发展中国家中减排最为积极的一个大国。出于对全球环境的负责和国内可持续发展的需要，中国早在1998年就签署了京都议定书，并于2002年初批准了该条约，是发展中国家中较早批准该条约的国家。中国制订

---

[1] European Commission, International Climate Policy Post-Copenhagen: Acting Now to Reinvigorate Global Action on Climate Change, Communication from the Commission to the European Parliament, the Council, the European Economic and Social Committee and the Committee of the Regions, COM (2010) 86 Final Brussels, March 9, 2010.

[2] Eurobarometer CEC (2008), 'Europeans' Attitudes Towards Climate Change', Special Eurobarometer Report 300 Wave 69.2 – TNS Opinion & Social, European Commission, Brussels, September 2008, http://ec.europa.eu/public_opinion/archives/ebs/ebs_300_full_en.pdf; Institute for European Environmental Policy, Natural Resources Defense Council, a Joint Project by Climate Change and Sustainable Energy Policies in Europe and the United States a Report from the Transatlantic Platform for Action on the Global Environment, http://www.ieep.eu/publications/pdfs/tpage/tpageccfinalreport.pdf.

[3] 以英国为例，在2010年的大选中虽然工党政府被保守党政府所取代，但其气候变化政策并没有重要变化。2010年6月15日笔者与英国负责气候变化官员交流。

了国家和地方的应对气候变化计划。通过法律、财政和行政等手段督促地方政府和企业进行减排活动。在中国的"十一五"规划中，减少单位GDP的能耗成为中央政府对地方政府的约束性指标，层层分解到企业和下级政府，已经基本完成任务。① 在新的"十二五"规划中，进一步明确提出将降低单位GDP温室气体排放作为国民经济发展的约束性指标，建立完善的国内统计核算机制。②

中、欧双方在应对气候变化问题上具有较强的互补性，双方在全球气候变化领域和绿色发展领域的合作在内容上最广，级别上最高。但是由于各自的利益还存在差异，在合作中不可避免地存在分歧，甚至是摩擦。

一 中欧在气候变化领域的多边合作与博弈

在以《联合国气候变化公约》为框架的全球气候变化谈判中，中、欧之间呈现合作与冲突并存的相互依赖局面。

欧盟是《联合国气候变化公约》，尤其是《京都议定书》的倡导者和推动者，欧盟将自己在全球气候变化治理中定位为领导者的角色。而中国则是最大的发展中国家，国家战略的核心是发展问题。气候变化尽管也是可持续发展问题的重要内容，但还有其全球公共产品的性质。尤其是温室气体排放的历史因素是造成气候变化的最根本的因素，因此中国更强调"共同但有区别的责任"原则。③ 因此，两者在《联合国气候变化框架公约》及《京都议定书》的谈判中出现分歧是难免的。

在2009年的哥本哈根大会上，欧盟领导人及会议的东道主由于对达成新的气候变化协议过于乐观，缺乏沟通，提出了超过包括中国在内的发展中大国所能接受的减排目标，遭到中国等基础四国的抵制。在会议过程中和会后，欧

---

① 何丽：《中国减排动真格》，《金融时报》（英国）中文网络版，2010年9月16日。吴晶晶：《周生贤："十一五"期间中国减排目标可超额实现》，新华网北京2010年12月21日电，http：//news.xinhuanet.com/politics/2010 - 12/21/c_ 12903831.htm。
② 《中华人民共和国国民经济和社会发展第十二个五年规划纲要》，2011年3月16日，新华网：http：//news.xinhuanet.com/politics/2011 - 03/16/c_ 121193916.htm。
③ 中华人民共和国国务院新闻办公室：《中国应对气候变化的政策与行动》白皮书，2008。

盟经历了对中国的失望情绪。① 但是很快，欧盟也认识到气候变化谈判的客观艰巨性，欧盟的主要学者也开始对欧盟在气候变化问题上不切合实际的政策路径和目标进行反思，② 开始倾听中国的声音，在气候变化谈判中采取较为务实的态度。③

同时，中国在应对气候问题上与欧盟的共同利益越来越多。随着中国温室气体年排放量超过美国，成为第一排放大国，改变了中国在20世纪90年代气候变化国际谈判之初作为排放小国的地位，其他发达国家和发展中国家要求中国加强减排力度的压力也在不断增加。④ 减排压力的增大迫切需要中国加强国际合作，更好地做好减排工作，欧盟在减排能力和减排技术上的优势成为双方合作的重要基础。中国与欧盟在应对减排问题上将越来越需要更加紧密的合作。⑤

中欧在气候变化领域合作的加强将有利于减轻中国在国际气候变化谈判中来自其他各方的压力，并产生带动其他国家减排的示范效应。鉴于欧盟在气候变化问题上具有国内共识大，可预测性强，对气候变化国际合作领导意愿强烈，对发展中国家在技术和资金援助方面可谈判的余地大的特点，⑥ 而

---

① Francois, Godement, "A Global China Policy", *Policy Brief*, London: European Council on Foreign Relations, June 2010; Tobias Rapp, Christian Schwgerl and Gerald Traufette, The Copenhagen Protocol: How China and India Sabotaged the UN Climate Summit, DER SPIEGEL, May 05, 2010, http://www.spiegel.de/international/world/0, 1518, 692861 - 3, 00.html; Antto Vihma, Elephant in the Room, The New G77 and China Dynamics in Climate Talks, Briefing Paper 6, The Finnish Institute of International Affairs, May 26, 2010, pp.1 - 9. Francois Godement. Policy brief: "A Global China Policy", European Council on Foreign Relations, June 2010, http://ccfr.cu/page/-/documents/A-global-China-policy.pdf.
② Gwyn Prins, et al., The Hartwell Paper: A New Direction for Climate Policy after the Crash of 2009, *Hartwell House, Buckinghamshire*, May 2010.
③ 2010年1月14日笔者与英国负责气候变化官员的访谈。
④ Alliance of Small Island States (AOSIS), Alliance of Small Island States (AOSIS) Declaration on Climate Change 2009, New York, September 21, 2009.
⑤ Artur Runge-Metzger, the EU-China Partnership on Climate Change, EU China Observer, Issue 1, 2010, pp.2 - 7.
⑥ 欧盟各国从2001到2008年在能源合作项目向中方提供向中国共提供2.8亿欧元的资金。参见Artur Runge-Metzger, The EU-China Partnership on Climate Change, EU-China Observer, Issue 1, 2010, http://www.coleurop.be/file/content/studyprogrammes/ird/research/pdf/EUChinaObserver/2010/EU%20China%20Observer%201_2010.pdf。

且，欧盟与中国在其他战略问题上摩擦较少，合作远远大于竞争，中国应当加强与欧盟及主要成员国的双边磋商，争取在减排目标、路径、资金技术援助方面达成共识。① 中国和欧洲在气候变化问题上的共识与合作必然对美国形成强大的国际压力，有利于扭转中国承受美欧双重压力的被动局面。同时，中欧以及其他国家在减排技术和减排经济上的合作与发展必然迫使美国奋起直追，真正开展切实减排行动，从而减少挤占未来发展中国家的排放空间。② 同时，中国与欧盟在减排机制建设、能力建设、减排资金援助和低碳技术转让问题上的双边共识与合作将会使中国在减排和经济可持续发展等领域获得实在的利益，并且将带动日本等国在气候变化领域与中国的合作。③

二 欧盟与中国在气候变化减缓和绿色发展中的合作

（一）中欧在气候变化和清洁能源领域的双边合作历程

中欧在气候变化和清洁能源领域的合作早在1994年就已经开始。在西班牙、德国和丹麦等国的大力推动下，1996年中欧召开了由双方的企业和政府开发机构等参加的第一次能源大会，旨在催进中欧企业之间和政府间的在能源技术领域的合作。1999年欧盟组织了一个由欧盟议会、欧盟理事会和企业家代表组成的庞大代表团访问中国，评估中欧在清洁能源领域合作的可能性。

2003年中欧开启副部级环境对话，同年，为期5年的中欧能源与环境项

---

① 笔者与欧盟气候变化谈判官员邮件交流，2009年11月19日；笔者与英国负责气候变化官员交流，2010年6月15日。
② 美国的有识之士已经认识到欧日及中国在新能源产业中的投资已经领先于美国，美国在气候变化问题上的国内争斗将影响到美国未来在低碳经济中的竞争地位，美国奋起直追是迟早的事情。参见 Steve Benen, "Political Animal", *Washington Monthly*, August 17, 2010。
③ "Japan Rejects Kyoto, 'Casts a Pall' over Global Climate Talks", *China Daily*, December 1, 2010, http：//bbs. chinadaily. com. cn/viewthread. php？gid = 2&tid = 685864。

目启动。该项目由中欧共同出资4500万欧元,一部分用来支持中国中央政府和地方政府的能源政策优化,另一部分用于能源新技术的适应性研究。在该项目框架下,从2004年到2008年,中欧先后举办了26场次关于能源政策和实践的研讨会和大会。

2005年5月欧盟能源和运输委员会与中国科技部签署了两项工作计划,重点发展清洁煤技术和工业节能项目。当年9月5日,中国与欧盟在北京峰会上发表了《中国和欧盟气候变化联合宣言》,建立了气候变化双边伙伴关系。①2006年9月9日在赫尔辛基举行的中欧峰会上,双方领导人确认,中欧双方承诺遵守该伙伴关系。为实施并实现气候变化联合宣言设定的目标,中国和欧盟于2006年10月19日在双边磋商机制第二次会议上就以下滚动工作计划达成一致。滚动工作计划经双方同意将定期更新,确保能够准确反映中欧双方需求并能适应新的发展。②

根据中欧气候变化伙伴计划,欧洲投资银行在2007年向中国提供了5亿欧元的贷款,用以支持发改委的国家气候变化项目,重点支持可再生能源和能效项目、温室气体捕捉和存储及造林项目等。③

气候变化伙伴计划的另一个合作内容是中欧CDM促进项目(2007～2010年)。该项目欧方投入280万欧元。

2008年中欧又启动了中欧环境治理项目。欧方出资1500万欧元用来帮助中方政府,尤其是地方政府,提升环境决策和执法能力,提高公众和私营企业

---

① 该伙伴计划的重点合作领域为:1. 能效和节能;2. 新能源和可再生能源;3. 清洁煤技术和二氧化碳捕捉与埋存实现零排放发电;4. 甲烷回收利用;5. 氢能和燃料电池;6. 发电、输变电系统;7. 清洁发展机制和其他以市场为基础的排放交易机制;8. 气候变化影响及适应性研究;9. 能力建设、加强制度建设和提高公众意识。

② 中国外交部:《中欧气候变化伙伴关系滚动工作计划》,2006年10月19日,外交部网站:http://www.fmprc.gov.cn/chn/gxh/zlb/zcwj/t283033.htm。

③ EUR 500 Million to Support Climate Change Mitigation in China, European Investment Bank, 28 November 2007: www.eib.org/projects/press/2007/2007 – 123 – eur – 500 – million – to – support – climate – change – mitigation – in – china.htm;截至2011年5月20日,合同落实的贷款为3.11亿欧元。参见欧洲投资银行数据库:"Projects to be financed", http://www.eib.org/projects/pipeline/index.htm?start = 2006&end = 2011&status = Under + Appraisal&region = ala&country = china&sector = energy。

表1 欧盟对中欧气候变化和清洁能源主要项目的资金投入*

单位：百万欧元

项目	预算
欧洲投资银行为中国国家气候变化项目贷款	500
能源与环境项目	45
欧盟中国 CDM 促进项目（2007～2010 年）	3
欧盟中国环境治理项目（2008～2010 年）	15
欧盟中国清洁能源中心	10
欧盟中国清洁和可再生能源学院	10
框架项目 6 和框架项目 7 相关合作研究项目	12
接近零排放煤电厂建设	50
总　　计	645

* Duncan Freeman and Jonathan Holslag, "Climate for Cooperation: The EU, China and Climate Change", A report by the Brussels Institute of Contemporary Chinese Studies, September 2009, p. 26.

在环境事务中的环境意识和参与能力等。① 另外，欧盟还对中国地方政府制定气候变化方案进行帮助。与联合国机构一起，帮助中国数十个省制订应对气候变化计划。这些工作都有利于更好地促进中国的减排机制建设和能力培养。

另外，欧盟还通过欧盟委员会的研究与技术开发框架项目机制资助中欧在气候变化和清洁能源领域的技术研发合作。中欧二氧化碳捕捉与埋存合作行动是该合作框架下的一个重要项目。②

中欧双边气候变化和能源合作的另外两个重要项目分别是中欧清洁能源中心和中欧清洁与可再生能源学院。这两个合作机构的建立是促进中欧在清洁能源技术合作领域形成长效机制。根据2009年中欧峰会的协议，2009年中欧在北京联合建立了中欧清洁能源中心，联合开发清洁能源技术，帮助中国实现低

---

① EU-China Environmental Governance Programme（欧盟出资占项目总支出80%），http://www.eeas.europa.eu/delegations/china/projects/list_of_projects/19804_en.htm.

② http://www.CO_2-coach.com/.

碳经济转型。其中欧方出资1000万欧元,占总投资的75.47%。[1] 中欧清洁和可再生能源研究院在华中理工大学成立,亦由欧方出资1000万欧元,帮助中国培养清洁能源的工程技术和政策人才,从2011年开始每年招收100名学生。[2] 表1是欧盟对中欧气候变化和清洁能源主要项目的资金投入情况。

另外,欧盟各成员国也与中国在清洁能源领域开展了众多的合作项目,2000～2007年,欧盟成员国在对华官方援助项目中能源领域的资金投入为2.382亿欧元(见表2)。其中,德国、西班牙和丹麦等国在对华官方援助中能源项目援助款项较多。[3]

表2　2000～2007年欧盟成员国对华官方援助中能源项目援助的款项*

单位:百万欧元

国　家	2000～2007年	国　家	2000～2007年
德　国	98.5	英　国	9.2
西班牙	53.2	法　国	3.4
丹　麦	30.1	瑞　典	1.8
芬　兰	19.8	比利时	0.4
荷　兰	11.4	总　计	238.2
意大利	10.5		

注:*转引自Freeman and Holslag,2009。

(二)案例一:中欧煤炭利用接近零排放项目

中欧煤炭利用接近零排放项目是中欧气候变化合作示范项目之一。根据中欧在2005年签署的煤炭利用近零排放协议,双方均认识到碳捕获和储存技术的迫切性,决心通过全力合作实现在2020年以前中国及欧洲通过碳捕获和储存方法来示范先进的煤炭利用近零排放技术的目标。欧洲委员会已准备好投入

---

[1] Annual Work Programme For Grants of EC Delegation to China and Mongolia, 2008, 欧盟驻华使团官方网站, http://eeas.europa.eu/delegations/china/projects/list_of_projects/19218_en.htm。
[2] 《欧委会签署在中国建中欧清洁与可再生能源学院财政协议》,人民网2009年3月10日电,http://world.people.com.cn/GB/9055436.html。
[3] 这些国家对华的能源项目援助的一个重要目的是希望通过这些示范性项目来打开对华清洁能源技术和产品的出口。

700万欧元在中国设立一个碳捕获和储存示范电厂进行可行性研究,并在2010年开始建设。英国承诺投入600万英镑,条件是其他欧盟成员国也参与并投入资金。其他欧盟成员国目前正在考虑是否参与。这些资金将成为已投入资金的补充。欧洲委员会已经向各种有关碳捕获和储存的科研项目,包括中欧碳捕集与封存合作项目("COACH")、碳捕获和存储监管活动支持项目("STRACO$_2$")、地质埋存能力("GeoCapacity")等,投入了大约500万欧元。英国已经向中英煤炭利用近零排放项目投入了大约350万英镑。这些资金全部用于探讨在中国应用碳捕获和储存的各种方法方案的技术研究,并进行科研潜力开发和知识积累。

中英煤炭利用近零排放项目的主要研究成果包括:一旦碳捕获和储存实现商业化,在中国应用的成本就会很低,处理每吨二氧化碳约需25英镑。在中国东北部的松辽及苏北盆地的盐碱地和油田中就能储存超过14亿吨的二氧化碳。然而,油田的情况十分复杂,使得二氧化碳的注入更加困难而且昂贵。对于盐碱地蓄水层的碳储存能力和地下水层及中国更广大地区的油田的碳储存能力还需要进行进一步的调查。中欧碳捕集与封存合作项目(COACH项目)已经确认了在中国运用整体煤气化联合循环和燃烧前捕获二氧化碳的两套示范方案。惠民次盆地咸水含水层的储存能力大约为220亿吨。项目还确认胜利油田和大港油田中能够增加5亿吨二氧化碳的储存能力,据估算,这样可以新增2300万~11200万吨的石油开采量。碳捕获和存储监管活动支持项目("STRACO$_2$")强调欧盟已经建立起来的法规体系可以作为在中国建立相关立法体系的借鉴。方法之一就是"两步法",即为碳捕获和储存示范厂订立较为宽松的法律框架,提供充分的灵活性,然后在示范项目经验的基础上再确定更为全面的法规。①

中欧在煤炭零排放利用,更具体地说,在二氧化碳的捕捉与埋存项目上的合作中,欧方是比较积极的。这主要是因为,首先温室气体排放最大的贡献者煤炭是中国能源最主要的组成部分,在2020年之前仍会占中国能源消费的

---

① 董菁:《中欧碳捕获和储存合作在中国具有巨大潜力》,人民网,2009年10月29日。http://world.people.com.cn/GB/10284979.html。

60%以上,欧盟要想实现全球减排的目标,就必须在降低煤炭发电所产生的二氧化碳上做文章。其次,在中国进行二氧化碳捕捉与埋存所需的成本只需约10~20美元左右,远远低于在欧洲和美国的成本。[①] 同时,发展零排放技术,更多的是要额外增加投资,并降低煤炭的能效转化率,最重要的效益是温室气体减排这一全球环境的公共产品,发展该项目对所在国的竞争力提升有限,因而不大可能产生零和竞争。

(三)案例二:中欧 CDM 能力促进项目

欧盟作为发达国家集团在应对气候变化的制度和机制设计上走在世界前列,其经济体内部的减排指标分配机制、排放权贸易体系、减排汇报和核查机制等都是最为完善的。这为世界其他国家,尤其是包括中国在内的发展中国家的减排制度和能力建设提供了较好的素材。根据"共同但有区别"的责任和能力的原则,欧盟有责任也有能力帮助中国进行减排能力建设。事实上,中欧在该领域进行了较为有效的合作。最为典型的是中欧 CDM 能力促进项目。

中国-欧盟清洁发展机制促进项目的宗旨是加强清洁发展机制(CDM)在中国实现可持续发展进程中所发挥的重要作用。该项目通过一系列的活动,包括政策研究、能力建设和培训活动,为中国和欧盟的决策者们提供政策建议,并为改进 CDM 的管理和 CDM 的未来发展提供支持。

项目由欧盟委员会(欧洲援助)资助,是迄今为止欧盟在 CDM 领域对中国资助规模最大的一个项目,项目总资助额达 280 万欧元。中国环境保护部环境与经济政策研究中心(PRCEE)作为项目的中方执行机构,和欧方的相关单位共同合作执行该项目。该项目于 2007 年 2 月启动,至 2010 年 3 月正式结束,为期 3 年。

从 2007 年 11 月至 2010 年 1 月,中国-欧盟清洁发展机制项目组共举办了 10 个地方研讨会公共机构政府部门:当地环保部门、其他相关机构、地方 CDM 中心、潜在项目运营组织、项目开发方、国际买家。具有丰富经验的项

---

① Matthew Findlay, Nick Mabey, Russell Marsh, Shinwei Ng, Shane Tomlinson, "Carbon Capture and Storage in China", *An E3g Report for Germanwatch*, May 2009, http://www.germanwatch.org/klima/ccs-china.htm.

目执行机构和国际买家则通过实际案例的方式,和参会人员交流了运作 CDM 项目的相关经验。

该项目先后三次组织中欧 CDM 促进项目高级别政策访问团,中国中央和地方政府官员及各企业和智库等利益相关者到欧盟考察,学习欧洲低碳产品认证实践、低碳政策体系、碳排放权交易制度等内容。这些考察有助于帮助中国决策者和利益相关者了解欧盟较为成熟的减排机制建设,树立减排信心。

中欧气候变化与清洁能源领域的合作的特点是:层次高,重视机制和能力建设,在技术合作和资金投入上体现了共同但有区别的责任的原则,欧方在资金和技术合作上都投入了较多的贡献。这与欧盟在国际气候变化问题上的领导推动者的身份定位是分不开的。但是双方的合作在具有竞争性的清洁和可再生能源的技术和产品的贸易以及投资等领域的合作还未能有效展开,相反,随着双方对上述领域的投入的加大,竞争和摩擦问题突出,成为中欧双方急需解决的问题。

三 中欧在气候变化和清洁、可再生能源领域中的竞争因素和摩擦

(一)欧盟内部减排政策的外溢效应对中国产业发展和减排政策的影响

欧盟在京都议定书中做出了在 1990 年排放水平的基础上到 2012 年温室气体减排 8% 的目标。① 在哥本哈根会议和坎昆会议上欧盟又提出了欧盟在 1990 年排放基础上,到 2020 年减排 25% ~ 40% 的目标。② 欧盟委员会在 2011 年又

---

① 《联合国气候变化框架公约》《京都议定书》,1998,第 23 页。
② Council of the European Union, "Compilation of EU statements" at First part of the sixteenth session of the Ad Hoc Working Group on Further Commitments for Annex I Parties under the Kyoto Protocol (AWG – KP 16) and first part of the fourteenth session of the Ad Hoc Working Group on Long-term Cooperative Action under the Convention (AWG – LCA 14) (Bangkok, 3 – 8 April 2011), Brussels, 15 April 2011. http://register.consilium.europa.eu/pdf/en/11/st09/st09011.en11.pdf.

中国与欧盟在气候变化和低碳发展领域的合作

提出了一个经过细化了的行业减排路线图（见表3）。① 欧盟目前较为积极的减排目标虽然看似只是作为欧盟内部的约束性指标，但是实际上已经悄悄地向境外延伸。在航空业中欧盟将进出欧盟境内的航班都纳入排放交易体系，制定排放配额，不知不觉地将中国等其他发展中国家纳入其中。

表3　欧盟委员会提出的到2050年的减排目标（欧盟委员会）*

1990年基础上温室气体减排目标	2005年	2030年	2050年
部门			
电力	-7%	-54% ~ -68%	-93% ~ -99%
工业	-20%	-34% ~ -40%	-83% ~ -87%
交通（含航空，不含海运）	+30%	+20% ~ -9%	-54% ~ -67%
住宅和服务	-12%	-37% ~ -53%	-88% ~ -91%
农业（非CO_2）	-20%	-36% ~ -37%	-42% ~ -49%
其他非CO_2温室气体排放	-30%	-72% ~ -73%	-70% ~ -78%
总　计	-7%	-40% ~ -44%	-79% ~ -82%

* European Commission, "A Roadmap for Moving to a Competitive Low Carbon Economy in 2050".

根据京都议定书，欧盟内部建立了排放交易体系（EU ETS）。2003年欧委会出台了2003/87/EC号指令，旨在通过具有成本效益的方式控制欧盟各国温室气体排放总量，该体系涵盖了欧盟12000个工业排放实体，并于2005年1月1日起正式生效。最初欧盟排放交易体系只包括欧盟各成员国的工业和能源部门。2008年7月8日欧盟通过了2008/101/EC指令的修改，修改后的新指令将航空业纳入欧盟排放交易体系，并于2009年2月3日起正式生效。该指令规定自2012年起，抵离欧盟成员国境内机场的所有航班将被纳入欧盟排放交易体系，对进出欧盟的航空排放配额总量、配额的分配方法、实施程序、吨公里和排放数据的"可测量、可报告、可核证"（MRV）制度

---

① European Commission, "A Roadmap for Moving to a Competitive Low Carbon Economy in 2050", Communication from the Commission to the European Parliament, the Council, the European Economic and Social Committee and the Committee of the Regions, Brussels, 8.3.2011, Com (2011) 112 Final, http://ec.europa.eu/clima/documentation/roadmap/docs/com_2011_112_en.pdf.

以及违反后的惩罚措施等进行了规定。这样中国进出欧盟境内的航班就被包含进欧盟的排放交易体系机制了。这对中国这样一个在京都议定书框架下没有强迫性减排义务的国家来说，无疑是一个全新的挑战。目前谈判正在艰难进行。但是这一案例说明，中国这样一个严重依赖对外贸易的经济大国①，必须尽早解决国内减排机制与国际减排机制不接轨的问题。否则欧洲政府和企业必然以竞争力和不公平贸易为借口对来自中国的进口产品征收碳税或制造其他贸易壁垒。在这方面，中国航空业所面临的是近忧，未来还将会有更多企业面临碳关税的远虑。

中国在"十二五"规划中，提出了要"探索建立低碳产品标准、标识和认证制度，建立完善温室气体排放统计核算制度，逐步建立碳排放交易市场，推进低碳试点示范"的目标。② 但是落实这些目标需要大量的能力建设和机制建设。在这些方面，中欧可以在总结现有合作成果的基础上，继续加强合作，扩大双方的经验交流，尤其是欧方应发挥其比较优势，增强对中国在能力和机制建设方面的投入，为增强中国应对气候变化能力做出贡献，实现双赢。

（二）中欧在低碳技术转让问题上的博弈

多数低碳技术具有温室气体减排和提高产业竞争力的双重属性。

低碳技术不仅具有减少温室气体排放的属性，更具有提高能效、开发新能源、最终提高经济竞争力的经济属性。其覆盖范围也不限于某个单一行业，而是涵盖几乎所有行业。因此低碳技术转让问题与国际社会在应对大气臭氧空洞上的国际技术转让问题大不相同，是一个牵一发而动全身的问题。③ 欧盟投入了大量的研发资金进行新的低碳技术研发，期望在未来的低碳经济竞争中立于

---

① Weber, Christopher, Peters, Glen, Dabo, Guan and Hubacek, Klaus, The Contribution of Chinese Exports to Climate Change, Energy Policy, September 2008.
② 《中华人民共和国国民经济和社会发展第十二个五年规划纲要》，2011年3月16日，新华网：http://news.xinhuanet.com/politics/2011-03/16/c_121193916.htm。
③ Dilip R. Ahuja and J. Srinivasan, "Why Controlling Climate Change is More Difficult than Stopping Stratospheric Ozone Depletion", Current Science, Vol. 97, No. 11, 10, December 2009, pp. 1531-1534.

不败之地，欧盟在其新的技术研发战略中对低碳技术的投入大幅度增加。①

欧盟委员会在"迈向2050，一个有竞争力的低碳经济的路线图"中提出："低碳经济意味着对可再生能源、节能建筑材料、混合动力和电动汽车、智能电网设备、低碳发电设备和碳捕捉埋存技术等的需求会大大增加。""向低碳经济转型、收获低碳经济红利、减少石油消费意味着欧盟需要在未来四十年内追加2700亿欧元的投资，相当于欧盟年均GDP的1.5%。如果这笔投资能够落实，将能够极大地促进欧盟制造业和环境服务业的发展。""在就业上，到2020年将会催生150万个就业岗位。"②

可见，欧盟的战略出发点不仅是为了减少温室气体排放，更重要的是创造新的就业，实现能源产业技术的升级，在未来低碳经济的国际分工中继续处于优势地位。③ 对欧盟的企业来说，利用应对气候变化、发展低碳经济所带来的巨大商机，扩大产品市场占有率，在市场竞争中保持优势地位则是其最根本的利益。④

中国作为一个人口和经济大国，要想在以科技和创新能力竞争为特征

---

① 欧盟委员会建议欧盟在2010～2020年对低碳技术的投资（政府和私营企业）由2009年的每年30亿欧元增加到80亿欧元（其中政府每年投资20亿欧元）。Commission of the European Communities, "Investing in the Development of Low Carbon Technologies", *Communication from the Commission to the European Parliament, the Council, the European Economic and Social Committee and the Committee of the Regions*, http://ec.europa.eu/energy/technology/set_plan/doc/2009_comm_investing_development_low_carbon_technologies_en.pdf; Shuichi Ashinaa, Junichi Fujinoa, Toshihiko Masuia, Kazuya Fujiwarab, Go Hibinob, Mikiko Kainumaa and Yuzuru Matsuokac, "Japan Roadmaps toward a Low-Carbon Society by Backcasting", http://www.etsap.org/Workshop/India (NewDelhi)_2010/WS-Delhi2010-pdf/Session_7_-_Shuichi_Ashima.pdf; James Cust, Kate Grant, Ilian Iliev and Karsten Neuhoff, International Cooperation for Innovation and Use of Low-Carbon Energy Technology, November 25, 2008, Climate Strategies, http://www.cambridgeip.com/images/cip/pressmedia/publications/cleancoalpatents2008.pdf.

② European Commission, "A Roadmap for Moving to a Competitive Low Carbon Economy In 2050", Communication from the Commission to the European Parliament, the Council, the European Economic and Social Committee and the Committee of the Regions, Brussels, 8.3.2011, Com (2011) 112 Final, http://ec.europa.eu/clima/documentation/roadmap/docs/com_2011_112_en.pdf.

③ James Cartledge, Call for National Strategy to Boost US Clean Energy Exports, April 28, 2010, http://www.brighterenergy.org/9499/news/legislation/call-for-national-strategy-to-boost-us-clean-energy-exports/.

④ A Roadmap for Moving to a Competitive Low Carbon Economy in 2050.

的21世纪的国际格局中占有一席之地,必须具有国际一流的科技创新能力。中国的中长期科技战略规划将提高自主科技创新能力,减少对外国科技的依赖作为战略目标。国际技术转让与合作的最终目的是促进这一目标的实现。在低碳技术领域,旨在实现在新能源科技领域的领先或独立地位。其中,国际低碳技术本地化和提高低碳技术自主知识产权的比例则是中国的根本目标。①

中国现阶段的科技创新战略和自主创新能力、技术设备生产能力和市场规模决定了中国在低碳科技领域的国际技术转让利益和需求区别于中国改革开放初期和其他发展中小国的需求。

虽然中国仍然是一个发展中国家,但是经过改革开放30年多年来的快速发展,已经具备较强的科技创新能力。2007年,美国佐治亚理工学院将中国的科技水平指标(Technology Standing Indicator)排到世界第一位。② 世界经济论坛将中国的技术创新能力排到第54位。③ 两者虽然差别较大,但一个不争的事实是中国的技术创新领域的竞争力排名在快速上升。④ 以清洁煤技术专利为例,2003~2007年中国的清洁煤技术专利占世界7752项专利的12%,仅次于美国和日本。⑤

在低碳技术领域,中国政府鼓励大型技术设备的国产化取得了显著成绩。

---

① 中华人民共和国国务院:《国家中长期科技发展规划纲要:2006~2020》,2006年2月9日,中央政府门户网站,http://www.gov.cn/jrzg/2006-02/09/content_183787.htm。
② Porter, A. L., N. C. Newman, X-Y Jin, D. M. Johnson, and J. D. Roessner, *High Tech Indicators: Technology - based Competitiveness of 33 Nations*, 2007 Report. Atlanta: Georgia Institute of Technology, March 28, 2008, http://www.tpac.gatech.edu/hti2007/HTI2007TradReport2008mar4-wdisclaimer.pdf.
③ World Economic Forum (Lopez-Claros, A.), *The Global Competitiveness Report 2006-2007*, Geneva, Switzerland, published by Palgrave Macmillan, UK. 2006, http://www.weforum.org/en/initiatives/gcp/index.htm.
④ Alan L. Porter, Nils C. Newman, J. David Roessner, David M. Johnson, and Xiao-Yin Jin (Technology Policy and Assessment Center, Georgia Tech,) International High Tech Competitiveness: Does China Rank #1? *Technology Analysis and Strategic Management*, 2009, Vol. 21, No. 2, pp. 173-193.
⑤ James Cust, Kate Grant, Ilian Iliev and Karsten Neuhoff, "International Cooperation for Innovation and Use of Low-Carbon Energy Technology", Nov. 25, 2008, Climate Strategies, http://www.cambridgeip.com/images/cip/pressmedia/publications/cleancoalpatents2008.pdf.

通过引进国外生产许可证、引进外资在中国开设独资、合资公司生产技术设备等方式，中国不仅成功地降低了在中国部署国外技术的成本，而且培养了一批具有独立自主创新能力的技术研发和生产企业，在一些领域甚至达到国际先进水平。① 截至 2008 年，世界上计划、在建或已运行的超临界、超超临界煤炭火力发电机组共 713 套，中国占 38%。② 中国是世界上风电发展最快的国家。风电在中国的快速发展也得益于国际风电技术的中国本土化的快速发展。国产或合资风机装机容量在中国风机总装机容量中的比重从 2003 年的 15.4%，快速增长到 2008 年的 84.6%。③ 由于中国政府对国际风机在大型招标活动中的国产化要求，国际品牌的风机厂商纷纷采用合资或独资的形式在中国开设风机制造公司和研发基地，使风机的成本大幅度下降，性能达到国际先进水平。④

另外，中国自身的技术创新能力和生产成本优势使中国成为技术专利和技术设备的出口国。根据世界银行的数据，中国 2008 年的高技术产品出口额为 3813.45 亿美元，远远超过第二名美国的 2311.26 亿美元，在增速上也是最快的（见图 1）。⑤ 在进出口平衡方面，以 2009 年 1～6 月为例，中国机电产品出口 3066.7 亿美元，进口 2082.3 亿美元；高新科技产品出口 1543.2 亿美元，进口 1299.5 亿美元。⑥ 从上述数据中可以看出，中国是高新技术产品的净出口国。

---

① Bo Wang, Can CDM Bring Technology Transfer to China? —An Empirical Study of Technology Transfer in China's CDM Projects, *Energy Policy*, Vol. 38, Issue. 5, May 2010, pp. 2572 2585.
② Ichiro Maeda, "Technology Transfer in the Power Sector", Presentation at the Asia - Pacific Partnership on Clean Development and Climate Sixth Policy and Implementation Committee Meeting. October 30, 2008, Vancouver, BC.
③ 施鹏飞：《中国风电装机统计》（2003～2008），http://www.nwtc.cn/Article/ShowClass.asp?ClassID=57。
④ Joanna I. Lewis, "Technology Acquisition and Innovation in the Developing World: the Case of Wind Turbine Development in China". Presentation PPT, Presented at the Harvard China Seminar Series, March 5, 2009.
⑤ World Bank, *High-technology Exports*, 2009; http://data.worldbank.org/indicator/TX.VAL.TECH.CD.
⑥ 中华人民共和国商务部：《2009 年 1～6 月全国机电产品进出口总值表》，《2009 年 1～6 月全国高新技术产品进出口总值表》，http://cys.mofcom.gov.cn/accessory/200909/1253518024116.xls。

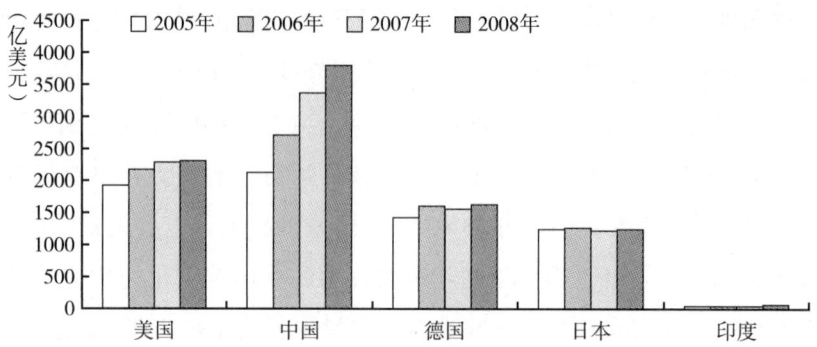

图1　2005～2008年中国与世界主要国家高新技术产品出口数据对比

资料来源：世界银行，2009。

另一项研究发现：1998～2003年中国的低碳技术出口占世界份额的5.8%，是世界第四大低碳技术专利出口国，仅次于日本、德国和美国，且出口份额呈快速增长的态势。[①] 中国拥有的具有自主知识产权的煤气化技术、水泥低温余热发电技术、风电设备、太阳能光伏电池等技术和设备都以其先进的技术和有竞争力的价格进入欧美发达国家和发展中国家的市场。[②] 中国尚德科技已经成为世界最大的光伏组件生产商，产品绝大部分销往欧美市场。[③] 2008年8月华东理工大学与美国最大的炼油企业Valero能源公司签订了石油焦气化技术实施许可合同，为美国建设大型石油焦气化装置，技术许可费超过亿元人民币。[④] 2009年7月中国华能集团控股的西安热工研究院与美国未来燃料公司正式签署了美国宾夕法尼亚州150MW IGCC项目煤气化技术使用许可

[①] Antoine Dechezleprêtre, Matthieu Glachant, Ivan Hascic, Nick Johnstone, Yann Ménière, Invention and Transfer of Climate Change Mitigation Technologies on a Global Scale: A Study Drawing on Patent Data, Final Report, December 2008, http://www.nccr-climate.unibe.ch/conferences/climate_policies/working_papers/Dechezlepretre.pdf.

[②] Center for Environmental Public Policy Goldman School of Public Policy University of California, Berkeley, "Who Owns the Clean Tech Revolution? Intellectual Property Rights and International Cooperation in the U.N. Climate Negotiations Report and Proposals from a Conference October 26-27, 2009, University of California, Berkeley", Regents of the University of California, November 2009.

[③] 何伊凡：《尚德，老大的烦恼》，中国企业家网，http://www.iceo.com.cn/shangye/36/2011/0323/212951.shtml。

[④] 于建国：《以〈纲要〉实施为契机，推进科技成果产业化》，2008年9月24日，http://www.sipa.gov.cn/zscq/node212/userobject1ai6548/00000004.doc。

协议。① 中国对发展中国家的节能技术和新能源技术与设备也已经在发展中国家，尤其是东南亚国家部署。②

介于中欧双方在低碳科技和产业上存在较强的竞争关系，欧盟对中国这样具有较强自主科技创新能力的发展中大国在技术转让问题上尤其戒备，他们担心中国企业侵犯其知识产权，利用合资方式获取知识产权，对欧方企业在国内市场和国际市场形成竞争和冲击。③ 因此不可能将在占据优势竞争地位的处于商业化阶段的低碳技术向这些国家进行无偿提供或较大幅度的优惠转让。④ 相反，其政策出发点是向中国等新兴市场出口更多的低碳技术产品，要求中国加强对知识产权的保护。⑤ 根据欧洲学者的一项研究，1978～2003年，75%的低碳科技发明和创新的国际知识产权贸易发生在发达国家之间，发达国家与新兴发展中国家之间的专利贸易为18%，而发展中国家之间的低碳专利贸易较少。⑥

虽然欧盟期望在对华清洁能源技术和产品的出口上有大的发展，但是现实

---

① 中国华能集团公司：《我国大型干煤粉气化技术首次出口到美国》，2009年8月1日，http://www.chng.com.cn/n16/n110252/n110425/172564.html；海螺水泥：《工程业绩表》，2009年5月31日，http://www.conch.cn/sm2111112028.asp；苏南：《不要对奥巴马访华期望太高》，《中国能源报》2009年11月16日第2版；Charles Guo, China's Poloph US – China Green Summit Panel Discussion, November 17, 2009, Beijing。

② Takahiro Ueno, "Technology Transfer to China to Address Climate Change Mitigation", Resources for the Future Working Paper Series, #09 – 09, 2009 October.

③ China IPR SME Helpdesk, Technology Transfer to China: Guidance for Businesses, A Project Funded by European Union, European Communities, 2008.

④ Nitin Sethi, "Climate talks: US, Others Refuse to Discuss IPR Changes to Help Poor Get Clean Tech", The Times of India, August 13, 2009, New Delhi, http://timesofindia.indiatimes.com/articleshow/4886692.cms.

⑤ USTDA, "US Trade and Development Agency, Clean Energy Development in China Offers New Export Opportunities for US Technology Companies—USTDA Director Zak Encourages U. S. – China Energy Cooperation", News Release, May 21, 2010, http://www.ustda.gov/news/pressreleases/2010/EastAsia/China/ChinaCleanEnergy_052110.pdf, Lori Montgomery and Brady Dennis, "New Democratic Strategy for Creating Jobs Focuses on a Boost in Manufacturing", Washington Post, August 4, 2010, http://www.washingtonpost.com/wp – dyn/content/article/2010/08/03/AR2010080302685.html.

⑥ Antoine Dechezleprêtre, Matthieu Glachant, Ivan Hascic, Nick Johnstone, Yann Ménière, Invention and Transfer of Climate Change Mitigation Technologies on a Global Scale: A Study Drawing on Patent Data, Final Report, December 2008, http://www.nccr – climate.unibe.ch/conferences/climate_policies/working_papers/Dechezlepretre.pdf.

情况却并不让欧盟满意：2002~2008年，欧盟在太阳能、风能和水电相关领域的对华出口总计为14亿美元，仅占欧盟出口总额的不到1%。欧洲新能源产品和技术的对华出口占中国市场的比例呈逐年缩小的趋势，而中国对欧洲的新能源产品的出口则呈逐年增长的趋势。① 欧洲甚至有学者将欧盟在此期间的对华能源援助支出与贸易收益对比，得出的结论是：欧盟向中国每出口100欧元的可再生能源相关产品，其对中国的能源相关援助就有115欧元②。从这种直白的表达中可以看出，欧盟在气候变化和清洁能源发展问题上的接触战略不是完全从全球气候变化和能源安全的角度出发的，它有其自身的商业利益和政治利益。

从企业层面上看，欧洲商业化的成熟低碳技术大都属于私人公司，利益最大化是他们最根本的利益，他们不可能将巨资研发投入所取得的技术成果无偿或微利地转让给其他国家。③ 事实上，保护在华企业的知识产权是欧盟中国商会工作的重点之一。④

（三）欧洲政府和企业在对华清洁能源相关贸易中所关注和担忧的问题——以风电为例

欧盟认为，中国歧视性的政策使世界上最具竞争力的风机制造商被排除在中国重大风电项目之外。自2005年以来，没有任何一家国际化风机制造商在国家级的重大风电招标项目中中标。⑤ 外国风电设备供应商的市场份额由2003年的84.6%下降到2008年的15.4%左右。⑥

欧盟认为中国在大型风电及其他相关大型能源项目招标中对外资企业的产

---

① Bo Wang, "Can CDM bring Technology Transfer to China? An Empirical Study of Technology Transfer in China's CDM Projects", *Energy Policy*, Vol. 38 (2010), 5, pp. 2572 - 2585.
② Freeman and Holslag, 2009, p. 28.
③ Garten Rothkopf, "Intellectual Property Protection and Green Growth: Analysis and Implications for International Climate Negotiations", A Report for the Global Intellectual Property Center, September 2009, http://www.gartenrothkopf.com/images/stories/docs/ipr%20and%20green%20growth.pdf.
④ China IPR SME Helpdesk, Technology Transfer to China: Guidance for Businesses, a Project Funded by European Union, European Communities, 2008；中国欧盟商会：《欧盟企业在中国建议书2010~2011》，工作摘要。
⑤ 中国欧盟商会：《欧盟企业在中国建议书2010~2011》。
⑥ 施鹏飞：《中国风电装机统计》（2003~2008），http://www.nwtc.cn/Article/ShowClass.asp? ClassID=57。

品本地化限制属于歧视性政策。① 虽然中国在 2010 年 1 月取消了风电设备国产化率必须达到 70% 的要求②，但是因海上风电招标中规定只有中资控股公司有资格竞标，欧盟等外资企业均不能参与竞标。欧盟商会发布《欧盟企业在中国建议书（2010~2011）》，对中国政府提出了如下要求。

第一，在国家风电基地项目和海上风电特许权方面，为外国和本土风电市场参与者提供一个切实公平的竞争环境。

在国家风电基地项目和海上风电项目特许权方面，让市场成为风电设备行业的决定性因素，并且允许开发商根据技术和经济因素来选择其设备。并且，制定并施行客观的招标标准，比如国际测试和认证、并网、整体质量和可靠性标准；关注能源生产成本和使用周期成本，而不是风机的最低价格；不限制风机的额定功率，或不设定其他任何类似的定量要求；认可著名外资风电制造商的国际风机运作业绩。同时，采用并保持透明的招标制度，从而在经济上以可行的方式开发国家风电基地和海上风电项目。广泛鼓励行业企业（包括外国开发商和设备供应商）参与关键产业政策的制定或建议；允许外国开发商参与中国海上风电项目的开发。

第二，给予外资风电项目与中方独资风电项目同等的待遇，在注册资本要求方面对外国和本土企业一视同仁，即对本土企业和外商投资企业（FIE）的要求都为 20%。

允许外资控股企业开展清洁发展机制（CDM）项目；允许平等申请风力发电设备产业化专项资金；允许所有风机制造商根据各自的技术进展申请专项资金；③ 取消此规定中对风力发电设备需经某个特定本土认证机构认证的规定，在认证方面认可国际认证。

---

① Joanna Lewis, A Review of the Potential International Trade Implications of Key Wind Power Industry Policies in China, Paper Prepared for the Energy Foundation China Sustainable Energy Program, October 2007, http://www.resource-solutions.org/pub_pdfs/China.wind.policy.and.intl.trade.law.Oct.07.pdf.

② 人民网：《国家能源局确认取消风电项目设备国产化率规定》，2010 年 1 月 13 日，http://energy.people.com.cn/GB/10758767.html（2011 年 5 月 15 日浏览）。

③ 财政部：《财政部关于印发〈风力发电设备产业化专项资金管理暂行办法〉的通知》，2008 年 8 月 11 日，中国网，http://www.china.com.cn/policy/txt/2008-08/22/content_16303594.htm（2011 年 5 月 12 日浏览）。

四 结论和对策建议

欧盟应对气候变化的出发点有其对气候变化所带来的环境威胁的考量,也有引领全球气候政治的意图,但是,最根本的则是其对欧盟经济可持续发展继续占领科技革命高地的战略谋划。依靠加大对能源、环境科技创新的投入,在未来全球市场的竞争中继续保有其领先地位是其根本出发点。对中国这个庞大的新兴经济体,一方面,欧盟看准了中国庞大的低碳市场,扩大对中国低碳产品和技术设备的出口将是其不二的选择。欧洲将越来越多地关注其企业在中国市场的国民待遇问题和知识产权保护问题。中欧未来在低碳产品和技术市场开放和投资自由化问题上的竞争和摩擦会越来越多。另一方面,中国不断增强的科技研发和制造业实力是欧盟和其他西方国家越来越关注的现实,出于竞争力的考虑,欧盟会在低碳技术转让问题上越来越谨慎,对中方在知识产权保护问题上的要求会越来越高。实际上,欧洲政府和企业已经将来自中国的竞争威胁列为最重要的商业议题和政治议题。① 中国期望以发展中国家的身份,在全球气候变化合作的语境下,以优惠的条件从欧盟获取重要的成熟低碳技术。引进、消化、吸收和再创新的传统路径将会遇到越来越多的挑战。低碳技术转让不仅要考虑到减缓温室气体排放这一公共产品属性,而且也是在有意无意地忽略其经济竞争的属性。② 寄希望于欧盟改变其游戏规则,放宽知识产权保护,甚至要求其企业无偿向中国企业提供技术是不现实的。③ 事实上,中国政府不断加强对国内企业的低碳技术知识产权的保护也是基于保护企业科技研发的利

---

① EU Comission, "Technology for China: Guidence for Business", China IPR SME Desk, 2011, June. http://www.china - iprhelpdesk.eu/docs/publications/Technology _ Transfer _ to _ China _ Guide.pdf.

② 《发达国家在国际气候变化谈判中则强调低碳技术的经济竞争属性,淡化其温室气体减排属性》,参见 Martin Khor, The Rise of "Climate Protectionism" Third World Network, Briefing Paper 2, Bangkok, September 28 to October 9, 2009, Bangkok, http://www.twnside.org.sg/title2/climate/briefings/bangkok02/TWN.BPBKK2009.02.doc.

③ The Strategic Research Agenda, Assembly of the Photovoltaic Energy Technology Platform, Berlin, 12 June 2007, p. 11; http://www.smartgrids.eu/documents/sra/sra_ finalversion.pdf.

益和积极性。①

针对以上结论，本文提出如下建议。

在成熟的低碳技术合作上，以商业模式为主，通过金融、税收等政策杠杆和完善的知识产权法律保障吸引外国的企业与中国企业进行技术合作研发，通过引进来和走出去两条腿走路的方式，在竞争中实现双赢。在未成熟的低碳技术合作上，继续加强现有对未来低碳技术领域的双边合作，采取双方政府搭台、双方企业唱戏的模式，走"共同出资、合作研究、优势互补、技术共享"的路子。尤其是要加大对接近零排放清洁煤项目试点的投入，降低成本，缩短其商业部署的周期，为双边在低碳技术合作领域树立样板和信心。

参考文献

[1] 何丽：《中国减排动真格》，《金融时报》（英国）中文网络版，2010年9月16日。

[2] 《中华人民共和国国民经济和社会发展第十二个五年规划纲要》，2011年3月16日，新华网：http://news.xinhuanet.com/politics/2011-03/16/c_121193916.htm。

[3] 《欧委会签署在中国建中欧清洁与可再生能源学院财政协议》，2009年3月10日，人民网。

[4] 中华人民共和国国务院：《国家中长期科技发展规划纲要：2006～2020》，2006年2月9日。

[5] 苏南：《不要对奥巴马访华期望太高》，《中国能源报》2009年11月16日第2版。

[6] 中国欧盟商会：《欧盟企业在中国建议书2010～2011》。

[7] 财政部关于印发《风力发电设备产业化专项资金管理暂行办法》的通知，2008年8月11日。

[8] 国务院：《国务院关于印发国家知识产权战略纲要的通知》国发〔2008〕18号。

---

① 国务院：《国务院关于印发国家知识产权战略纲要的通知》（国发〔2008〕18号），中央政府门户网站，2008年6月5日，http://www.gov.cn/zwgk/2008-06/10/content_1012269.htm; Liu Wenling, Analysis of GHG Mitigation Policy in China's Aluminum Sector, Presentation at a Regional Workshop Hosted by Tsinghua University, Beijing, May 11, 2009。

国际篇

International Report

B.10
日本的能源政策调整

薛 冰 雪原千里 雪原树人*

摘 要:

"3·11"大地震以及随后的核电站放射物泄漏事故,粉碎了日本的"核电安全神话",迫使核电站停运或接受安全检查,截至 2012 年 5 月 6 日,54 座核电机组全部停止运行,日本首次出现"无核电"状况。① 这一事件造成日本电力供给危机,严重影响了日本的核能发展计划。近来,日本中央政府、地方政府、电力公司和市民就是否应该重启核电站运行问题争论不休,政府的新能源政策也为此迟迟不能确定。日本是一个经济大国,也是一个依靠能源进口的大国,因此,日本的能源政策调整不仅对日本有重大受影响,也会对世界能源政策乃至能源安全产生影响。

本文介绍日本发展核电的历史和现状,研究大地震与核泄漏事件对日

---

* 薛冰,高盛证券日本分析师;雪原千里,金城学院高校非常勤讲师;雪原树人,名古屋大学教授。

① 关西电力的大饭核电站 2012 年 7 月初恢复发电。

本核电发展的影响,综合分析当前日本能源政策及减排目标调整的新动向,并提出一些分析意见。

关键词:

日本 核电 能源政策

一 日本核电发展的历史与现状

(一)"核能立国"的能源战略

日本缺乏资源,90%的化石能源依靠进口,其能源结构为天然气(30%)、煤炭(25%)、石油(7%)、核能30%①,因此发展核能是解决能源不足的重要途径。②

日本从1970年大阪世博会首次展示民用核电以来,核电的科研和发展深受重视,政府、企业和学者组成"官产学"一体,共同推进核能发展。2005年10月,日本内阁通过了《原子能政策大纲》,2006年6月,日本制定了《新国家能源战略》,同年8月,日本能源调查会原子能分会制订了"核能立国计划",次年3月,内阁府通过《能源基本计划》,至此形成了核能立国的能源战略和政策体系。截至2011年,日本共建成投产54座核电机组(参见表1)。

为了实现25%温室气体削减的目标,日本政府在2010年制定了新能源政策,计划到2020年新建9座核电机组,将核电比率从30%提高到40%,核电站设备率达80%;到2030午再新建5座核电机组,将核电比例进一步提高到50%,核电站设备利用率达90%③(参见表2)。

---

① 日本《能源白皮书2010》。
② 日本《能源白皮书2010》。因统计口径和计算方法不同,核电的数据不等。日本电力协会的数据是26.3%。
③ 日本经济产业省资源能源厅:《能源基本计划2010》。

表1 日本核电站分布及其运营情况一览（截至2012年5月6日）

公司名称	核电站名称	最大供电能力（千千瓦）	开始运行时间	到2020年服役超过40年的核电站	到2030年服役超过40年的核电站	地震中有否受损（*表示有损）	现在是否运行（○表示运行，×表示停运）
北海道电力	泊1号	579	1989年6月				×
	2号	579	1991年4月	—	●	—	×
	3号	912	2009年12月				×
东北电力	女川1号	524	1984年6月			*	×
	2号	825	1995年7月	—	●	*	×
	3号	825	2002年1月			*	×
	东通1号	1100	2005年12月	—	—	*	×
东京电力	福岛第一1号	460	1971年3月	●		*	×
	2号	784	1974年7月	●		*	×
	3号	784	1976年3月	●		*	×
	4号	784	1978年10月	●		*	×
	5号	784	1978年4月	●		*	×
	6号	1100	1979年10月	●		*	×
	福岛第二1号	1100	1982年4月		●	*	×
	2号	1100	1984年2月	—	●	*	×
	3号	1100	1985年6月		●	*	×
	4号	1100	1987年8月		●	*	×
	柏崎刈羽1号	1100	1985年9月		●		×
	2号	1100	1990年9月		●		×
	3号	1100	1993年8月				×
	4号	1100	1994年8月	—		—	×
	5号	1100	1990年4月		●		×
	6号	1356	1996年11月				×
	7号	1356	1997年7月				×
中部电力	浜岗3号	1100	1987年8月		●		×
	4号	1137	1993年9月	—			×
	5号	1267	2005年1月				×
北陆电力	志贺1号	540	1993年7月	—			×
	2号	1206	2006年3月				×

续表

公司名称	核电站名称	最大供电能力（千千瓦）	开始运行时间	到2020年服役超过40年的核电站	到2030年服役超过40年的核电站	地震中有否受损（*表示有损）	现在是否运行（○表示运行，×表示停运）
关西电力	美浜1号	340	1970年11月	●	—	—	×
	2号	500	1972年7月	●	—	—	×
	3号	826	1976年12月	●	—	—	×
	高浜1号	826	1974年11月	●	—	—	×
	2号	826	1975年11月	●	—	—	×
	3号	870	1985年1月	—	●	—	×
	4号	870	1985年6月	—	●	—	×
	大饭1号	1175	1979年3月	●	—	—	×
	2号	1175	1979年12月	●	—	—	×
	3号	1180	1991年12月	—	—	—	○
	4号	1180	1993年2月	—	—	—	×
中国电力	岛根1号	460	1974年3月	●	—	—	×
	2号	820	1989年2月	—	●	—	×
四国电力	伊方1号	566	1977年9月	●	—	—	×
	2号	566	1982年3月	—	●	—	×
	3号	890	1994年12月	—	—	—	×
九州电力	玄海1号	599	1975年10月	●	—	—	×
	2号	599	1981年3月	—	●	—	×
	3号	1180	1994年3月	—	—	—	×
	4号	1180	1997年7月	—	—	—	×
	川内1号	890	1984年7月	—	●	—	×
	2号	890	1985年11月	—	●	—	×
日本原子能发电	东海第二	1100	1978年11月	●	—	*	×
	敦贺1号	357	1970年3月	●	—	—	×
	2号	1160	1987年2月	—	●	—	×
合计	54	48847	—	—	—	—	—

资料来源：日本能源经济研究所编著《能源与经济统计要览2011年》；《产经新闻》2012年2月21日。

表2 日本核电发展计划

公司名称	核电站名称	发电量（千千瓦）	地震时正在建设中的电站	计划2020年起发电的电站	计划2030年起发电的电站
东北电力	浪江·小高	825			（○）
	东通2号	1385	—	—	（○）
东京电力	福岛-7号	1380		○	（○）
	福岛-8号	1380		○	（○）
	东通1号	1385	—	○	（○）
	东通2号	1385			（○）
中部电力	浜冈6号	1400	—		（○）
中国电力	岛根3号	1373	○	○	（○）
	上关1号	1373	—	○	（○）
	上关2号	1373			（○）
九州电力	川内3号	1590	—	○	（○）
电源开发	大间原子力	1383	○		
日本原子能发电	敦贺3号	1538		○	（○）
	敦贺4号	1538		○	（○）
合 计		19308	2756	12940	（○）

资料来源：日本经济产业省资源能源厅《能源基本计划2010》；《产经新闻》2012年2月21日。

（二）"核电神话"

根据日本经产省大臣咨询机构"综合资源与能源研究会"以及原子能协会的资料：核电比容易发生事故的煤炭、天然气等相对安全，比太阳能、风力、水力发电稳定，日本的核电站运行41年，基本正常；核电每度电的生产成本为5.3日元，仅为太阳能发电（49日元）的1/9；核电生产过程中的碳排放为零，对温室气体削减有重要意义。[①] 这些分析成为核电"稳定、安全、经济、低碳"的"神话"的理论依据。

---

① 日本原子能协会：《原子力发电成本资料》，2009。

与此同时,为了大力推动核电发展,日本还逐渐形成了以经济产业省(原经产省)能源厅、原子能委员会、原子能安全保安院为行政指导,以东京电力、关西电力为主的核电产业群,及以东京大学为主的核能研究机构。其职能是制定能源和核电政策,为企业和研究机构提供巨额的核能研究经费,而电力公司接受政府核电补贴,与研究机构共同研发核能技术。这种"官、产、学联合"的体制,促进了日本核能的大发展,但同时也形成了官、产、学一体的核能产业链,将各方利益捆绑在一起,形成了一个"原子力村"①。

(三)核电站停运造成电力严重短缺

核电停运造成电力短缺、经济血液供给不足。福岛核事故引发核电危机,日本政府叫停有问题的核电设施,并强令进行核电站安全检查。按照规定,如果通过安全检测没有出现事故的核电站可以重新启动运营,为此各核电站均采取了加高防波堤、增设附加电源、及时通报信息等措施,并基本通过了新的安全检测。但是,近来围绕通过安全检查的核电站是否重新启动问题,日本全国上下受到一场大折腾。一方面,核电停运造成电力短缺,据经产省测算,2012年夏天,日本的电力缺口高达20%~23%。② 日本企业2011年核算报告表明,因核电停运、火电成本增加已导致9家电力公司严重亏损。又有新的推算表明,如果核电站全部停运,将影响经济成长,造成GDP总额减少3.6%(约合20兆日元)的损失,并使20万人失业③。出于产业界的压力和经济增长的需要,政府决定重新启动已通过安全检查的关西电力所属的大饭核电站。另一方面,最近的研究表明,由于东北大地震造成海底板块不安定,近期日本有发生5~7级地震的可能性,海啸有可能高达数十米,远远高于新的核电站安全标准要求(新规定要求防

---

① 媒体曝光的经产省原子能安全保安院聘任东电干部担任委员,东电聘任为其开绿灯的经产省的退休官员做"顾问""董事会理事",经产省官员和电力公司联合操纵核电评估会议和市民听证会等丑闻,说明了"原子力村"的利益所在。
② 《朝日新闻》2012年4月10日。
③ 《产经新闻》2012年4月5日。

波堤高度为6~14米)。对此,地方政府和市民的反核情绪高涨,福岛县、佐贺县、京都府、鹿儿岛县、大阪市等地方政府公开与中央政府叫板,反对重启核电。① 与此同时,市民的反核电运动也不断高涨。一些新的情况以及丑闻的曝光,迫使政府下令再次对已经通过耐性检测的核电站进行重估,并制定新的安全标准。如果全部核电站通过新的安全测试、达到新的安全标准,需要5年以上时间。

这一状况反映了日本在核能问题上处于两难境地:迫于电力需要和经济界压力继续发展核电会引起地方和市民反对,而听从地方和市民的呼声停止核电会引起电力不足和经济衰退,两者都会波及政权的稳定性。

二 核事故后日本能源政策的调整

大地震以及核电站泄漏事故使日本的核能发电能力迅速下降,对日本的能源政策提出新的挑战,迫使其重新审视核能和能源政策。目前,虽然各方提出了不少方案,但由于各个党派、团体、企业的利益和出发点不同,能源政策调整还处于讨论阶段,很难形成统一意见。

关于能源政策的讨论,大致可以归纳为以下几个方面。

(一)对核电成本的重新估算

发展核能的最大理由之一是核能的成本低,而发展新能源时碰到的最大经济问题是成本高。因此,发电成本成为能源政策调整的焦点。

根据日本电气事业联合会的测算,太阳能等新能源的成本要比核能高5~10倍,反过来说就是核能的价格要比其他能源低10%~20%,这成为发展核能的重要经济依据(见表3)。

---

① 日本是一个地方自治的国家,地方政府拥有制定相关法规和政策的权力。在核电问题上,虽然法律没有规定必须有地方政府的同意才能开工,但因为核电站建在地方政府所辖地,地方政府也对电力公司有很大投资甚至是其主要股东,因而核电站的重开需要得到地方政府的支持和同意。这就是大阪市等地方政府敢于与中央政府抗衡的原因。

表3 各种电源发电成本比较

单位：日元/千瓦时

电源种类	发电成本	电源种类	发电成本
光伏	47.0	燃油火电	10.7
生物质	12.5	小水利	8~20
风能	11.0	燃气火电	6.2
地热	12~20	燃煤火电	5.7
—	—	核电	5.3

资料来源：日本电气事业联合会资料。

对此，立命馆大学副教授大岛坚一提出了不同意见。他批评原子能协会的核电成本计算低估了核电成本、高估了新能源成本。根据他的计算，如果计入政府的研发和选址投入（给拥有核电站的当地政府的财政补贴）以及核废料处理费用，核电成本会增加到每度电10.68日元，高于煤炭的9.9日元和小水电的7.26日元，与成本最高的太阳能的价格差大大缩小。如果再计算巨大的事故赔偿部分以及因核电站停运造成的损失，核电的成本其实非常之高（参见表4）。因此，他建议重新审视核电的"经济性"，主张废除核能，纠正对新能源高成本的误解，大力发展新能源。

表4 计入研发及选址费用后的各种电源发电成本比较（1970~2007年平均值）

单位：日元/千瓦时

	核电	火电	水电	核电+抽水蓄能
发电成本	8.64	9.80	3.88	10.13
研发费用	1.64	0.02	0.06	1.68
选址费用	0.41	0.08	0.04	0.42
总成本	10.68	9.90	3.98	12.23

资料来源：〔日〕大岛坚：《原子力依存能源政策的转换》，《经济》2011年第7期。

为了与民间的计算相比，由国家战略担当副大臣牵头，核能、财务、环境经济和公共政策的专家以及媒体等10人组成的政府、企业、民间人士召开的"能源环境会议"，最近发布一项新研究，提出了核电成本测算的新方法，并对核事故危机造成的核电成本增加进行了模拟计算。结果表明：如果核事故处理的费用到达20兆日元，则核电的成本会从2004年的5.9日元增加到2011~2030年的10.2日元，而火电、风力发电的成本将从目前的5~6日元增加到10日元。① 与此同时，风力和地热发电从17日元左右降到10日元以下，太阳能从目前的33~38日元降到10~20日元，分散性能源的成本也会从20日元降到10日元左右。② 根据这一研究，核电的成本并不如日本电力协会所说的那么低，因而核电的低成本优势受到新的质疑。

（二）能源政策调整的主要思路

关于能源政策如何调整，目前日本国内意见纷纷，大致可分类为以下几种观点。

第一，"废除核能论"（日语称"脱原发论"）。这是前首相菅直人退任时在国会答辩时提出的完全废止核电的思路。菅直人亲历福岛核泄漏事故，深知东电隐瞒事故真相，③ 又因赈灾和控制核辐射指挥不力而被迫下台，可以说是核事故的"政治牺牲品"。为此，他极力"延命"内阁，以下台为交换筹码，在国会通过了《可再生能源法》，期望今后废除核能，实现能源结构的全部非化石化。

第二，"100%可再生能源计划"。该计划以日本软银总裁孙正义为代表。孙正义多次激烈地抨击日本的核能计划，并正在震后访问福岛灾区，除了宣布捐款100亿日元赈灾以外，还成立了"自然能源协会"，与一些县达成协议，在福岛县南相马市等地建立以太阳能为主的可再生能源区，目前又计划建造海上风力发电集群，目标是完全用再生能源取代核能和化石能源。

第三，"逐渐替代论"或"脱离核电依存论"。这是野田佳彦内阁的一些顾问的基本设想。野田内阁开始承袭菅直人内阁的"脱原发论"，但随着经济

---

① "能源环境会议"：《基本方针草案——关于能源环境战略的选择性提示意见》，2011年12月21日。
② 日本"能源环境会议"成本检证委员会汇总资料。
③ 菅直人在退任后接受《东京新闻》的记者采访中坦承：东电隐瞒了事故的严重性，没有及时向他汇报事故真相，甚至在核泄漏最危急时提出撤人，放弃抢险，这险些使得东京陷于灭顶之灾。但是，东电负责人否认这一指责。令人震惊和遗憾的是，由东电录制的菅直人视察东电、严令东电坚守岗位的镜头中，竟然只有录像没有声音，因而这一真相难以大白。

界和利益集团压力的增大,改口为"脱原发依存论"(即减少对核电的依存度),转向温和的"逐渐替代论",主张重新审议核能计划和能源战略,逐步减少核能的比例,向以可再生能源为主的能源结构过渡。

第四,"能源混合设想"。日本东京工业大学教授、经济产业省综合资源能源调查会新能源分会主任柏木孝夫分析指出,由于放射物质引发的污染仍然存在,以重视环境为名抵制核能的人正在增加,所以出现了彻底"废除核能"和"高度依存核能"两种极端观点。但日本核电依存度已高达30%,马上取消核能是不现实的。因此,考虑能源政策的时候,不应考虑从中如何选取一个,而是应该考虑将各种能源政策进行组合,并使之得到合理的配置,也就是"能源的最佳组合"。柏木还提出了综合利用能源的设想和"智能能源与智能城市构想"。①

由此可以得出一种基本判断:日本的现实是,对核电的依存度高达30%,核电对经济发展至关重要,政界、学界、企业界长期以来的密切合作已经形成了难以打破的"原子能村",受惠于核能的企业个人不愿意放弃既得利益,而有些地方长期以来依靠核电经济和政府补贴(有核电设施的村町的财政来源中有1/3以上来自国家补贴和电力公司的税费),因而马上取消核能会给一些地方造成巨大经济损失,并造成失业等社会问题。

更值得指出的是,核能发展涉及日本的国家利益,不仅是国内能源战略需要,还有利用核能设备出口发展同国外的能源甚至政治合作的重要意义。曾任菅直人内阁和野田内阁能源顾问的柏木孝夫更直截了当地指出:日本作为世界领先的核能发电大国,假若放弃使用核能,会导致燃料铀价格下降,促使新型工业化国家加快核能开发进程。此言的话外音是新兴国家的核能发展有可能产生核扩散,产生不可预测的问题。

2012年12月,自民党在参议院大选中大破民主党获得压倒性胜利,从而夺回了执政党地位,并组成了以安倍晋三为首相的新政权。安倍政权一反民主党的能源政策,听从经团联的建议,拟重新启动核电,以弥补电力不足。但如何启动、何时启动进而在多大程度上发展核电,目前尚在讨论阶段。

---

① 参见薛进军主编《中国低碳经济发展报告(2011)》,社会科学文献出版社,2011。

一个基本判断是：日本不会完全放弃核能，而是选择在提高安全标准的条件下有限地发展核能，并逐步减少核电的比例。

（三）能源结构调整计划

为了调整能源政策、制定今后的能源战略，一些政府和民间机构做了各种调查研究并提出了各种方案。其代表性的方案是经济产业省资源与能源厅提出的方案和同省政策咨询机构"综合资源与能源调查会"提出的两个方案，但这两个方案截然对立。

1. 经济产业省资源与能源厅制定的《面向 2030 年的能源政策》方案（2012 年 1 月 31 日发布）

（1）基本方针：以《能源基本法》为准则，以新成长战略为方向，实现经济增长和 2030 年能源产业结构的根本改革。

（2）三个确保：确保能源的安定供给，确保能源效率提高，确保地球温暖化对策的实现。

（3）政策方案。

①继续推进核电发展：计划到 2020 年新增 9 座核电机组，并使核电站设施利用率达到 85%；到 2030 年至少再增加 14 座核电机组，并使核电站利用率达到 90%。

②开发世界最高水平的火力发电和二氧化碳排放削减的技术，促进 CCS（碳捕捉技术，Carbon Dioxide Capture and Storage）的商业化，实现化石燃料的高度利用。

③强化电力与燃气供应系统，在 2020 年前建成电力供给与需求双向互动的世界最先进的下一代配电网路。

④通过强力政策和先进技术节能减排。以 1990 年为基础，到 2030 年削减二氧化碳排放 30%，20 年累计减排 6 亿吨。

⑤各个部门测算并制定严格的减排计划。

2. "综合资源与能源调查会"制定的《2030 年能源政策》方案（2012 年 3 月 27 日发布）

（1）宗旨：大力减少核电依存度，大力提高可再生能源的比重。

日本的能源政策调整

（2）指标：表 5 显示的是该委员会提出的电力结构方案。其中的中位方案提示：到 2030 年，将核电的比例降到 20%，可再生能源的比例提高到 30%，火力发电的比例降到 35%~40%，自给发电的比例保持在 15%。①

表 5 2030 年日本电源构成的选择性方案

单位：%

选择方案	核电	可再生能源	火力发电	自给发电
A	依据电力市场自由化等政策的效果自动调节			
B	0	35	50	15
C	5	25	55	15
D	20	30~25	35~40	15
E	25	25~20	35~40	15
F	35	20	30	15
现状	26.4	10.5	56.9	6.2

资料来源：经济产业省咨询机构：《"综合资源与能源调查会"整理方案》，《产经新闻》2012 年 3 月 27 日。

为了应付严重的缺电和开辟新能源，日本政府开始加快能源政策调整。在上述专家意见的基础上，2012 年 6 月 29 日，日本政府召开了"能源环境会议"，确定了到 2030 年日本能源政策调整的新方针：

①促进节能，减少能源与电力消费；

②减少对核电的依存度；

③减少化石燃料的依存度；

④最大限度地提高可再生能源的利用；

⑤在上述基础上提高非化石能源的比例，削减二氧化碳排放。

为了实现这些目标，"能源环境会议"提出了三个能源结构点整与碳排放情景（参见表 6）。

---

① 2012 年 5 月 25 日，"综合资源与能源调查会"又对上述方案做了调整，废除 35% 方案，确定到 2030 年将核电的比例降到 15%，规定核电站的运行寿命为 40 年。同日，日本核能发展担当大臣细野也表态支持这一建议（《读卖新闻》2012 年 5 月 25 日）。

表6　2030年日本能源与碳排放的三个情景

核能	26% （2010年）	0%情景 （-25%）	15%情景 （-10%）	20%~25%情景 （-5%~-1%）
可再生能源	10%	35% （+25%）	30% （+20%）	25%~30% （+15%~20%）
化石能源比例	63%	65% （基本维持现状）	45% （+10%）	50% （-15%）
非化石能源比例	37%	35% （基本维持现状）	55% （+10%）	50% （+15%）
发电量	1.1兆千瓦	1兆kl （-10%）	约1兆千瓦 （-10%）	约1兆千瓦 （-10%）
最终能源消费	3.9亿kl 千立方石油换算值	3亿kl （-8500万kl）	3.1亿kl （-7200万kl）	3.1亿kl （-7200万kl）
温室气体排放 （与1990年相比）	-0.3%	-23%	-23%	-25%

资料来源：2010年6月29日日本内阁府国家战略会议"能源与环境会议"资料，"能源与环境选择方案"，http://www.npu.go.jp/policy/policy09/archive01.html。

虽然这一方案尚未最后经内阁府正式确定，但令人瞩目的是，日本政府基本确定了减少核电依存度、大力发展可再生能源的基本方针，因而有理由判断今后日本核电的比重将逐步下降。

（四）能源政策调整的具体措施

震灾给日本带来了严重的能源安全问题，特别是核电站的停运和紧急安全检查造成了电力短缺。为了解决电力不足问题，日本实施了以"创电、蓄电、节电"（创造新的电源，储备结余电力，节约用电）的"三电"政策为主的政策措施。

1. 重新开启已经关闭和停运的火力发电

为此，大量增加天然气的进口，并开发研制世界最高水准的火力发电技术，以提高化石燃料的高度利用。

2. 大规模节电

日本政府一方面加快核电站的安全检测，说服地方政府同意重新启动

日本的能源政策调整

核电发电,另一方面也制定了一些措施限制用电大户的用电,要求电力公司管辖的企业节电15%,鼓励民间节约用电。比如,实现节能标准的义务化,大力推广节能灯,限制政府机关空调温度,调整企业上班时间,控制大型公共场所和百货店的用电,研制高效率的家用电器,减免有太阳能设备住宅的税金,延长政府对节能汽车的补贴周期,改变市民的生活方式,等等。

3. 加快发展太阳能、风能、水能等新能源,大力开发高节能产品

核能发展受阻也可能带来新的发展机会。目前日本正在加快太阳能、风能等新能源的发展步伐,加紧开发更节能的新技术,这也许是新的曙光和商机。2011年4月8日,日本政府决定,为了节电,推广LED节能灯的使用,加快提高太阳能发电能力。同年8月26日,日本国会通过《可再生能源促进法》,强调大力促进新能源的技术创新,减少对核能的依存度,在法律上规定电力公司有义务利用固定价格制度购买民间的太阳能、风能、水能、生物能、地热等电力,促进民用电力并网,为发展新能源、削减二氧化碳提供法律保障。为加快开发节能技术和产品,文部省和环境省也推出促进新能源研究的重大课题,鼓励研发太阳能、风能等新能源,实行"绿色技术创新"。日本企业也在积极开发新一代高性能电池、更有效更节电的家电产品、可替代稀土的新能源产品等。①

与此同时,从2012年7月起,日本开始实施"国定价格购买"制度,规定个人、企业、单位和团体可以向地方政府提出申请,将自己设置的太阳能、风能、水能、沼气、地热等自然能发电的剩余部分用政府规定的固定价格卖给用电单位,其中太阳能10年和20年的每度电固定价格为42日元,水电每度为42~57日元(根据发电能力确定)。② 这一价格略高于市场价,使得每户平均每月增加电费87日元,但还是在民众可以接受的范围内。2013年3月,鉴于太阳能发电增加过猛,固定价格购买的电力增加了居民电费负担,能源厅又

---

① 2012年4月初,日立公司宣布已经开发出一种不需要稀土的新型节能发动机,丰田公司宣称研发出每升汽油可跑80公里的混合动力汽车。
② 日本经济产业省资源与能源厅,http://www.enecho.meti.go.jp/saiene/kaitori/nintei_setsubi.html。

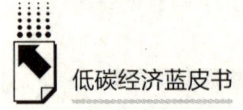

重新将收购价格降为 38 日元。①

4. 加快发展碳交易市场

由于日本政府已经向国际社会承诺 25% 的削减目标，虽然因地震和核泄漏事故的影响国际社会可以理解日本短期内达成目标的难度，但截至目前，日本还是向外界正式表示坚持这一目标不变。但问题是，日本无论坚持还是调整减排目标，完成起来都很困难，为此，需要同国外进行碳排放权交易，这反而会促进国际碳交易市场的发展。

5. 打造有日本特色的"低碳社会"

日本民族是一个顽强、善于在逆境中生存和崛起的民族，从第二次世界大战后遭经济毁灭到成长为世界第二经济大国，从 1973 年的石油危机困境发展到节能与环境先进国家，从阪神地震到灾后重振新神户，日本循环着"破坏—重建—崛起—创新—领先"的路径，这反映了日本民族的顽强精神。2011 年的地震和核事故虽然严重打击了日本经济，影响了日本碳减排目标的实现，但日本政府、企业和人民要从灾害中站起来，并要重新向世界展示新的日本。2012 年 1 月 31 日发布的经产省资源能源厅的《面向 2030 年的能源政策》提出：日本要维持和强化世界最高水准的能源利用效率，创造以日本"低碳社会"为原型的"低碳经济世界模范"，甚至在核事故处理上为世界核能的安全利用提供典型案例和规范处理模式，为世界二氧化碳减排做出特殊贡献等新的战略目标。

6. 加强能源的国际合作，保障战略能源供给

日本对新能源的期待最大，但发展新能源存在技术不成熟、智能并网没有完全解决、新产品成本太高、周期太长等问题，一时难以应急。因此，最快的办法是增加石油、天然气和煤炭等的进口。然而，目前国际原油市场因伊朗问题出现波动，短期增产不可能，因此，日本的进口增加已开始对世界能源市场产生冲击，成为国际能源价格上涨的原因之一。② 更为重要的是，与比较充足的石油战略储备 192 天相比，用于火力发电的天然气储备只有 12 天，而日本

---

① 《日本经济新闻》2013 年 3 月 12 日。
② 出于种种原因，原油价格从 2011 年 2 月的每桶 89 美元上涨到 3 月的 103 美元，4 月涨到 110 美元。

的天然气进口80%要通过霍尔木兹海峡，因此，伊朗问题牵涉日本的能源安全保障。

与此同时，日本还加强同印度、俄罗斯、印度尼西亚等国在石油、煤炭、天然气、稀土等能源和资源方面的合作关系，2011年10月31日，《日越共同声明》签署，强调继续维持日越核电合作意向，日本为越南建立两座核电站。2011年12月，日本政府刚刚宣布核事故得到基本控制，就重开与没有签署核不扩散条约的核能利用协议谈判，意在帮助其发展核电，向印度出口核能设施。

2012年底，美国宣布大规模开采并出口页岩油气，这将引起世界能源的新革命，并对全球气候变化谈判产生重大影响。但这也给日本带来了新的机遇，2013年，日本同美国和加拿大签订了大规模购买页岩油气的合同。预计这将会缓解日本的能源供给危机，在一定程度上减缓油价上升给经济带来的负担。

日本对世界能源进口需求的大增，可能产生与新型工业化国家的能源竞争，而对能源的争夺又会引起拥有资源的争议地区的纷争和区域争端增多。这些都会促使世界能源分配格局重新划割，对世界经济增长产生影响。

三 对气候变化对策的影响

20世纪60年代日本的公害问题主要影响了日本国内，但这次核泄漏带来世界性问题，对新能源特别是核能的发展产生深刻影响，德国迫于绿党的攻势等政治压力，急促宣布全部废止核电，意大利公民投票停止核电发展计划，韩国也爆发了反核电游行，美国、荷兰、印度、中国都开始重新评估核能政策，暂停或推迟新的核电厂计划，国际原子能机构准备制定新的核能安全标准，8国集团也在2011年6月的会议上讨论了核能开发和能源安全标准，联合国也呼吁成员国审慎评估核能和发展核能。这些反应说明国际社会对日本核泄漏事件的关注程度，这是以前从来没有过的，而所有这些都会放慢核电推进的步伐，影响各国的能源供给，同时给气候变化谈判和国际减排目标的实现带来新的困难。

（一）反对单纯延长《京都议定书》

作为防治地球温暖化的对策，日本政府向国际社会承诺要在1990年的基础上，到2020年削减二氧化碳排放25%。这次核泄漏事故严重影响了日本发展核能的计划，致使其无法实现2020年将核能提高到40%的计划，迫使日本调整能源政策，而这又会影响很大程度上依赖于核能发展的减排目标。

曾任联合国政府间气候变化专门委员会（IPCC）第三工作组主要执笔人、现任东京大学先端科学技术研究中心特聘教授、日本经济与产业省综合能源调查会基本问题小委员会委员的柏木孝夫认为，大地震以及核电站泄漏事故使核能发电能力迅速下降，因此，就短期目标（2008～2012年《京都议定书》第一期承诺）而言，《京都议定书》的目标很难实现；就中期目标（2020年25%减排目标）而言，也基本无法实现。[1] 而日本产业组织经济团体联合会（简称经团联）在一份报告中称，产业界最多只能完成18%。[2]

在《京都议定书》问题上，就第一期承诺而言，日本政府和产业界态度比较积极，经团联还制定了自主减排目标，采取了自主减排措施。据经团联的最新统计，2010年，产业与能源部门减排4.4亿吨，比1990年的基准减少12.3%，一份报告表明，2010年日本的碳排放减少12.56亿吨，与1990年相比减少0.5%，基本达成年度目标；2012年底，虽然由于地震、核电停运、赈灾复兴的影响，日本还是实现了第一期减排承诺。

在《京都议定书》延长问题上，日本产业界持反对态度。经团联是日本最大的产业组织，在日本有很大的政治影响力，它的反对动摇了政府的基本立场，导致其在气候谈判中后退，被迫放弃气候谈判和节能减排的世界领先地位，在联合国气候谈判会议坎昆会议和多哈会议上反对延长以日本地名命名的《京都议定书》。

日本政府环境对策强硬派认为，由于碳排放大国中国和美国没有签署

---

[1] 详见薛进军等主编《中国低碳经济发展报告（2012）》，社会科学文献出版社，2012。
[2] 经团联：《企业环境管理到达程度调查》，2011年8月。

《京都议定书》，即使世界做出多大努力也意义不大。因此，应当要求中国和美国加入协议，形成一个有大国和新兴发展中国家参加的新的协议书。

（二）考虑降低减排目标并不设定长期削减目标

25%的削减目标一经提出就遭到质疑和反对，认为它只是政治作秀而缺乏科学考证。日本学者曾提出著名的碳排放计算"茅模式"（又称"卡亚模式"）的东京大学名誉教授茅阳一根据计算认为，日本要实现25%的目标是不现实的，最多只能实15%左右，剩余的部分必须依靠发展核能、增加森林碳汇以及向国外购买碳排放权才能实现。① 这一目标在国内早就遭到很强的抵抗，特别是经团联一直对25%目标持怀疑态度，对延长《京都议定书》采取坚决反对态度。

2012年初，日本政府多次表态：由于大地震和核电停运的影响，日本已不可能按期实现25%的承诺目标，因此开始考虑调整能源政策、降低减排目标，并且表示，日本将继续实施自主减排，但拒绝接受2013年后《京都议定书》延长所规定的日本减排义务。② 2012年5月30日，时任日本副总理大臣冈田克在众议院社会保障与税制一体改革特别委员会再次明确表态：由于核电站停运，日本将在2012年夏天修订原来依存于核电增加的能源政策，调整25%的削减目标。③ 6月底，日本政府初步确定调整碳排放指标。上述"能源环境会议"的资料提示：到2020年，由于核电的比例将比1990年基础年下降7%～11%，到2030年，核电的比例将比1990年基础年下降23%～25%，依赖核电增加来减少碳排放的设想放空，而以火力发电为主的化石能源的使用相对增加，因而到2020年比1990年的基础削减25%的目标，只能推迟到2030年实现；而2020年的25%削减目标，也相应调整到11%。很显然，日本已无法实现25%的国际公约目标。

2012年12月，日本在联合大国气候谈判大会多哈会议上正式表示：不再延长《京都议定书》。2013年3月，日本内阁府地球温暖化防治推进本部决

---

① 茅阳一：《碳排放的卡亚模式》，载薛进军编著《低碳经济学》，社会科学文献出版社，2011。
② 《政府撤回25%的碳减排目标，提示现实的新目标》，《产经新闻》2012年1月6日。
③ 《产经新闻》2012年5月30日。

定：日本将以推进经济增长为主，废弃原民主党政权制定的25%削减计划，制定自主削减的计划，并不在设定长期削减目标。①

作为像欧盟一样引领国际减排的日本，这些行动无疑会给气候谈判和国际减排目标的实现带来逆风，与此同时，也会减弱日本在国际减排行动中的声音。

四　几点启示

日本核泄漏事件给了我们很多启示。

（一）应当重新评估核电的安全性，制定新的安全标准

核电发展虽已有几十年的历史，科技进步也日新月异，但核能利用并不是人类可以自由控制的。现在核能技术虽然已经发展到第三代、第四代，但其中还有太多的不可知，况且技术发展无止境，不可能断言"技术成熟"。此外，还有一些不可预测的自然因素，如地震、海啸、气候变化、洪水、山体滑坡、山林火灾等自然灾害的影响，以及人为因素，比如防波堤的高度、应急电源的设置、核辐射防止措施、核废料处理、放射线污染治理等。特别是一国的危机管理水平、政府执政能力等，都会影响核电安全保障。因此，再先进的电站也需要人来管理，再高水平的技术也要人来操作，如果人的管理不当、操作失误，那么技术越发达，事故越严重、影响越大、折腾越大。

在当前国际经济与政治局势不稳定的情况下，还有理由担心由局部战争、恐怖袭击、核武器试验引起的突发性打击，以及由民事纠纷、民族矛盾、社会治安、社会矛盾激化等引起的民众闹事、示威游行、地区冲突等造成冲击核电站的不可预测事件。

此外，核能的原料供给和技术提供也会产生风险，对核燃料进口的国家容易产生对输出国的依赖，包括核能利用技术和核废料处理的依赖。如果国际铀价发生跌涨，或发生禁运，对进口国产生很大冲击，甚至危及该国能源安全。

---

① 《产经新闻》2013年3月17日。

日本的能源政策调整

与此相应，人类还未想出好办法处理核废料，只能采取掩埋封存等应急措施，而日本的经验表明，可供封存的空间已经所剩无几，而谁也不愿意开发新的储存地，所以，将来核废料处理会形成新的大问题。

因此，应当认真评估核电的安全性、作用和意义以及可能造成的影响，大幅度提高核电的安全性，制定新的核能安全标准，在安全、科学、可信、经得起各种灾害和恐怖袭击的条件下，合理地发展核电。

（二）重新调整核电发展计划，稳步谨慎地发展核电

核电不仅关系一国的经济发展和人民生活水平，还涉及国防军事、国际关系和外交，应当慎而又慎。在发展的过程中，不仅要顾及当前的经济需要和利益，也要考虑今后长期的利益和潜在成本。福岛核事故提醒我们：应当重新考虑审核核能的经济性，重新评估核能的安全性和政治经济影响。在应对气候变化，制订节能减排、保护环境的目标上，不应把核电的比例定得太高，以避免产生对核能的过度依存。

为此，应当重新调整核电发展计划，合理发展核电，在没有做好准备的情况下，不应当匆忙新上核电项目。

（三）要听取专家意见但不能完全相信专家断言

福岛核事故的教训之一是政府与电力企业、学者结成了一个自认为"绝对科学、绝对权威"的"原子能村"，过度相信核专家意见，制定了过于自信的能源政策并将其作为国策。无情的是，这些"专家"变成了"砖家"，福岛第一核电站核泄漏事故粉碎了"核电神话"，终结了日本靠核能补充能源不足、实现减排目标的计划。

在如何发展核电的问题上，更令人担心的是：什么是新的安全标准以及如何实施这些安全标准？在日本，研究发现，正在引起极大争议的福井县大饭核电站建在3个地震带上，备用电源建在很容易发生山体滑坡的地方，核电站控制室和核事故处理现场指挥部建在离核电机组仅50米的地方，防止核反应堆内氢气爆炸的操作杆装置还未设置（需要5年完成）。对此，关西电力却说没有问题，而为了重新启动大饭核电站，原子能安全保安院竟在两天之内编制完

成了"新安全标准",并声称大饭核电站已经符合这一标准,原来的反核派、时任日本经济产业大臣的枝野幸男也极力说服地方政府尽快启动核电。

福岛核电站事故引发了恐慌,国内外有些专家和权威以为反应过度,并以核电事故的概率大大低于空难事故和火车汽车交通事故为例,以自己的核电技术为第三代、第四代,比日本的核技术先进,核电站建在内陆地区为理由,坚持认为核能安全,不愿调整核能发展计划。这是一种危险的态度。日本的经验证明:我们有理由担心过于自信有可能导致忽视安全和社会影响而大跃进式地发展核能。

福岛核电站事故给日本一个严重教训:要听专家的意见,但不能过分相信和依赖专家。为此,现在,日本内阁府和经产省促成了由政府官员牵头、科技专家、经济学家、环境学家和新闻媒体组成的委员会,定期讨论核电和能源政策等各种意见。与此同时,媒体也经常举办市民讨论会,广泛听取各界意见特别是不同意见。

(四)核能安全不仅是能源安全问题,也是国家安全问题

在对应福岛核泄漏事故时,东京电力和日本政府使出了浑身解数,不仅用上了防止发生核反应的新技术,还使用了从未露面的派出特种防化部队和最新技术手段,但这也无济于事,最后不得不求援于同盟国美国和核技术大国法国的支援,因而美国的核舰艇堂而皇之地进入日本,大型舰艇和军用飞机随意游弋,甚至连俄罗斯也派舰艇和飞机巡视。在这些大国和高技术的帮助下,日本暂渡难关,但这些深度介入通过卫星、直升机、潜艇和测量仪器以及全球卫星定位系统和高清晰度图像,收集到大量的日本国家情报,将日本的政治、经济、技术、军事和涉及国家安全的许多方面暴露无遗,这些都会给今后的国家安全带来潜在危险。

更令人担忧的是,这次核泄漏只是一个公司的一个核电站出了问题,日本拥有54座核电机组,又是一个地震、海啸、雷雨水灾多发国,如果再发生更大范围的灾害,按照目前的抗灾设计,如果出现大规模的核泄漏事故,那就无法收场了。进而,如果发生战争、恐怖袭击事件,核电站被袭,其后果更不堪设想。

日本是美国的同盟国，日本的核电站使用的是核能大国美国和法国的技术，在关键时这些国家可以在经济和技术上予以支援，日本也愿意开放并接受支援，并且也有经济实力来应付核危机和引进技术与设备，但如果核事故发生在不愿意外国特别是欧美介入的国家，那就可能无法及时有效地控制局面，其结果就可想而知了。

（五）警惕核电事故引发国际性核公害

日本曾经历过一次公害危机，那是20世纪60年代高度增长期的环境污染造成的四大公害，其中著名的例证是熊本县的"水俣病"。当时生产工业用氮气的私营企业否认工业废水污染了近海河流，造成畸形儿和奇异疾病发生。对此有人抗议并起诉撤销氮气公司，但政府认为奇异病症与工厂排污的因果关系缺乏科学依据而遭拒绝，政府也无所作为。最后，经熊本大学医学部的长期验证，才认定两者有关系。1970年，日本国会通过了一系列法律法规，强调经济发展与环境保护兼顾，为环境治理提供了法律依据。到了20世纪70年代，市民团体和企业的争斗、法律诉讼增多，除了和解之外，主要由政府对公害病患者进行治疗和赔偿。但赔偿等问题延续至今尚未完全解决，可见环境污染受害认证之艰难。

这次核泄漏事故以及放射物质控制的长期化，可能导致一次新的公害危机即核污染公害。日本的公害发生在经济高度增长的20世纪60年代，而这一次核污染公害是发生在应对气候变化、推进以新能源为主体的又一次产业革命的过程中。这次事故中，环境污染历史重演：东京电力出于企业利益，有意隐瞒真相（最近的媒体曝光证明，东电有明显的隐瞒事实真相、篡改《核电操作手册》和运转记录数据的丑闻），延误核泄漏防治时机，而政府信息不灵，人员疏散和赈灾、抢险指挥不力，尽管东京电力和一些科学家认为低量的放射物对人体没有影响，但这次核泄漏和核辐射涉及面积大、影响人口多，因此人们对这次污染的深刻性还处在认识不清和担忧之中。核辐射和核污染的潜伏期可长达30年，也许这些核公害问题一时不会暴露，但几年、几十年后总会显露，那时的危害将不堪设想。日本厚生省也在严格实施蔬菜等农副展品、牛肉等渔牧业产品的放射线检测，超市的食品标签上也规定注明"已经过放射线检

查",但人们还是担心是否会对人体特别是婴幼儿有影响。因此,尽管媒体可能夸大事故的严重性,但面对这种前所未有的核污染,有必要高度警惕,提早采取措施。

一般的废弃物和空气污染问题,目前已有有效的处理和防治技术和措施,其影响也是局部的,但这次核泄漏的污染物已漂移到许多国家,造成跨国界的国际性污染,即使是微量的,对人体没有致命的损害,但它已经给世界带来了核污染恐慌,其影响已超出以前的环境公害。

(六)警惕核事故引发政治和社会危机

核泄漏事故给日本政治与社会带来了冲击。日本是一个后工业化国家,经济发达,国民富裕,即使自己不尽最大努力也可以过比较安逸的生活,因而大部分国民比较守旧,安于现状、害怕改革。与此同时,日本经受过原子弹的核辐射之害,高度增长期的环境污染公害,无数次的地震、火灾和水灾等自然灾害,一方面对灾害有较强的防护能力,另一方面也表现出对灾害习以为常和一定程度的麻木(过度镇静?)。这使得即使东京电力有失误,政府对应不力,虽然也有国民批评政府,民众上街游行,但大多数人还是选择了忍耐,未有过激行动,没有出现大的混乱,表现出日本国民面对巨大的震灾和核污染危机的异常冷静和有秩序。究其原因,一是自律自给的国民性和很高的国民素质;二是有一套比较健全的法律和应急体系(如核安全法、核辐射赔偿制度等);三是地方、企业和个人的自救体制(如自我解救、困难分担、自己避难);四是平时的防灾训练;五是也是最重要的一点是,日本是一个经济大国,技术先进,国民富裕,财力充足,因而可以调动大规模的经济和技术资源来应对灾害并尽快恢复经济和社会秩序。

与日本相比,世界上大多数国家没有像日本这样稳定的社会结构和统一的国民性,也没有像日本那样富有和拥有对应核泄漏的技术和设备,更没有像美国那样的盟国来支援,再加上一些国家的核电站技术水平低,管理不到位,应急措施不健全,因此,如果发生类似的核事故,不仅后果不堪设想,而且会出现社会恐慌,引发大规模动乱,甚至导致政权的更迭。1997年,印度尼西亚的汽油提价事件引发了民众抗议游行,加上金融危机,结果导致延续了几十年的苏哈托政府倒台。德国反对核能的绿党在地方选举中获胜，也给执政党带来了很大压力，迫使一贯主张发展核能的党发生急转弯，宣布废除核能。即使是忍耐程度很高的日本国民，也不满政府的赈灾与核泄漏控制对应，这些不满在危机缓和后逐渐释放出来（菅直人在最后任期的几个月，支持率从上台时的70%狂跌到14%），加上菅直人的软弱和领导不力以及民主党内的内讧，直接导致了菅直人的下台。在2012年12月的参议院大选中，核电问题或许演变为一场政治角逐，成为日本选举、政权交替的焦点，最终导致野田内阁的倒台并使得民主党重新沦为在野党。

我们处在一个"超信息时代"，一个小事件、一条微博就可能引发政治和社会动乱，对一些社会结构不稳定、突发事件频发、市民对政府缺乏信任、收入差距巨大、社会矛盾突出的国家来说，核事件是一种潜在的危险，随时都有可能引起社会动乱，切不可掉以轻心。

五　结语

日本是世界上唯一受到两次核辐射的国家，第一次是因为战争，第二次是因为经济发展中对能源的过度需求。但从本质上看，两次都与能源有关[①]，两次都是人为的。[②] 而这次核污染事件，受害的是日本人民，受惊的是世界人民，敲响警钟是给下一代人。因此，人们在同情日本深受地震和核辐射之苦、帮助日本人民渡过难关的同时，也要反省：我们为什么要使用那么多的能源？我们为什么要发展那么多的核能？我们节能减排的目的是什么？难道必须制定超过现实、以牺牲人类目前利益甚至生命来换取名义上的"持续发展"吗？

日本表示要放弃已承诺的减排目标，这虽然会引起国际社会的批评，但值得反省的是，一个国家应当坚持自己的可持续发展目标，制定符合国情和其减排能力的目标，而不要仅仅出于政治目的，制定不切实际的减排目标。

[①] 麦克阿瑟在回忆录中认为，日本发动太平洋战争的重要动机是美国切断了它的能源供给，而侵略中国和东南亚国家是为了争夺资源。

[②] 日本舆论普遍认为这次核泄漏事件是人为的，前首相菅直人曾直言不讳地称这次灾难不是天灾而是"人祸"。

参考文献

[1] 日本经济产业省资源能源厅：《面向2030年的能源政策》。
[2] 日本经济产业省资源能源厅政策咨询机构"综合资源与能源调查会"：《2030年的能源政策》。
[3] 综合资源与能源调查会：2012年3月27日。
[4] 日本经济产业省资源能源厅：《能源白皮书2010》。
[5] 日本经济产业省资源能源厅：《能源基本计划2010》。
[6] 经团联：《企业环境管理到达程度调查》2011年8月。
[7] 能源环境会议成本检证委员会：《能源成本检定汇总资料》。
[8] "地球温暖化对策推进本部"：《检点报告：京都议定书目标达成情况》，2012年12月20日。
[9] 日本国土地理院：2011年3月19日地震观测。
[10] 日本内阁府：2012年2月13日"经济增长新闻发布"。
[11] 日本能源经济研究所编著《能源与经济统计要览2011年》。
[12] 日经BPNET：日中生态网。
[13] 茅阳一：《碳排放的卡亚模式》，载薛进军编著《低碳经济学》，社会科学文献出版社，2011。
[14] 薛进军主编《中国低碳经济发展报告（2012）》，社会科学文献出版社，2012。
[15] 薛进军：《日本大地震与核泄漏事件对世界产业链的影响》，《博鳌论坛年度报告2012》，对外经济贸易大学出版社，2012。
[16] 《钻石周刊》《经济学家日文版》《东洋经济》《日本经济新闻》《产经新闻》《东京新闻》《朝日新闻》，产经新闻网等。
[17] 研究报告：世界银行、IMF报告，高盛、野村证券、瑞穗投行、生命保险公司以及咨询公司的分析报告。

B.11 日本的能源政策与气候变化对策*

平田仁子**

摘　要：

2011年3月11日日本大地震后，日本政府开始重新讨论制定能源政策。本文分析了日本政府针对气候变暖问题的处理方法，并针对政府的政策课题进行了整理。经过分析发现，在政府政策制定的过程中，讨论结果以及提案内容不一致的情况曾经在多次审议中发生。政府在制定以减少对核电依赖为基础的统一能源环境政策的过程中，并没有针对气候变暖问题进行充分的讨论，反而政府采取了不利于环境保护的态度。NGO组织提出了减少对核电依赖与削减二氧化碳排放两者兼顾的提案，但并没有被采纳。今后，明确日本在国际社会中的责任，明确日本国内削减二氧化碳排放的潜力、实现削减排放量所需的政策导入、政策强化将会成为日本政府及相关机构的课题。

关键词：

日本　能源政策　环境　二氧化碳

一　重新制定能源、环境政策

自2011年福岛核电站发生核泄漏事故以来，日本政府从2011年秋季开始，针对中长期能源问题以及全球温室效应重新制定了政策，并在国家战略室中设立了"能源、环境会议"，以统筹整体。该会议由相关官员组成，议长由国家战略大臣担任。会议决定针对2030年能源、环境问题进行讨论，并向国

---

* 本文在日本环境经济政策学会2012年仙台大会的演讲稿的基础之上，整合了最新的形式和数据写成。

** 平田仁子，特定非营利活动法人，气候NET WORK东京事务所所长。

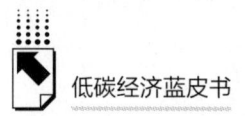

民公开。于 7 月 29 日公布了以降低对原子能依赖为基本理念的《面向"创新型能源环境战略"政策制定的整理报告》。

具体的重新审视工作由各省的审议会担任,包括经济产业省(外局)资源能源厅的综合资源能源调查会基本问题委员会、环境省的中央环境审议会地球环境部会、内阁府的原子能委员会。

其中,内阁府委员会的"新大纲策定会议"是原来就存在的,旨在探讨推进原子能的政策,但是在审议过程中发现了诸多问题,如委员会成员有偿担任东京电力公司的顾问、原子能委员会的委员与业界团体进行了数十次秘密会议等。很多人开始对委员会是否要继续存在持有怀疑态度,现在委员会已被废除。

资源能源厅从重新审视能源政策的观点出发,设立了"综合资源能源调查会基本问题委员会"。约 1/3 的委员对核电持慎重态度,这在以往经济产业省中是罕见的。自 2011 年 10 月开始,政府重新审议了基于能源政策基本法的"能源基本计划",并在第 26 次会议中提出了"能源混合草案"[①]。

环境省的"中央环境审议会地球环境部会"负责削减温室效应气体排放量政策的制定。然而,气候变暖的根本对策是节约能源、使用可再生能源,这些都是与能源有密切关系的,但是环境审议会地球环境部会并未与负责能源问题的资源能源厅进行商讨,这说明政府结构存在一定问题。最终的结果是,环境省发布了"2013 年以后的对策、政策实施报告书(地球温室化效应对策的可选方案草案)"[②],该报告书中纳入了资源能源厅的数据,如核电比例等。

国家战略室的"能源环境会议"于 2012 年 6 月 29 日,基于环境省和资源能源厅的草案,向国民公布了关于能源和环境的 3 种可选方案,并于 9 月 14 日制定了"创新型能源环境战略"。其内容是资源能源厅和环境省双方内容的综合。

二 资源能源厅、环境省提出的可选方案

资源能源厅的基本问题委员会在"关于能源混合草案"中,提出了 3 种

---

① 综合资源能源调查会基本问题委员会第 27 次"能源混合草案",2012 年 6 月 19 日。
② 中央环境审议会地球环境部会"2013 年以后的对策、政策实施报告书(地球温室化效应对策的可选方案草案)",2012 年 6 月。

可选方案（见表1）：2030年发电量中核电的比例为①0%；②约15%；③约20%~25%，同时也明确了每种情况下可再生能源发电和火力发电所占的比例。但是，所有方案都着重探讨减少对核电的依赖，而提出的节能（节电）比例都是相同的，也就是说在强调降低对核电依赖的同时并没有突出强调能源节约。2030年能源发电产生的二氧化碳排放量将会比1990年削减16%~23%，也就是说越降低对核电的依赖，二氧化碳的排放将会越多，对核电的依赖与二氧化碳排放量呈反比关系。

表1　资源能源厅基本问题委员会关于2030年发电构成比例的三种可选方案

	核电	可再生能源发电	火力发电	集中供电	节能能源（省电）	能源发电产生的二氧化碳排放量（与1990年相比）
方案①	0%	约35%	约50%	约15%	节能约20%	-16%
方案②	约15%	约30%	约40%	约15%	节电约10%（与2010年相比）	-20%
方案③	20%~25%	25%~30%	约35%	约15%		-23%

另一方面，环境省的中央环境审议会地球环境部会在"2013年以后的对策、政策实施报告书（地球温室化效应对策的可选方案草案）"中，提供了6种方案。核电所占的比例引用了资源能源厅的数值，此外也有一些与资源能源厅不同的地方。例如，核电的比例在2020年就要达到0%；不仅是发电厂，用电单位也需要使用节能能源、利用可再生能源发电，对此进行对策的探讨和实施，利用节能能源、可再生能源发电共有3种模式，即最大化地使用节能能源、可再生能源发电（高位）；强化使用节能能源、可再生能源发电（中位）；使用现行的政策（低位）。每种模式与核电所占比例结合，便形成了多种方案。由于每种方案都强化了温室效应的对策，因此即使是核电所占比例不同，都达到了削减温室气体排放的效果。例如，草案1-1〔核电比例在2030年达到0%，最大化地使用节能能源、可再生能源（高位）〕中的温室气体排放削减量与草案2-1〔核电比例在2030年维持在15%，强化使用节能能源、可再生能源（中）的削减量相同，均为11%〕。环境省的报告显示，若强化节能、可再生能源政策，即使降低核电的比例，也可以实现削减温室气体排放量的目标。

表2 环境省·地球环境部会的2030年可选方案草案

	草案主旨	2030年核电比例 对策/政策	2030年温室气体排放量	2020年温室气体排放量
草案1-1	尽早将核电比例降至0%（2030年），同时最大限度地强化节能、可再生能源发电	0%（2030年0%）高位	-25%	-11%
草案1-2	尽早将核电比例降至0%（2020年），同时最大限度地强化节能、可再生能源发电	0%（2020年0%）高位	-25%	-5%
草案2-1	降低对核电的依赖程度（2030年降至15%），不再新建核电站，强化节能、可再生能源的利用	15%中位	-25%	-11%
草案2-2	降低对核电的依赖程度（2030年降至15%），同时最大限度地强化节能、可再生能源发电	15%高位	-31%	-15%
草案3-1	未来中长期内维持核电所占比例（2030年20%），强化节能、可再生能源的利用	20%中位	-27%	-12%
草案3-2	未来中长期内维持核电所占比例（2030年25%），强化节能、可再生能源的利用	25%高位	-30%	-13%

三 资源能源厅/环境省的方案比较

本节将针对第一部分介绍的资源能源厅和环境省提出的方案结果进行比较分析。

（一）宏观框架

资源能源厅和环境省提出的草案都是基于统一的基本数据，例如GDP增长率、原材料产量（钢铁产量、水泥产量等）、旅客、货物运输量、生活及工业废气排放量等。但是到2030年，能源消费较多的行业仍为上升趋势，因此，草案的内容都是远远超出了实际数值的，这也正是表3中方案（2）能源节约量较低的重要原因之一。草案中提出了3种核电比例方案。

（二）能源节约量

资源能源厅提出了不论核电所占比例多少，2030 年原材料能源供给量削减 20%（与 2010 年相比），发电量削减 10%（与 2010 年相比）。环境省针对节能、可再生能源的使用，提出了低位、中位、高位 3 种方案。

（三）化石燃料构成比例

针对化石燃料发电的构成比，资源能源厅的结论是：煤炭与液化天然气的比例为 1∶0.5～1∶0.9；而环境省的结论是 1∶1.5～1∶1.20，环境省的方案更强调从煤向天然气的转换。

（四）能源发电产生的二氧化碳排放量

资源能源厅对能源政策进行了探讨，计算出了"能源发电产生的二氧化碳排放量"，但并没有计算出温室效应气体的排放量。与此相对，环境省却计算出了温室效应气体的排放量。将环境省数据中的二氧化碳排放量与资源能源厅的数据进行比较便可发现，2020 年和 2030 年双方计算出的二氧化碳排放量分别相差 6%～10%、8%～13%（见表 3、表 4）。

表 3 2020 年能源发电产生的 CO_2 排放量（与基准年比）

单位：%

	方案(1) 20 年核电 比例 0%	方案(1) 30 年核电 比例 0%	方案(2) 30 年核电 比例 15%	方案(3)-1 30 年核电 比例 20%	方案(3)-2 30 年核电 比例 25%
资源能源厅	5	2	-5	-6	-7
环境省（中位）	3	-4	-8	-9	-10
环境省（高位）	-1	-8	-12	-13	-15

表 4 2030 年能源发电产生的 CO_2 排放量（与基准年比）

单位：%

	方案(1) 30 年核电比例 0%	方案(2) 30 年核电比例 15%	方案(3)-1 30 年核电比例 20%	方案(3)-2 30 年核电比例 25%
资源能源厅	-16	-20	-23	-23
环境省（中位）	-17	-25	-28	-31
环境省（高位）	-24	-31	-33	-36

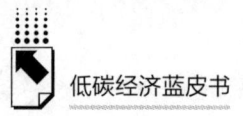

四 "创新型能源、环境战略"的内容

根据资源能源厅与环境省的提案,政府于2012年9月14日发布了"创新型能源、环境战略"报告书。

在该报告书中,针对核电这一焦点问题,日本政府首次表示要将核电量降低至零,提出了"为2030年实现零核电,全面制定以清洁能源为中心的政策",同时也制订了实现零核电的具体时间以及工程计划。关于节能方面,政府采取了资源能源厅的草案,提出了在2030年减少发电量10%、减少能源消耗20%(与2010年相比)。报告书选用了环境省提出的"低位"草案,并没有特别强化减排。

报告书采取了资源能源厅提出的"核电比例15%"的草案,提出2030年可再生能源的发电量所占比例将会达到30%。同时提出了2020年削减温室气体排放5%~9%、2030年削减30%以上的目标。

煤和天然气的比例为1:15~1:18。

可以看出,政府报告书对于节能能源、可再生能源的使用力度都不如环境省提出的方案,温室气体减排量也小于环境省提出的方案。

表5 "创新型能源、环境战略"的概要

		2010年	2015年	2020年	2030年
核电		为了2030实现零核电,全面制定以清洁能源为中心的政策			
节电、节能	总发电量 (与2010年相比)	1.1兆千瓦时	-250亿千瓦时 (-2%)	-500亿千瓦时 (-5%)	-1100亿千瓦时 (-10%)
	最终能源消费量 (与2010年相比)	3.9亿kl	-1600万kl (-4%)	-3100万kl (-8%)	-7200万kl (-19%)
可再生能源	发电量 (与2010年相比)	1100亿千瓦时	1400亿千瓦时 (1.4倍)	1800亿千瓦时 (1.7倍)	3000亿千瓦时 (3倍)
	设备容量	3100万千瓦	4800万千瓦	7000万千瓦	132000万千瓦
温室气体排放(与1990年相比)				-5%~9%	-20%

五 从气候变暖对策的角度进行论证

基于上述内容，接下来将从气候变暖对策的视角进行论证。

（一）与终极目标（2050年削减80%、气温上升2℃以内）的关系

在环境省审议会开始讨论的时候，细野大臣就指出了明确的方向，提出需将全世界共同的长期目标（①气温升高2℃以内；②2050年实现世界减排一半、发达国家减排80%；③不带任何条件，明确2020年、2030年的目标）列入考虑范围，作为世界的先驱者，率先实现低碳社会[①]。

但是，在实际讨论过程中，却没有涉及2020年、2030年的排放量以及长期目标的具体实现方式。政府在2009年9月提出将于2020年减排25%（与1990年相比），并且基于哥本哈根协议、坎昆协议，向联合国提出了减排目标，即有条件地减排25%。但是，在实际的探讨过程中，并未针对25%的减排目标进行相关说明。

（二）资源能源厅与环境省的讨论

资源能源厅与环境省分别进行了各自领域内的讨论，看上去非常符合常理。但是，能源与气候变暖问题是息息相关、无法割离的。由此可见，双方的讨论并不充分，还需将两个紧密相关的问题进行整合讨论。也就是说，资源能源厅在未对气候变暖进行深入讨论基础上制订的草案，却在很大程度上影响了气候变暖政策的制定。

（三）讨论的不足之处

针对节能能源的可行性的讨论不足，例如，假设生产部门的最终能源消费量从2010年的1.7亿kl降至2030年1.53亿~1.58亿kl，削减程度为7%~10%，与生活部门削减量34%~39%、运输部门的削减量39%~40%相比，实

---

① 2012年1月30日中央环境审议会第100次地球环境部会议。

在是太微乎其微了。2010年煤炭发电发电量占总发电量比例为20%，然而在2030年的占比依旧是20%，从减排的角度出发，足可以看出讨论的不足之处。

（四）未公开的内容

草案中提到的数值并未公开详细的数据。例如，草案中提到了2030年核电发电量为1928亿千瓦时~1943亿千瓦时，但并未公开届时煤炭发电站的使用时间、设备容量、设备利用率等数据，也并未提及更新、新建电站的数量，因此无法检验草案的可行性。在今后讨论过程中，信息的公开是必不可少的。

（五）强调之处

在讨论草案的整体过程中，主要维持了降低对核电的依赖就会增加二氧化碳排放的结论，完全没有提及减少核电与二氧化碳减排同时实现。不仅如此，还提出了如果继续推进防止气候变暖的政策，有可能会造成经济负担的预估数值，这些都不利于气候变暖对策的确立。

六　今后的课题

总结上述论证可以得出，在本次草案的讨论过程中，政府并没有将气候变暖问题列入考虑范围进行讨论。

但是气候变暖是一个亟须解决的问题，不能因为国内的情况，延迟应对全球变暖政策的确立。日本对能源的使用中，70%投入能源的余热都没有被利用；根据很多NGO及其他民间团体的统计数据显示，节能的空间还有很大；且若政府切实地贯彻节能减排政策，日本在2020年可以实现减排25%的目标。

今后，日本政府在设定中长期目标的时候，需要重新确立减排潜力，积极实现减排所需的政策导入和讨论强化。不能使能源与气候变暖问题分别由多个部门负责，而是应该由政府统一讨论、管理，并且确保和扩大市民参加。

B.12 丰田市的智能城市建设

雪原千里 等*

摘　要：

　　丰田市是丰田汽车制造公司的大本营，是世界上知名的产业城市。作为汽车城，丰田市汽车拥有量很高，平均1.15人就拥有一辆车。2008年丰田市的二氧化碳排放量达到749.3万吨，比1990年增加了39%。为了推动节能减排，丰田市在2009年1月被日本政府地区发展事务局指定为全国13个"环境模范城市"之一，2009年4月开始"综合城市－丰田计划"产生。2010年8月，丰田市又被国家经济产业省指定为4个"新一代能源试点城市"之一。丰田市在"综合城市－丰田计划"的基础上，制订和采取了"关于爱知县丰田市的家庭地区型低碳城市构建实证地区责任计划"，制定了以1990年为基准，到2030年将二氧化碳削减30%的中期削减目标和到2050年削减50%的长期目标。

关键词：

　　智能城市　丰田汽车　新一代能源试点城市　环境模范城市　综合型城市丰田规划

一　丰田市概要

丰田市是丰田汽车工业制造公司的大本营，位于日本中部地区，属爱知县

---

* 本文由日本名古屋大学经济学院近藤由佳子、别府拓马、村木香苗、荻原朋美、佐藤祥平、寄田贵久收集资料并撰写日文初稿，日本金城学院高校非常勤讲师雪原千里执笔中文稿和定稿。

管辖。近年来因经济发展及全球化进程的加速,城市人口(包括外籍人口)不断增加,已成为拥有超过42万人口的世界知名的汽车工业制造产业城市。

作为汽车城,丰田市的汽车拥有量很高,平均1.15人就拥有一辆汽车。因此,2008年丰田市的二氧化碳排放量达749.3万吨,比1990年增加了39%。为了推动节能减排,丰田市和丰田汽车制造公司积极配合共同合作,通过努力取得了可喜的成果,在2009年1月被日本政府地区发展事务局指定为全国13个"环境模范城市"之一。

2009年4月,又提出和实施了"节能城市—丰田计划"。2010年8月,丰田市被国家经济产业省指定为4个"新一代能源试点城市"之一。丰田市在"节能城市—丰田计划"的基础上,又制定和采取了"关于丰田市的家庭地区型低碳城市构建实证地区责任计划"。树立了在1990年的基准上,到2030年将二氧化碳排放量削减30%的中期削减目标和到2050年削减50%的长期目标(见图1),成为节能减排和低碳生态城市的楷模。

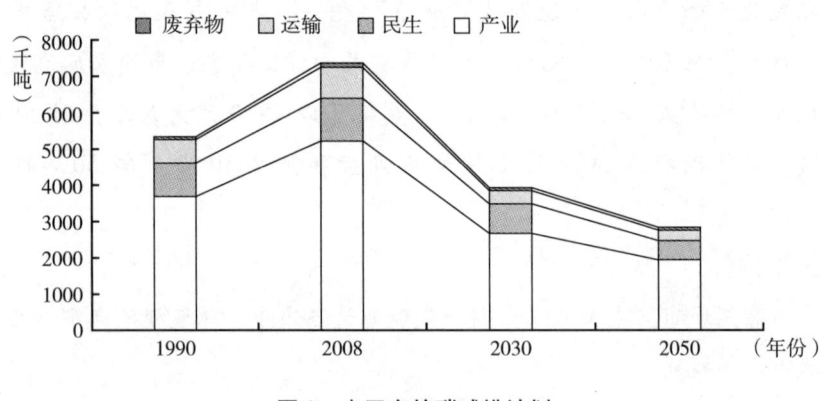

图1　丰田市的碳减排计划

二　丰田市的生态城市建设

近年来,随着国际化和经济的发展,城市人口和从海外迁移来的外籍人口在不断增加。因此,各种各样的市民活动也不断增加和活跃起来。经过周边的市、镇、村的不断合并,丰田市的总面积扩大为918平方公里,成为爱知县土地面积最大的城市。森林覆盖率约占总土地面积的70%。由于市、镇、村的多次合并，形成了主要繁华地区集中在各地的某一地区，使丰田市成为都市分散型的城市。因此，城市电车交通运输网的发展受到了一定的影响。现在市民的私家车使用和城市公共汽车的扩大运行，已成为电车的辅助和不可缺少的交通工具。

丰田市是以汽车制造为主的产业城市，1930年至今，一直是丰田汽车工业制造公司的据点，从丰田汽车工业制造公司（以下简称丰田汽车公司）在丰田市落户以来，众所周知，丰田市和丰田汽车公司走着共同成长和发展的道路。现在的丰田市作为汽车制造业的大本营，成为世界上为数不多的产业都市。另外，丰田市是一个重视和保护自然环境的都市，它拥有广阔的森林和园林，城市保持着绿色都市的特点，呈现了独有的都市风格。

但是，过于茂密的人工森林由于管理和间伐不力，加上日照不足等原因，森林降低了对二氧化碳的吸收能力，影响了森林对洪水和对大自然的正常调节作用。另外，间伐不力造成的日照不足也使植被不好的林地一旦受到大雨的冲击很容易出现泥石流现象，这已经引起人们的担心和忧虑。

另外，工业和市民的生活，主要依靠矢川河上流的森林中涌出的自然水。为了使市民安心生活和保障城市各项工作正常运行，丰田市极力做好森林保护工作，维护好保障绿色都市的这一资源，同时也力求全面落实防洪防灾等安全措施。也就是说，保护环境特别是保护和守卫矢川河上流的森林，就是对丰田市市民正常生活的保障和维护，也是丰田市城市建设和发展的保障。保护森林是维持城市永恒发展的基础。

另外，丰田市的二氧化碳排放量，2010年是749.3万吨，以1990年作为基准年，排放量增加了39%。从二氧化碳排放量的部门来看，顺序为产业部门（二氧化碳的排放量为70.2%）、运输部门（二氧化碳的排放量为11.7%）、民生部门（二氧化碳的排放量为15.4%），废物处理部门（二氧化碳的排放量为1.6%）。突出的部门是产业部门，所占比例最高，二氧化碳的排放量远远超过全国平均水平36.3%。主要是由以汽车制造业为中心的制造业工厂的集中所致。要想减少丰田市的二氧化碳排放量，必须减少丰田市的生产产业二氧化碳的排放量。为了实现这一目标，市和企业的互相合作是非常重要的。

另外,丰田市拥有 16 万户人家,约为 42 万人口,汽车约有 36 万辆,平均 1.15 人拥有一辆汽车,是一个对汽车依存度非常高的城市。

为了改变这一现状,丰田市从利用先进的环保科学技术进行城市建设入手,设定了"低碳生活标准地区";在住宅和交通方面,为了普及和推广环保节能汽车,引用了国内外的先进环保节能技术,整备了环保节能汽车能共同利用的设施,使利用太阳能发电的充电设施逐渐得到补充和完善。这一具体措施的实现和持续性发展,得到了政府部门和各界的高度评价,2008 年丰田市被日本内阁府地区发展事务局指定为"环境模范候补城市",2009 年 1 月被指定为全国 13 个"环境模范城市"之一。

丰田市在 2009 年 4 月开始了"综合城市—丰田规划"。此项规划的实施使丰田市在 2010 年 8 月被国家经济产业部选为 4 个"新一代能源试点城市"之一。

丰田市在"综合城市—丰田规划"的基础上,又将开发事业具体化,制定和采取了"关于爱知县丰田市的家庭地区型低碳城市构建实证地区责任计划",以丰田市为主导实施,包括丰田汽车公司等 20 个企事业单位,投资 227.2 亿日元作为开发规划的总事业费。丰田市还制定了以 1990 年为基准,到 2030 年将二氧化碳排放削减 30% 的中期削减目标和到 2050 年削减 50% 的长期目标。现在的丰田市正在朝着建设一个生态都市的目标而努力奋斗。

丰田市将来的发展前景是,成为以人为本、环境保护和高科技技术相结合的环保节能先进城市。"生态都市—丰田规划"是丰田市的目标,混合动力环保节能车的普及是丰田市的标志。交通、产业、森林这三个部门的共同发展,充分体现了丰田市和丰田汽车公司特有的包括高科技技术特性的发挥,通过"以人为本、环境保护和高科技技术的有力结合",进一步促进低碳社会的发展。丰田市以"综合性措施"为重点进行城市建设,下文从四个方面来了解丰田市具体如何利用综合性措施促进和实现低碳社会的发展。

(一)环境和交通技术相结合

利用道路、公共交通和最先进的科学技术,使城市交通运作最佳化,利用低碳节能型的汽车为公共交通提供辅助，运行环境保护、交通便利共存的高水准的环境交通模式。为了促使和实现节能环保车和道路的高效率利用，节能环保车的普及、利用节能环保车出游、主要道路连接网的整修显得更为重要。

另外，为了实现对人和环境都适宜的公共交通的整备，成为铁路和公共汽车运行便利的城市，畅通的交通网和将利用私家车改为利用公共交通工具，已成为丰田市的重点工作，为此丰田市的具体做法如下。

首先，公共交通部门要做好对利用者的宣传和引导工作。具体的一项工作是，丰田市从2010年秋天开始为市民提供混合动力汽车的PHV（Plug-in Hybrid Vehicle）免费使用，并逐渐完善充电设施。做好各种服务，保障利用者的方便。

PHV混合动力汽车是由原来以汽油为动力燃料的汽车改造的，现在为能使用汽油和电力两个共用可转换的综合动力燃料汽车。这种综合动力燃料汽车可以减少二氧化碳的排放量，也叫减排汽车。另外，这种PHV混合动力汽车和现在丰田汽车等公司出售的混合动力车的不同点是，混合动力汽车在电源插头部分装有混合动力车的充电电池，可以利用外部电源直接充电，保持了充电电池和汽油并用的驱动功能。也就是说，同一汽车内装有两个驱动装置，充电电池带动电动机，汽油带动引擎实现两机并用，在运行中尽量减少汽油的消耗，这一高蓄电力解决了一般混合动力汽车的蓄电量问题，实现了能源低消耗、运行长距离、运行低成本和低排放这一目标。日本政府对购买电动汽车和混合动力汽车实行了购车补助金和减免税政策，同时，日本的用电也实行不同时间不同收费制度，特别是夜间用电低收费，所以，夜间充电既能减少燃料费用成本，又不会影响白天的正常用电，也是防止地球气候变暖和促进经济增长的有力措施，体现了日本政府极力普及和提倡购买电动汽车和混合动力汽车的目的。

但是，混合动力汽车的价格为300万日元左右，比一般的汽车高很多，另外，混合动力汽车的充电设施还未普及和完善，市民购买混合动力汽车的数量还不多。为了提倡和便于市民购买和利用混合动力汽车，丰田市提供免费租赁混合动力汽车服务。

丰田市在市内的中心地段，成立了名为"路线导航——丰田"的交通信息中心，市民和企事业单位可凭个人的汽车驾驶执照或凭本市在册的机关单位证明，提前预约，便可免费租赁到混合动力汽车。另外，截至2012年6月，丰田市已在市中心包括周边地区的21所修建了31台对应混合动力汽车的混合燃料的补充设施，各所间隔距离约为10公里，今后，私营企业也将逐步设立混合燃料补充设施，使混合燃料补充设施得以逐步完善和普及，彻底解决混合动力汽车利用者的燃料补充问题，真正做到便民、利民。

现在这些混合动力汽车的混合燃料补充设施是利用屋顶安装的太阳能发电装置，通过蓄电池储备，基本做到自发自供，使混合燃料汽车能靠太阳能发电的装置来供电（见图2）。这也为免费租赁混合动力汽车提供了一个重要的条件。

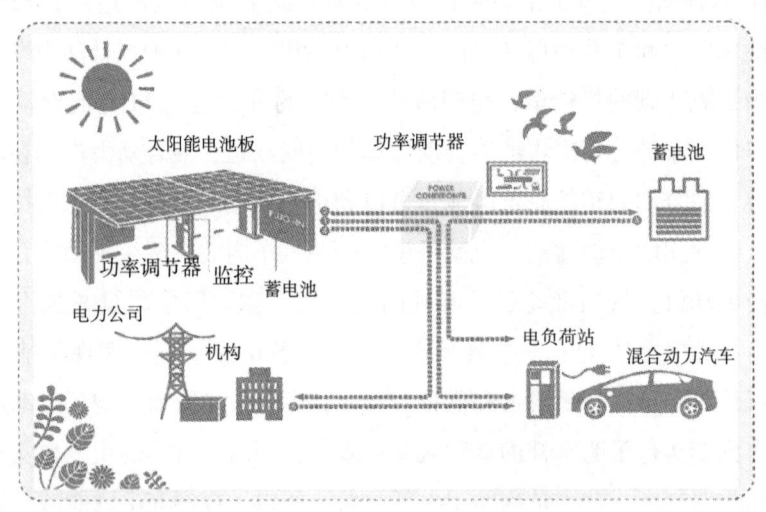

图2　混合动力汽车供电示意

但是，太阳能发电装置会受到天气变化的影响，为了保障电力的稳定供应，电力公司有效配合太阳能发电装置设施，建立了互补机制，如遇到连续阴雨天气可由电力公司提供补充用电，当太阳能发电装置设施电力储存过剩时，可将过剩电力输送给电力公司。

现在，普及和推广混合动力汽车还存在以下两点问题。

第一，尽管有日本政府的大力支持和地方的积极配合和引导，尽管丰田市每年都在增建太阳能发电装置设施，但是全国各地可利用的混合动力汽车的充电设施特别是太阳能发电装置设施并没有整备好。比如，利用者乘车远行首先会考虑到充电问题，这会影响对混合动力汽车的需求。另外，对已购买混合动力汽车但其没有安装适用混合动力汽车的太阳能发电装置充电设备的居民，其购买混合动力汽车的意愿会降低。要想使混合动力汽车得到普及和推广，保障日本各地区之间的混合动力汽车充电网设置的完善和政府补助是关键。

第二，对市民来说，购买和使用混合动力汽车，政府的优惠政策不明显。在日本如果购买有节电功能的家电产品，除了节电以外，还可享受电费补贴，这提高了市民购买节电家用电器产品的意愿。但是，购买和使用混合动力汽车，比购买一般汽车要贵得多，而且混合动力汽车既用汽油又用电，但却没有得到消费汽油和电的费用补贴，这对购买和使用混合动力汽车有很大影响。今后，消费者期待制造商能够降低成本和价格，政府对购买和使用混合动力汽车的市民能给予更多的补贴和鼓励。同时，要加强对试乘车的宣传和指导，使更多的市民参与到试乘和购买的行列中来。

另外，丰田市向市民特别是上班族和学生推荐"P&R"交通工具。所谓的"P&R"也就是"私家车和公共交通并用"的乘坐方法。出行时不要只开私家车，尽量利用公共交通，或开私家车与乘公交车相结合。比如，将私家车开至离家最近的地铁站，并存放于此站周围的停车场，然后乘地铁或利用其他交通工具去上班或者是去办事，返回时再将私家车从存放停车场开回家，等等。

从2005年市、镇、村合并以来，丰田市的总面积扩大了。随着城市的发展，公共交通的整备至今还很不完善，所以，对上班族和学生来说，开私家车是便利的选择，更有一部分市民出行全靠私家车。这使丰田市和其他城市相比，对私家车的依存度很高。所以，二氧化碳的排放量比较高，令人忧虑。鉴于这些原因，丰田市制定和实行了"P&R"政策。为了进一步促进"P&R"（私家车和公共交通并用）的具体落实，丰田市对车站周围的停车场实行了重点整备。因为车站周围停车方便，便于市民利用，利用者不用家人接送就可以乘坐电车等其他交通工具，"P&R"政策的实施可使二氧化碳的排放量减少一些。

为了鼓励利用公共交通方式出行的市民，丰田市设定了免费停车场以及不同时段收费不同的停车场。如果购买停车场月票，一辆车只需花3000日元，从而促进"P&R"政策的落实。

（二）环境和产业技术相结合

丰田市是丰田汽车工业制造公司的本部，丰田汽车公司也代表着日本制造业的形象。

丰田汽车工业制造公司创立于1933年，是世界十大汽车工业公司之一。丰田汽车工业制造公司（包括海外）目前拥有31.7万余名员工，活跃在世界各地。2006年，仅丰田汽车的关联结算收入就达210369亿日元，营业额达20873亿日元，净利润为13721亿日元。

2010年，汽车总产量为760万辆，属世界汽车制造业领先企业。丰田公司从1933年创立以来，经过70多年的建设和发展，2008年开始逐渐取代通用汽车公司成为全世界排行第一位的汽车生产厂商。

今天的丰田汽车公司深受世界瞩目，丰田汽车深受广大消费者青睐。

丰田汽车公司在生产和销售汽车的过程中注重节能减排，利用高科技技术提高机械和设备的效率，并以缩短生产线来节约组装部品和工具的时间，提高工作效率，减少库存，形成了一套成功的丰田式生产方式，引起了许多制造业的关注。

从1993年开始，为了缓解气候变暖，丰田汽车公司制定了"丰田公司环境规划"，生产了节能低排放汽车。在此基础上，2006年又提出了新的目标，截至2010年生产了310万辆HV（混合动力汽车）。在欧美等国家销售，随着产业技术的不断革新，2010年的CO_2排放量实现了预期的削减目标。2011年开始制定了5年计划，建立低碳循环型、环境保护和自然共存型社会三大目标。今后，丰田公司将为防止气候变暖和保护自然生态环境这一目标而做出最大的努力。

为了达到目标，必须在生产、物流、销售等环节重视环保问题。

在生产过程中，丰田汽车公司以环保节能的工厂来生产环保节能的汽车为目标，2010年削减CO_2排放量130.6吨。具体做法是将生产线改为U型，一条生产线可生产其他车型，生产线可综合使用。同时，利用生产线的上部空间，摆放必要和匹配部品以节约时间和空间并减少程序。

在涂装工序中，按生产量调整其相适应的生产线。对万能涂装生产线实行"工作程序集中化"。原动力的使用量给予合理性调节分配。注重温度和湿度的管理，根据季节和时间段的不同及时调节空调的使用温度，并利用自然采光减少照明用具的能源消耗，同时更新冷冻机，使生产过程最大限度地做到节能减排。

在物流过程中，采用综合性货物运输方式，换句话说就是利用货物卡车和铁道海运相结合的运输方式解决劳动力不足和天气、交通堵塞、增加大气污染等问题，降低和减少使货物运输成本增加的各种可能性，使运输时间缩短、效率提高、成本下降。丰田公司通过和运输合作者的共同努力，成功削减了 CO_2 排放量 0.33 吨，使 CO_2 排放量降到 26.4 万吨。

在销售方面，1997 年至 2011 年 3 月，丰田公司的 HV（混合动力汽车）在海内外的总销售量为 311 万辆。HV（混合动力汽车）成功削减了 CO_2 排放量 1900 万吨。

丰田公司在生产和销售的过程中，注重节能减排，提高机械设备的效率，缩短生产线，减少库存，使生产效益大大提高。到 2009 年，丰田汽车公司的二氧化碳排放量与 1990 年相比减少了约 42%，为 122 万吨。每 1 亿日元单位的销售额二氧化碳的排放量为 14.2 吨。

另外，丰田汽车公司秉着服务于社会、贡献于社会的精神，积极参与地区的经济发展和城镇建设，以培养环境交通安全人才为中心，开展各种活动。例如，丰田汽车公司和丰田市同 NPO（地区发展中心）联合策划了名为"丰富的森林"的活动，组织各种人才，围绕森林资源以自然生态为中心开办了 15 次面向市民和农民等的知识讲座，参加者通过学习和实践，提高了认识、增加了知识，对绿色环境和低碳社会的促进起到了很大的作用。丰田市同时给予其他城市同样的帮助。例如，组织志愿者保护爱知县的田原市和凤桥市的海龟生存地等，积极参与对菲律宾的热带森林的保护等国内外各种支援活动。

（三）市政和森林管理相结合

丰田市从 2005 年与周围的乡镇实行了合并，所以，森林面积大幅度扩大，至今森林面积约为63000公顷,森林覆盖面积约占全市土地的70%。为了让这些森林更好地吸收二氧化碳,在适当的时期有计划地对森林进行间伐是必不可少的一项工作。可是,89%属于私有林,无人管理和荒废的森林也到处可见。为此,以丰田市为主体的有关机构组织,对森林占有者进行敦促,让其林主对森林进行间伐。丰田市对实施森林间伐的森林持有人,在省里下拨经费的基础上追加20%~50%的金额予以补助。森林持有人的补助金额占全体事业费的一成。另外,对选出的特别地区的私有林,由市统一管理。对间伐够20年的森林,丰田市予以全额负担。森林持有人的负担为零。

虽然丰田市投入了大量的人力和财力,但是森林间伐工作进展并不是那么顺利,主要原因是森林间伐工作的执行单位的成本升高影响了间伐工作。另外,人们逐渐失去森林管理的积极性也是影响森林间伐的原因之一。

丰田市为了对森林占有者从经营方面予以指导和促进,购入了木材加工机械设备,提高和整备了高性能的林道机械、对林道和作业道进行了整备。这一措施使间伐材的利用成本降低,从而提高了人们的积极性来促进森林间伐工作。

现在,丰田市每年有3300公顷的森林需要间伐,实际每年已完成森林间伐的仅为1/3。所以,对丰田市来说,确保林业劳动力问题和科学管理森林也是今后要解决的重要课题。

(四)环境保护和市民生活相结合

从太阳能发电系统的大量导入入手,促进市民的节能灯等照明用具、家电制品的更换,对住宅和建筑物也实行以环保为先,提高市民的绿色环保意识,提倡低碳生活,这是丰田市的基本方针。

丰田市的太阳能发电系统的设置数,在同等城市中平均最多。另外,丰田市也对购买太阳能发电系统的中、小、企事业单位实行补助,同时对即将购入太阳能发电系统的企事业单位予以宣传引导,对公共设施的管理也在规划导入中。

丰田市从2011年开始对太阳能发电系统给予资金补贴。对安装太阳能发电装置的用户,给予平均每1千瓦约3万日元、最高平均每1千瓦约12万日元的

丰田市的智能城市建设

资金补贴。同时还对节能灯、节能家电制品等的更换、使用家用节能燃料电池系统的用户予以鼓励，以普及和提高市民的低碳环保意识，从而达到低碳环保城市这一目标。

丰田市的制造业主要以丰田汽车公司以及其很多子公司为主。特点是住宅区与产业区共存，下面介绍关于丰田公司的建筑。丰田公司的住宅建筑由环保型、智能型所组成，智能住宅的电力系统能将储存的电力进行充分地高效率使用。从2011年9月开始，丰田公司修建了14栋70户试验性节能环保住宅，并用以销售，每户约为4100万日元。节能住宅建筑的断热材的普及使电力和二氧化碳排放量与1990年相比，约减少50%。如果利用智能性建筑物材料进行系列建造，还可以再减少二氧化碳的排放量。用于智能型建筑的中心技术是，"家庭能源管理系统"（HEMS，Home Energy Management System）。它的作用是，对用多少能源、什么时候用、在哪儿用、用在哪方面进行观测。可对家庭内的家电用品统一管理，自动将能源的使用量调节到最佳的控制状态。

2012年4月，丰田公司又进行技术革新制造了新的智能建筑，这一拥有140平方米的两层住宅，售价为2855万日元。这种智能住宅更能节能减排，它采用HEMS（Home Energy Management System）住宅能源管理系统来控制家庭能源的合理使用，利用日本夜间电费低的特点来设置功能，将低价格的夜间电力经过住宅能源管理系统储存起来，减少家庭用电成本。仅夜间电力的储存功能一年可节约电费3万日元。同时日本经济产业部对购入HEMS住宅能源管理系统的用户给予10万日元的补贴。

另外，丰田汽车公司利用PHV蓄电池，将白天的太阳能发电储存起来，转于夜间家庭供电系统V2H（Vehicle to Home），实现了共同生活圈的供电模式。这种供电系统也称为"能源数据管理系统"（Energy Data Management System），地区内的电力供应实行均衡调整，体现了共同生活圈的自产自销的供电模式。

尽管丰田市和丰田公司为节能环保和建立自然生态城市进行着不断的努力，但是，目前购买了HEMS住宅能源管理系统的住宅，还存在着两个难以解决的问题。一是，尽管2011年1月日本国内制定了统一的HEMS标准，但

187

是，家电产品的规格还没有完全统一。二是，安装了HEMS住宅能源管理系统的住宅，还受自然环境的影响，遇到阴天发电量只能达到使用电量的两至三成，雨天则只能达到一成。还有高层住宅群的HEMS住宅能源管理系统的改造问题，也是今后期待解决的课题。

三 生态城市规划及其初期效果

爱知县丰田市的低碳生态城市规划是，到2014年在2005年的基础上削减二氧化碳排放量265000吨，这是今后丰田市的低碳生态城市规划的目标也是今后努力的方向。节能环保创造低碳生态城市，不但要靠不懈的努力，而且要靠科学技术的不断发展，更要靠合理、科学的市政管理和企事业以及市民的多方配合，才能实现这一目标。到目前为止，丰田市已做了大量的工作，取得了一定的成绩，现将丰田市及丰田汽车公司近年来的成果整理如下。

（一）环境和交通技术相结合的效果

提高节能减排车的普及率和引导市民利用公共交通工具，对主要道路和交通设施进行整备，提供免费停车和PHV的无偿使用，为市民的出行提供了方便，5年约削减13万吨二氧化碳排放量。到2011年为止，建立了电动汽车充电站21所31台。另外，通过P&R的普及今后可削减二氧化碳排放量为12.8万吨。

（二）环境和产业技术相结合的效果

丰田市在节能减排措施的实施和发挥企事业单位的作用中取得了显著成绩，特别是丰田汽车公司，今后5年将削减80000吨二氧化碳排放量。丰田汽车公司是环境可持续开发性的成功企业。丰田汽车制造公司从1990年开始实施节能减排措施。2009年丰田汽车制造公司的二氧化碳排放量，与1990年相比，削减122万吨为每产生1亿日元单位的销售额，排放14.2吨二氧化碳（见图3）。

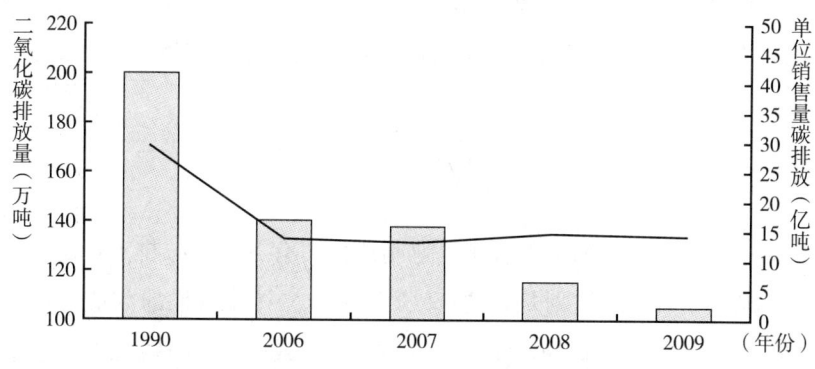

图3 丰田市的碳排放推移（1990~2009年）

2010年丰田汽车公司的二氧化碳的年排放量为117万吨（比1990年减少了45%）。

丰田市二氧化碳削减目标是，到2030年，以1990年为基准，将削减30%二氧化碳排放量作为中期目标，到2050年，将削减50%二氧化碳排放量作为长期目标。

（三）市政和森林管理结合的效果

计划到2014年，人工森林的间伐工作得以推进，约60%的人工森林将达到森林管理健全化这一目标。今后5年将削减10.78万吨二氧化碳排放量。从森林间伐和森林管理工作来看，今后的定期观察监测是必不可少的。特别是要加强边远和难以管理的地区的工作，对其进行定期的观察监测和指导。

（四）环境保护和市民生活结合的效果

丰田市积极推广节能减排住宅和开展太阳能发电系统的普及和促进工作，今后5年计划削减16700吨二氧化碳排放量。另外，节能灯和节省能源、高效率家电的更新，以及家庭用燃料电池系统的普及，可使今后5年在原有基础上再削减9500吨二氧化碳排放量。

另外，丰田市的节能减排建筑，通过实践的验证，证明了可节约能源，今后将达到削减70%的二氧化碳排放量的目标。HEMS 和 EDMS 系统,可望在2014年导入更多的先进技术,并将制订出新的设计开发和规划。

四 总结

本文介绍了丰田市和丰田汽车工业制造公司有关低碳减排工作的政策和实施情况。源于丰田市的计划是在2009年开始的,具体成果的数值还没有计算出来。在计划完成期的2014年以后,有望论证二氧化碳排放量的削减数值。

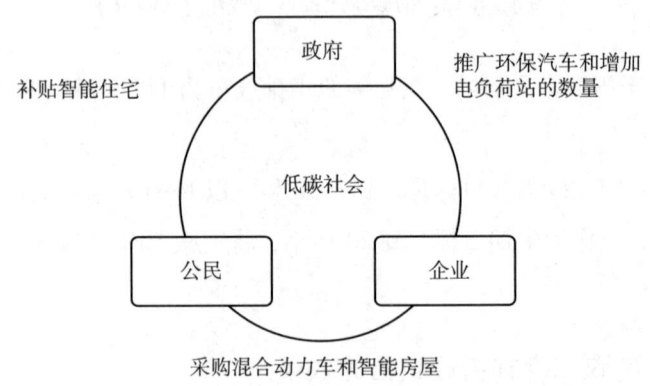

图4 三方携手的重要性

像丰田市这样以汽车工业制造为中心的城市,市民的交通工具以私家车为主,城市越发展对汽车的依存度越高。这样的问题已不仅仅局限于日本,发展中的亚洲国家也存在着同样的问题。我们希望上述总结的低碳环保新模式,能受到世界的关注,并能为其他国家或城市提供参考与借鉴,让丰田市和丰田汽车工业制造公司提出的政策、实施措施和高科技技术的利用,能发展成为国际化的丰田模式。但是也需要指出,这样的计划实施费用高昂。丰田市有丰田公司和其他大企业的协力和支持,才得以执行和落实,而其他的城市可能无法负担这样高昂的费用。另外,低碳环保社会的形成,在企事业单位出资困难的情况下,政府的行政参与和财力支援也是不可欠的。除此之外,提高市民的环境保护意识也是必不可少的。

低碳环保社会的实现,与政府、企业、市民的三方面携手、互相合作是分不开的。为实现共同受益保障持续发展，维持这三者的良好关系和相互理解支持显得更为重要。

参考文献

[1] 丰田市网站，http://www.city.toyota.aichi.jp/division/aj00/aj02/1216418_7158.html。

[2]《丰田市环境模范城市规划》，http://www.city.toyota.aichi.jp/division/al00/al03/1198860/honpen.pdf。

[3]《"家庭/集团型"低碳城市构造实证》，http://www.city.toyota.aichi.jp/pressrelease/_icsFiles/afieldfile/2010/08/11/masterplan002.pdf。

[4] 丰田造林委员会，http://www.city.toyota.aichi.jp/shingikai/ag/39/03siryou0301.pdf。

[5] 丰田建筑物"智能建筑"，http://www.toyotahome.co.jp/smarthouse/。

[6] 丰田汽车"Sustainability Report 2011"，http://www.toyota.co.jp/jpn/sustainability/report/sr/pdf/sustainability_report11_fj.pdf。

附 录

Appendix

B.13
附录1 中国碳排放统计

骆 晓

表1 1990~2012年中国能源与经济主要指标

	1990年	1995年	2000年	2005年	2009年	2010年	2011年	2012年
人口(万人)	114333	121121	126743	130756	133450	134091	134735	135404
城镇人口比重(%)	26.4	29.0	36.2	43.0	46.6	47.5	51.3	52.6
GDP增长率(%)	3.8	10.9	8.4	11.3	9.2	10.4	9.3	7.8
GDP(亿元)	18668	60794	99215	184937	340903	401513	472882	519322
经济结构(%)								
第一产业	27.1	19.9	15.1	12.1	10.3	10.1	10.0	10.1
第二产业	41.3	47.2	45.9	47.4	46.3	46.7	46.6	45.3
第三产业	31.6	32.9	39.0	40.5	43.4	43.2	43.4	44.6
人均GDP/美元(人)	344	604	949	1808	3748	4425	5359	6076
一次能源消费量(Mtce)	987.0	1311.8	1455.3	2360.0	3066.5	3249.4	3480.0	3620.0
原油进口依存度(%)	-18.4	-1.1	26.4	36.4	51.7	54.5	56.5	56.4
城镇居民人均可支配收入(元)	1510	4283	6280	10493	17175	19109	21810	24565
农村居民家庭人均纯收入(元)	686	1578	2253	3255	5153	5919	6977	7019
民用汽车拥有量(万辆)	551.4	1040.0	1608.9	3159.7	6280.6	7801.8	9356.3	—
其中:私人载客汽车	24.1	114.2	365.1	1383.9	3808.3	4989.5	6237.5	—
人均能耗(kgce)	864	1083	1148	1805	2297	2426	2583	2674
居民家庭人均生活用电(千瓦时)	42	83	132	217	343	380	417	
全社会固定资产投资(亿元)	4517	20019	32918	88774	224846	278140	311485	364835
能源工业固定资产投资(亿元)	847	2369	2840	10206	19478	20899	22989	—

续表

	1990年	1995年	2000年	2005年	2009年	2010年	2011年	2012年
发电量(TWh)	621.2	1007.0	1355.6	2500.3	3714.7	4207.1	4700.1	4818.8
钢产量(Mt)	66.4	95.4	128.5	353.2	572.2	637.2	683.9	716.5
水泥产量(Mt)	209.7	475.6	597.0	1068.9	1644.0	1881.9	2085.0	2184.1
货物出口总额(亿美元)	620.9	1487.8	2492.0	7619.5	12016.1	15777.5	18986.0	20489.3
货物进口总额(亿美元)	533.5	1320.8	2250.9	6599.5	10059.2	13962.4	17434.6	18178.3
SO_2排放量(Mt)	15.02	23.70	19.95	25.49	22.14	21.85	22.18	
人民币兑美元汇率	4.783	8.351	8.278	8.192	6.8310	6.7695	6.4588	6.3125

注：①GDP按当年价格计算，增长率按可比价格计算。
②石油进口依存度为净进口量占国内消费量比重，石油进出口量包括原油和石油制品，1990年、1995年石油制品未计LPG、石蜡、石油焦和石油沥青。
③重工业占工业增加值比重为规模以上（年产品销售收入500万元以上）工业企业。
④能源工业固定资产投资包括煤炭开采洗选业、石油和天然气开采业、石油加工和炼焦业、电力和热水生产及供应业、燃气生产和供应业。1990年为全民所有制企业，1995~2012年为城镇固定资产投资。
资料来源：国家统计局《中国统计年鉴2012》，中国统计出版社，2012年9月；海关总署；中国电力企业联合会。

表2 1990~2012年中国分品种能源产量

年份	原煤(Mt)	原油(Mt)	天然气(亿m^3)	发电量(TWh)	其中水电
1990	1080	138.3	153.0	621.2	126.7
1991	1087	141.0	160.7	677.5	124.7
1992	1116	142.1	157.9	753.9	130.7
1993	1150	145.2	167.7	839.5	151.8
1994	1240	146.1	175.6	928.1	167.4
1995	1361	150.1	179.5	1007.0	190.6
1996	1397	157.3	201.1	1081.3	188.0
1997	1388	160.7	227.0	1135.6	196.0
1998	1332	161.0	232.8	1167.0	198.9
1999	1364	160.0	252.0	1239.3	196.6
2000	1384	163.0	272.0	1355.6	222.4
2001	1472	164.0	303.3	1480.2	277.4
2002	1550	167.0	326.6	1654.2	288.0
2003	1835	169.6	350.2	1910.6	283.7
2004	2123	175.9	414.6	2203.0	353.5
2005	2350	181.4	493.2	2500.3	397.0
2006	2529	184.8	585.5	2865.7	435.8
2007	2692	186.3	692.4	3281.6	485.3
2008	2802	190.4	803.0	3495.8	637.0
2009	2973	189.5	852.7	3714.7	615.6
2010	3235	202.4	948.5	4207.2	722.2
2011	3520	202.9	1030.6	4700.1	694.0
2012	3650	207.0	1072.5	4837.8	860.9

资料来源：国家统计局。

表3 1978~2011年中国一次能源消费量及结构

年 份	能源消费总量（万tce）	构成(能源消费总量=100)			
		煤炭	石油	天然气	水电、核电、风电
1978	57144	70.7	22.7	3.2	3.4
1980	60275	72.2	20.7	3.1	4.0
1985	76682	75.8	17.1	2.2	4.9
1990	98703	76.2	16.6	2.1	5.1
1991	103783	76.1	17.1	2.0	4.8
1992	109170	75.7	17.5	1.9	4.9
1993	115993	74.7	18.2	1.9	5.2
1994	122737	75.0	17.4	1.9	5.7
1995	131176	74.6	17.5	1.8	6.1
1996	135192	73.5	18.7	1.8	6.0
1997	135909	71.4	20.4	1.8	6.4
1998	136184	70.9	20.8	1.8	6.5
1999	140569	70.6	21.5	2.0	5.9
2000	145531	69.2	22.2	2.2	6.4
2001	150406	68.3	21.8	2.4	7.5
2002	159431	68.0	22.3	2.4	7.3
2003	183792	69.8	21.2	2.5	6.5
2004	213456	69.5	21.3	2.5	6.7
2005	235997	70.8	19.8	2.6	6.8
2006	258676	71.1	19.3	2.9	6.7
2007	280508	71.1	18.8	3.3	6.8
2008	291448	70.3	18.3	3.7	7.7
2009	306647	70.4	17.9	3.9	7.8
2010	324939	68.0	19.0	4.4	8.6
2011	348002	68.4	18.6	5.0	8.0

资料来源：国家统计局。

表4 2010年中国分部门、分品种终端能源消费量

项 目	煤炭（万吨）	石油（万吨）	天然气（亿立方米）	热力（万百万千焦）	电力（亿千瓦时）
农、林、牧、渔业	1711.1	1382.5	0.5	91.0	976.5
工业	68146.1	14757.8	362.1	213189.0	28303.5
用作原料、材料	4289.3	4246.7	90.5	—	—
建筑业	718.9	3045.1	1.2	661.7	483.2
交通运输、仓储和邮政业	639.2	14709.9	79.7	1637.9	734.5
批发、零售业和住宿、餐饮业	1969.9	481.0	27.2	3902.2	1292.0
其他	2006.6	2556.7	26.0	7526.2	2451.6
生活消费	9159.2	3460.8	226.9	67410.2	5124.6
城镇	1902.7	2517.4	226.2	67410.2	2988.1
乡村	7256.5	943.4	0.7	—	2136.6
终端消费总量	84350.9	40393.7	723.6	294418.3	39366.3

资料来源：国家统计局：《中国能源统计年鉴2011》。

表5 2000~2011年中国各种运输方式运量、周转量和交通工具拥有量

	2000年	2005年	2008年	2009年	2010年	2011年
运量						
客运(亿人)	147.9	189.7	286.8	297.7	327.0	352.6
铁路	10.5	11.6	14.6	15.2	16.8	18.6
公路	134.7	169.7	268.2	277.9	305.3	328.6
水路	1.9	2.0	2.0	2.2	2.2	2.4
民航	0.7	1.4	1.9	2.3	2.7	2.9
货运(亿吨)	135.87	186.21	258.59	278.06	324.18	396.70
铁路	17.86	26.93	33.03	33.33	36.43	39.33
公路	103.88	134.18	191.68	212.78	244.81	282.01
水路	12.24	21.96	29.45	31.90	37.89	42.60
民航	0.02	0.03	0.4	0.44	0.56	0.56
周转量						
客运(亿人·公里)	12261	17467	23197	24835	27894	30984
铁路	4533	6062	7779	7879	8762	9612
公路	6657	9292	12476	13511	15021	16760
水路	101	68	59	69	72	75
民航	971	2045	2883	3375	4039	4537
货运(亿吨·千米)	43321	80258	110301	122133	141837	159324
铁路	13770	20726	25106	25239	27644	29466
公路	6129	8693	32868	37189	43390	51375
水路	23734	49672	50263	57557	68428	75424
民航	50	79	120	126	179	174
民用汽车拥有量(万辆)	1608.9	3159.1	5099.6	6208.3	7801.8	9356.3*
其中:私人载客车	365.1	1383.9	2880.5	3808.3	4989.5	6237.5
铁路机车拥有量(台)	15253	17473	18437	18922	19431	20721
民用机动船拥有量(万艘)	18.50	16.59	15.22	14.94	15.56	15.80
民用机动船净载重量(万吨)	4264.0	9075.6	11104.8	13338.5	16898.5	21000
民用飞机拥有量(架)	982	1386	1961	2181	2405	3191

注:*不包括1228万辆农用三轮汽车和低速货车。
资料来源:国家统计局,《中国统计年鉴2012》。

表6 2005～2011年中国交通运输能源消费量

	2005年	2008年	2009年	2010年	2011年
公路					
汽油(Mt)	46.08	58.15	60.35	65.45	73.35
柴油(Mt)	54.60	69.80	72.20	79.15	91.40
铁路					
柴油(Mt)	5.61	5.87	5.25	6.72	6.85
电力(亿千瓦时)	198.1	271.1	275.4	307.0	354.4
水路					
柴油(Mt)	5.02	6.23	7.40	7.75	8.19
燃料油(Mt)	7.08	9.86	12.80	14.70	15.35
民航					
煤油(Mt)	9.52	11.75	13.14	16.01	16.80

注：道路交通用油量包括车用替代燃料。2010年，车用替代燃料753万吨，2011年894万吨，其中压缩天然气540万吨，液化天然气15万吨，燃料乙醇182万吨，生物柴油5万吨，甲醇50万吨，煤制油80万吨，电动汽车代油14万吨。

资料来源：国家统计局；国家发展改革委；中国汽车技术研究中心；中国石油、石化市场综述，《中国石油报》2012年2月2日；中国成品油市场2011年回顾及2012年展望，《百度文库》；丁少恒、王健、龚满英，中国成品油市场2010年运行特点及2011年供需预测，《国际石油经济》，2011，No.4，40～49；韦健、孔劲媛、刘新平，中国燃料油市场2009年回顾及2010年展望，《国际石油经济》，2010，No.3，27～31；中国电力企业联合会。

表7 "十二五"时期主要节能指标

指标	单位	2010年	2015年	变化幅度/变化率
工业				
单位工业增加值(规模以上)能耗	%	—	—	[-21%左右]
火电供电煤耗	克标准煤/千瓦时	333	325	-8
火电厂厂用电率	%	6.33	6.2	-0.13
电网综合线损率	%	6.53	6.3	-0.23
吨钢综合能耗	千克标准煤	605	580	-25
铝锭综合交流电耗	千瓦时/吨	14013	13300	-713
铜冶炼综合能耗	千克标准煤/吨	350	300	-50
原油加工综合能耗	千克标准煤/吨	99	86	-13
乙烯综合能耗	千克标准煤/吨	886	857	-29
合成氨综合能耗	千克标准煤/吨	1402	1350	-52
烧碱(离子膜)综合能耗	千克标准煤/吨	351	330	-21
水泥熟料综合能耗	千克标准煤/吨	115	112	-3
平板玻璃综合能耗	千克标准煤/重量箱	17	15	-2

续表

指标	单位	2010年	2015年	变化幅度/变化率
纸及纸板综合能耗	千克标准煤/吨	680	530	-150
纸浆综合能耗	千克标准煤/吨	450	370	-80
日用陶瓷综合能耗	千克标准煤/吨	1190	1110	-80
建筑				
北方采暖地区既有居住建筑改造面积	亿平方米	1.8	5.8	4
城镇新建绿色建筑标准执行率	%	1	15	14
交通运输				
铁路单位运输工作量综合能耗	吨标准煤/百万换算吨公里	5.01	4.76	[-5%]
营运车辆单位运输周转量能耗	千克标准煤/百吨公里	7.9	7.5	[-5%]
营运船舶单位运输周转量能耗	千克标准煤/千吨公里	6.99	6.29	[-10%]
民航业单位运输周转量能耗	千克标准煤/吨公里	0.450	0.428	[-5%]
公共机构				
公共机构单位建筑面积能耗	千克标准煤/平方米	23.9	21	[-12%]
公共机构人均能耗	千克标准煤/人	447.4	380	[15%]
终端用能设备能效				
燃煤工业锅炉(运行)	%	65	70~75	5~10
三相异步电动机(设计)	%	90	92~94	2~4
容积式空气压缩机输入比功率	千瓦/(立方米·分$^{-1}$)	10.7	8.5~9.3	-1.4~-2.2
电力变压器损耗	千瓦	空载:43 负载:170	空载:30~33 负载:151~153	-10~-13 -17~-19
汽车(乘用车)平均油耗	升/百公里	8	6.9	-1.1
房间空调器(能效比)	—	3.3	3.5~4.5	0.2~1.2
电冰箱(能效指数)	%	49	40~46	-3~-9
家用燃气热水器(热效率)	%	87~90	93~97	3~10

注:[ ]内为变化率。
资料来源:《节能减排"十二五"规划》。

表8 "十一五"时期、"十二五"时期各地区节能目标

地 区	单位国内生产总值能耗降低率(%)		
	"十一五"时期	"十二五"时期	2006~2015年累计
北 京	26.59	17	39.07
天 津	21.00	18	35.22
河 北	20.11	17	33.69
山 西	22.66	16	35.03
内蒙古	22.62	15	34.23
辽 宁	20.01	17	33.61
吉 林	22.04	16	34.51

续表

地区	单位国内生产总值能耗降低率(%)		
	"十一五"时期	"十二五"时期	2006~2015年累计
黑龙江	20.79	16	33.46
上 海	20.00	18	34.40
江 苏	20.45	18	34.77
浙 江	20.01	18	34.41
安 徽	20.36	16	33.10
福 建	16.45	16	29.82
江 西	20.04	16	32.83
山 东	22.09	17	35.33
河 南	20.12	16	32.90
湖 北	21.67	16	34.20
湖 南	20.43	16	33.16
广 东	16.42	18	31.46
广 西	15.22	15	27.94
海 南	12.14	10	20.93
重 庆	20.95	16	33.60
四 川	20.31	16	33.06
贵 州	20.06	15	32.05
云 南	17.41	15	29.80
西 藏	12.00	10	20.80
陕 西	20.25	16	33.01
甘 肃	20.26	15	32.22
青 海	17.04	10	25.34
宁 夏	20.09	15	32.08
新 疆	8.91	10	18.02
全 国	19.06	16	32.01

注:"十一五"各地区单位国内生产总值能耗降低率除新疆外均为国家统计局最终公布数据,新疆为初步核实数据。

资料来源:《"十二五"节能减排综合性工作方案》国发〔2011〕26号。

表9 "十二五"时期淘汰落后产能目标

行 业	主要内容	单位	产能
电 力	大电网覆盖范围内,单机容量在10万千瓦及以下的常规燃煤火电机组,单机容量在5万千瓦及以下的常规小火电机组,以发电为主的燃油锅炉及发电机组(5万千瓦及以下);大电网覆盖范围内,设计寿命期满的单机容量在20万千瓦及以下的常规燃煤火电机组	万千瓦	2000
炼 铁	400立方米及以下炼铁高炉等	万吨	4800

续表

行 业	主要内容	单位	产能
炼钢	30吨及以下转炉、电炉等	万吨	4800
铁合金	6300千伏安以下铁合金矿热电炉,3000千伏安以下铁合金半封闭直流电炉、铁合金精炼电炉,等等	万吨	740
电石	单台炉容量小于12500千伏安电石炉及开放式电石炉	万吨	380
铜(含再生铜)冶炼	鼓风炉、电炉、反射炉炼铜工艺及设备等	万吨	80
电解铝	100千安及以下预焙槽等	万吨	90
铅(含再生铅)冶炼	采用烧结锅、烧结盘、简易高炉等落后方式炼铅工艺及设备,未配套建设制酸及尾气吸收系统的烧结机炼铅工艺等	万吨	130
锌(含再生锌)冶炼	采用马弗炉、马槽炉、横罐、小竖罐等进行焙烧、简易冷凝设施进行收尘等落后方式炼锌或生产氧化锌工艺装备等	万吨	65
焦炭	土法炼焦(含改良焦炉),单炉产能7.5万吨/年以下的半焦(兰炭)生产装置,炭化室高度小于4.3米焦炉(3.8米及以上捣固焦炉除外)	万吨	4200
水泥(含熟料及磨机)	立窑、干法中空窑、直径3米以下水泥粉磨设备,等等	万吨	37000
平板玻璃	平拉工艺平板玻璃生产线(含格法)	万重量箱	9000
造纸	无碱回收的碱法(硫酸盐法)制浆生产线,单条产能小于3.4万吨的非木浆生产线,单条产能小于1万吨的废纸浆生产线,年生产能力5.1万吨以下的化学木浆生产线,等等	万吨	1500
化纤	2万吨/年及以下粘胶常规短纤维生产线,湿法氨纶工艺生产线,二甲基酰胺溶剂法氨纶及腈纶工艺生产线,硝酸法腈纶常规纤维生产线,等等	万吨	59
印染	未经改造的74型染整生产线,使用年限超过15年的国产和使用年限超过20年的进口前处理设备、拉幅和定形设备、圆网和平网印花机、连续染色机,使用年限超过15年的浴比大于1:10的棉及化纤间歇式染色设备,等等	亿米	55.8
制革	年加工生皮能力5万标张牛皮、年加工蓝湿皮能力3万标张牛皮以下的制革生产线	万标张	1100
酒精	3万吨/年以下酒精生产线(废糖蜜制酒精除外)	万吨	100
味精	3万吨/年以下味精生产线	万吨	18.2
柠檬酸	2万吨/年及以下柠檬酸生产线	万吨	4.75
铅蓄电池(含极板及组装)	开口式普通铅蓄电池生产线,含镉高于0.002%的铅蓄电池生产线,20万千伏安时/年规模以下的铅蓄电池生产线	万千伏安时	746
白炽灯	60瓦以上普通照明用白炽灯	亿只	6

资料来源:《节能减排"十二五"规划》。

表10 "十二五"时期主要减排指标

指标	单位	2010年	2015年	变化幅度/变化率
工业				
工业化学需氧量排放量	万吨	355	319	[-10%]
工业二氧化硫排放量	万吨	2073	1866	[-10%]
工业氨氮排放量	万吨	28.5	24.2	[-15%]
工业氮氧化物排放量	万吨	1637	1391	[-15%]
火电行业二氧化硫排放量	万吨	956	800	[-16%]
火电行业氮氧化物排放量	万吨	1055	750	[-29%]
钢铁行业二氧化硫排放量	万吨	248	180	[-27%]
水泥行业氮氧化物排放量	万吨	170	150	[-12%]
造纸行业化学需氧量排放量	万吨	72	64.8	[-10%]
造纸行业氨氮排放量	万吨	2.14	1.93	[-10%]
纺织印染行业化学需氧量排放量	万吨	29.9	26.9	[-10%]
纺织印染行业氨氮排放量	万吨	1.99	1.75	[-12%]
农业				
农业化学需氧量排放量	万吨	1204	1108	[-8%]
农业氨氮排放量	万吨	82.9	74.6	[-10%]
城市				
城市污水处理率	%	77	85	8

注：[ ]内为变化率。
资料来源：《节能减排"十二五"规划》。

表11 "十二五"时期各地区化学需氧量排放总量控制计划

单位：万吨

地区	2010年		2015年		2015年比2010年(%)	
	排放量	其中：工业和生活	控制量	其中：工业和生活	增加或减少	其中：工业和生活
北京	20.0	10.9	18.3	9.8	-8.7	-9.8
天津	23.8	12.3	21.8	11.2	-8.6	-9.2
河北	142.2	45.6	128.3	40.7	-9.8	-10.8
山西	50.7	31.2	45.8	27.9	-9.6	-10.6
内蒙古	92.1	27.5	85.9	25.4	-6.7	-7.5
辽宁	137.3	47.0	124.7	42.1	-9.2	-10.4
吉林	83.4	28.8	76.1	26.1	-8.8	-9.4
黑龙江	161.2	47.8	147.5	43.4	-8.6	-9.3
上海	26.6	22.5	23.9	20.1	-10.0	-10.5
江苏	128.0	86.3	112.8	75.3	-11.9	-12.8
浙江	84.2	61.4	74.6	53.7	-11.4	-12.5
安徽	97.3	55.6	90.3	52.0	-7.2	-6.5

续表

地 区	2010年		2015年		2015年比2010年(%)	
	排放量	其中:工业和生活	控制量	其中:工业和生活	增加或减少	其中:工业和生活
福 建	69.6	45.8	65.2	43.1	-6.3	-6.0
江 西	77.7	51.9	73.2	48.3	-5.8	-7.0
山 东	201.6	62.7	177.4	54.6	-12.0	-12.9
河 南	148.2	62.0	133.5	55.8	-9.9	-10.0
湖 北	112.4	62.1	104.1	59.0	-7.4	-5.0
湖 南	134.1	71.8	124.9	66.8	-7.2	-7.0
广 东	193.3	130.6	170.1	113.8	-12.0	-12.9
广 西	80.7	58.1	74.6	53.6	-7.6	-7.8
海 南	20.4	9.2	20.4	9.2	0.0	0.0
重 庆	42.6	29.4	39.5	27.5	-7.2	-6.5
四 川	132.4	75.0	123.1	71.3	-7.0	-5.0
贵 州	34.8	28.1	32.7	26.4	-6.0	-6.1
云 南	56.4	48.0	52.9	45.0	-6.2	-6.2
西 藏	2.7	2.3	2.7	2.3	0.0	0.0
陕 西	57.0	36.4	52.7	33.5	-7.6	-7.9
甘 肃	40.2	25.5	37.6	23.7	-6.4	-6.9
青 海	10.4	8.1	12.3	9.6	18.0	18.0
宁 夏	24.0	13.3	22.6	12.5	-6.0	-6.3
新 疆	56.9	26.2	56.9	26.2	0.0	0.0
新疆生产建设兵团	9.5	4.7	9.5	4.7	0.0	0.0
合 计	2551.7	1328.1	2335.2	1214.6	-8.5	-8.5

注:全国化学需氧量排放量削减8%的总量控制目标为2347.6万吨(其中工业和生活1221.9万吨),实际分配给各地区2335.2万吨(其中工业和生活1214.6万吨),国家预留12.4万吨,用于化学需氧量排污权有偿分配和交易试点工作。

资料来源:《"十二五"节能减排综合性工作方案》国发〔2011〕26号。

表12 "十二五"时期各地区氨氮排放总量控制计划

单位:万吨

地 区	2010年		2015年		2015年比2010年(%)	
	排放量	其中:工业和生活	控制量	其中:工业和生活	增加或减少	其中:工业和生活
北 京	2.20	1.64	1.98	1.47	-10.1	-10.2
天 津	2.79	2.18	2.50	1.95	-10.5	-10.4
河 北	11.61	6.98	10.14	6.10	-12.7	-12.6
山 西	5.93	4.66	5.21	4.08	-12.2	-12.4
内蒙古	5.45	4.19	4.92	3.79	-9.7	-9.5
辽 宁	11.25	7.56	10.01	6.69	-11.0	-11.5

续表

地区	2010年		2015年		2015年比2010年(%)	
	排放量	其中:工业和生活	控制量	其中:工业和生活	增加或减少	其中:工业和生活
吉 林	5.87	3.92	5.25	3.49	-10.5	-10.9
黑龙江	9.45	6.14	8.47	5.49	-10.4	-10.6
上 海	5.21	4.83	4.54	4.21	-12.9	-12.9
江 苏	16.12	11.98	14.04	10.40	-12.9	-13.2
浙 江	11.84	8.96	10.36	7.84	-12.5	-12.5
安 徽	11.20	7.07	10.09	6.38	-9.9	-9.8
福 建	9.72	6.16	8.90	5.67	-8.4	-8.0
江 西	9.45	6.18	8.52	5.57	-9.8	-9.8
山 东	17.64	10.06	15.29	8.70	-13.3	-13.5
河 南	15.57	8.80	13.61	7.66	-12.6	-12.9
湖 北	13.29	8.25	12.00	7.43	-9.7	-9.9
湖 南	16.95	10.15	15.29	9.16	-9.8	-9.8
广 东	23.52	17.53	20.39	15.16	-13.3	-13.5
广 西	8.45	5.63	7.71	5.13	-8.7	-8.9
海 南	2.29	1.36	2.29	1.37	0.0	1.0
重 庆	5.59	4.19	5.10	3.81	-8.8	-9.0
四 川	14.56	8.50	13.31	7.78	-8.6	-8.5
贵 州	4.03	3.19	3.72	2.94	-7.7	-7.8
云 南	6.00	4.66	5.51	4.29	-8.1	-8.0
西 藏	0.33	0.28	0.33	0.28	0.0	0.0
陕 西	6.44	4.80	5.81	4.34	-9.8	-9.6
甘 肃	4.33	3.70	3.94	3.38	-8.9	-8.7
青 海	0.96	0.87	1.10	1.00	15.0	15.0
宁 夏	1.82	1.60	1.67	1.47	-8.0	-8.0
新 疆	4.06	3.08	4.06	3.08	0.0	0.0
新疆生产建设兵团	0.51	0.25	0.51	0.25	0.0	0.0
合 计	264.4	179.4	236.6	160.4	-10.5	-10.6

注:全国氨氮排放量削减10%的总量控制目标为238.0万吨(其中工业和生活161.5万吨),实际分配给各地区236.6万吨(其中工业和生活160.4万吨),国家预留1.4万吨,用于氨氮排污权有偿分配和交易试点工作。

资料来源:《"十二五"节能减排综合性工作方案》国发〔2011〕26号。

表13 "十二五"时期各地区二氧化硫排放总量控制计划

单位:万吨

地区	2010年排放量	2015年控制量	2015年比2010年(%)
北 京	10.4	9.0	-13.4
天 津	23.8	21.6	-9.4
河 北	143.8	125.5	-12.7
山 西	143.8	127.6	-11.3

续表

地 区	2010年排放量	2015年控制量	2015年比2010年(%)
内蒙古	139.7	134.4	-3.8
辽 宁	117.2	104.7	-10.7
吉 林	41.7	40.6	-2.7
黑龙江	51.3	50.3	-2.0
上 海	25.5	22.0	-13.7
江 苏	108.6	92.5	-14.8
浙 江	68.4	59.3	-13.3
安 徽	53.8	50.5	-6.1
福 建	39.3	36.5	-7.0
江 西	59.4	54.9	-7.5
山 东	188.1	160.1	-14.9
河 南	144.0	126.9	-11.9
湖 北	69.5	63.7	-8.3
湖 南	71.0	65.1	-8.3
广 东	83.9	71.5	-14.8
广 西	57.2	52.7	-7.9
海 南	3.1	4.2	34.9
重 庆	60.9	56.6	-7.1
四 川	92.7	84.4	-9.0
贵 州	116.2	106.2	-8.6
云 南	70.4	67.6	-4.0
西 藏	0.4	0.4	0.0
陕 西	94.8	87.3	-7.9
甘 肃	62.2	63.4	2.0
青 海	15.7	18.3	16.7
宁 夏	38.3	36.9	-3.6
新 疆	63.1	63.1	0.0
新疆生产建设兵团	9.6	9.6	0.0
合 计	2267.8	2067.4	-8.8

注：全国二氧化硫排放量削减8%的总量控制目标为2086.4万吨，实际分配给各地区2067.4万吨，国家预留19.0万吨，用于二氧化硫排污权有偿分配和交易试点工作。

资料来源：《"十二五"节能减排综合性工作方案》国发〔2011〕26号。

表14 "十二五"时期各地区氮氧化物排放总量控制计划

单位：万吨

地 区	2010年排放量	2015年控制量	2015年比2010年(%)
北 京	19.8	17.4	-12.3
天 津	34.0	28.8	-15.2
河 北	171.3	147.5	-13.9
山 西	124.1	106.9	-13.9
内蒙古	131.4	123.8	-5.8

续表

地区	2010年排放量	2015年控制量	2015年比2010年(%)
辽宁	102.0	88.0	-13.7
吉林	58.2	54.2	-6.9
黑龙江	75.3	73.0	-3.1
上海	44.3	36.5	-17.5
江苏	147.2	121.4	-17.5
浙江	85.3	69.9	-18.0
安徽	90.9	82.0	-9.8
福建	44.8	40.9	-8.6
江西	58.2	54.2	-6.9
山东	174.0	146.0	-16.1
河南	159.0	135.6	-14.7
湖北	63.1	58.6	-7.2
湖南	60.4	55.0	-9.0
广东	132.3	109.9	-16.9
广西	45.1	41.1	-8.8
海南	8.0	9.8	22.3
重庆	38.2	35.6	-6.9
四川	62.0	57.7	-6.9
贵州	49.3	44.5	-9.8
云南	52.0	49.0	-5.8
西藏	3.8	3.8	0.0
陕西	76.6	69.0	-9.9
甘肃	42.0	40.7	-3.1
青海	11.6	13.4	15.3
宁夏	41.8	39.8	-4.9
新疆	58.8	58.8	0.0
新疆生产建设兵团	8.8	8.8	0.0
合计	2273.6	2021.6	-11.1

注：全国氮氧化物排放量削减10%的总量控制目标为2046.2万吨，实际分配给各地区2021.6万吨，国家预留24.6万吨，用于氮氧化物排污权有偿分配和交易试点工作。
资料来源：《"十二五"节能减排综合性工作方案》国发〔2011〕26号。

表15 2011年中国各地区节能目标完成情况

单位：%

地区	2011年万元GDP能耗降低目标	2011年万元GDP能耗降低率	"十二五"节能目标完成进度
北京	6.50	6.94	38.58
天津	4.00	4.28	22.05
河北	3.66	3.69	20.17
山西	3.50	3.55	20.71
内蒙古	2.50	2.51	15.63

续表

地 区	2011年万元GDP能耗降低目标	2011年万元GDP能耗降低率	"十二五"节能目标完成进度
辽 宁	3.40	3.40	18.55
吉 林	3.50	3.59	20.95
黑龙江	3.50	3.50	20.42
上 海	4.50	5.32	27.56
江 苏	3.50	3.52	18.06
浙 江	3.50	3.07	15.72
安 徽	3.50	4.06	23.75
福 建	3.20	3.29	19.17
江 西	3.00	3.08	17.93
山 东	3.66	3.77	20.61
河 南	3.50	3.57	20.83
湖 北	3.50	3.79	22.14
湖 南	3.50	3.68	21.49
广 东	3.50	3.78	19.42
广 西	3.30	3.36	21.02
海 南	-6.00	-5.23	-48.27
重 庆	3.80	3.81	22.26
四 川	3.50	4.23	24.77
贵 州	3.20	3.51	21.97
云 南	3.20	3.22	20.13
陕 西	3.50	3.56	20.77
甘 肃	3.20	2.51	15.63
青 海	1.50	-9.44	-85.42
宁 夏	-3.50	-4.60	-27.66
新 疆	2.00	-6.96	-63.71

注：①2011年万元GDP能耗降低目标依据各省、区、市人民政府确认函；
②2011年万元GDP能耗降低率依据国家统计局核定数（西藏自治区数据暂缺）；
③负号表示单位GDP能耗上升。

表16　2011年中国淘汰落后产能目标任务完成情况

部 门	淘汰产能	部 门	淘汰产能
炼 铁	4780	平板玻璃	3995
炼 钢	3623	造 纸	8209.9
焦 炭	2997	酒 精	6478.7
铁合金	369.4	味 精	3480.7
电 石	234.6	柠檬酸	665.13
电解铝	114.3	制 革	24693
铜冶炼	80.1	印 染	70.54
铅冶炼	121.9	化 纤	104.49
锌冶炼	62.4	煤 炭	62
水泥(熟料及磨机)	24354	电 力	21462

资料来源：中华人民共和国发展和改革委员会。

表17 2011年中国各省、自治区、直辖市主要污染物排放量

地区	化学需氧量			氨氮			二氧化硫			氮氧化物		
	2010年排放量（万吨）	2011年排放量（万吨）	同比上升或下降（%）	2010年排放量（万吨）	2011年排放量（万吨）	同比上升或下降（%）	2010年排放量（万吨）	2011年排放量（万吨）	同比上升或下降（%）	2010年排放量（万吨）	2011年排放量（万吨）	同比上升或下降（%）
北京	20.03	19.32	-3.53	2.20	2.13	-2.98	10.44	9.79	-6.22	19.77	18.83	-4.75
天津	23.84	23.58	-1.09	2.79	2.64	-5.34	23.81	23.09	-3.00	34.02	35.89	5.49
河北	142.20	138.88	-2.33	11.61	11.43	-1.53	143.78	141.19	-1.80	171.29	180.06	5.12
山西	50.73	48.96	-3.49	5.94	5.91	-0.50	143.81	139.90	-2.72	124.15	128.60	3.59
内蒙古	92.13	91.90	-0.25	5.45	5.38	-1.12	139.74	140.94	0.86	131.41	142.19	8.20
辽宁	137.34	134.34	-2.19	11.25	11.11	-1.21	117.20	112.61	-3.91	102.02	106.28	4.17
吉林	83.43	82.47	-1.15	5.87	5.82	-0.91	41.69	41.32	-0.88	58.24	60.47	3.84
黑龙江	161.17	157.65	-2.18	9.45	9.65	2.03	51.34	52.19	1.65	75.27	78.36	4.10
上海	26.56	24.90	-6.26	5.21	5.04	-3.40	25.51	24.01	-5.90	44.27	43.54	-1.66
江苏	128.02	124.62	-2.66	16.12	15.72	-2.48	108.55	105.37	-2.93	147.19	153.57	4.34
浙江	84.19	81.83	-2.81	11.85	11.54	-2.55	68.36	66.20	-3.15	85.33	85.91	0.68
安徽	97.33	95.33	-2.05	11.20	10.98	-1.99	53.82	52.95	-1.63	90.92	95.91	5.49
福建	69.58	67.94	-2.36	9.72	9.54	-1.91	39.33	38.92	-1.05	44.75	49.45	10.50
江西	77.71	76.79	-1.18	9.45	9.34	-1.13	59.43	58.41	-1.72	58.22	61.23	5.17
山东	201.63	198.24	-1.68	17.64	17.29	-1.98	188.11	182.73	-2.86	174.00	179.03	2.89
河南	148.24	143.67	-3.08	15.58	15.38	-1.27	144.03	137.05	-4.85	158.97	166.54	4.76
湖北	112.38	110.47	-1.70	13.29	13.12	-1.23	69.45	66.56	-4.17	63.13	66.96	6.08
湖南	134.14	130.51	-2.70	16.95	16.50	-2.68	70.96	68.54	-3.41	60.43	66.63	10.26

续表

地区	化学需氧量			氨氮			二氧化硫			氮氧化物		
	2010年排放量（万吨）	2011年排放量（万吨）	同比上升或下降（%）	2010年排放量（万吨）	2011年排放量（万吨）	同比上升或下降（%）	2010年排放量（万吨）	2011年排放量（万吨）	同比上升或下降（%）	2010年排放量（万吨）	2011年排放量（万吨）	同比上升或下降（%）
广东	193.26	188.45	-2.48	23.52	23.09	-1.82	83.91	84.77	1.03	132.34	138.82	4.90
广西	80.73	79.33	-1.74	8.45	8.39	-0.73	57.22	52.10	-8.95	45.11	49.40	9.52
海南	20.41	20.00	-2.01	2.29	2.27	-0.94	3.11	3.26	4.67	8.03	9.54	18.81
重庆	42.61	41.68	-2.18	5.59	5.50	-1.58	60.87	58.69	-3.58	38.22	40.26	5.33
四川	132.44	130.22	-1.67	14.56	14.37	-1.28	92.70	90.20	-2.70	62.04	67.48	8.78
贵州	34.83	34.22	-1.77	4.03	3.98	-1.33	116.18	110.42	-4.95	49.29	55.32	12.24
云南	56.36	55.47	-1.58	6.00	5.93	-1.06	70.38	69.13	-1.78	51.98	54.85	5.54
西藏	2.75	2.68	-2.36	0.331	0.334	0.94	0.42	0.42	0.00	3.83	4.11	7.36
陕西	56.98	55.77	-2.13	6.44	6.34	-1.64	94.77	91.69	-3.25	76.58	83.19	8.64
甘肃	40.24	39.66	-1.44	4.33	4.26	-1.62	62.24	62.39	0.25	42.04	48.09	14.39
青海	10.45	10.32	-1.19	0.962	0.964	0.17	15.70	15.66	-0.25	11.57	12.41	7.25
宁夏	24.01	23.37	-2.67	1.82	1.80	-1.14	38.29	41.04	7.18	41.76	45.82	9.71
新疆自治区	56.86	57.38	0.92	4.06	4.16	2.56	63.14	65.82	4.24	58.82	65.59	11.50
新疆兵团	9.46	9.88	4.45	0.51	0.52	2.39	9.59	10.49	9.41	8.77	9.92	13.19
全国	2551.7	2499.9	-2.04	264.4	260.4	-1.52	2267.8	2217.9	-2.21	2273.6	2404.3	5.74

注：公报不含香港特别行政区、澳门特别行政区和台湾省。

资料来源：中华人民共和国环境保护部。

表18　2011年中国石油和中国石化集团公司主要污染物排放量

指标	中国石油天然气集团公司			中国石油化工集团公司		
	2010年	2011年	同比上升或下降(%)	2010年	2011年	同比上升或下降(%)
原油加工量(亿吨)	1.35	1.45	7.30	2.11	2.17	3.00
煤炭消耗量(万吨)	2161	2215	2.50	2627	2686	2.26
燃料油消耗量(万吨)	213	173	-18.80	472	378	-19.85
燃气消耗量(亿立方米)	168	176	4.41	137	150	9.57
原油平均硫份(%)	0.38	0.37	-4.13	1.29	1.29	0.11
动力锅炉容量脱硫比例(%)	62.60	68.10	5.50	88.50	96.10	7.60
化学需氧量排放量(万吨)	3.43	3.42	-0.45	4.11	4.13	0.33
氨氮排放量(万吨)	1.40	1.41	1.31	1.21	1.20	-0.19
二氧化硫排放量(万吨)	24.24	23.58	-2.73	39.69	38.80	-2.24
氮氧化物排放量(万吨)	18.64	19.55	4.86	21.69	21.96	1.22

资料来源：中华人民共和国环境保护部。

表19　2011年六大电力集团公司主要污染物排放量

指标	合计	中国华能集团公司	中国大唐集团公司	中国华电集团公司	中国国电集团公司	中国电力投资集团公司	国家电网公司
火电装机容量(万千瓦)	41633	10397	8665	7492	8339	5697	1043
脱硫装机容量(万千瓦)	38321	9402	8346	6502	7867	5256	948
脱硝装机容量(万千瓦)	7370	2720	1325	808	1206	1191	120
火力发电量(亿千瓦时)	21185	5392	4488	3753	4265	2722	565
煤炭消耗量(万吨)	112218	27277	24086	19939	22615	15466	2835
煤炭平均硫份(%)	1.05	1.00	0.99	1.11	1.14	1.01	0.95
关闭小火电装机容量(万千瓦)	262.4	40.0	5.0	64.0	34.0	117.0	2.4
二氧化硫排放量(万吨)	429.59	95.55	86.07	85.54	91.32	61.89	9.21
比2010年上升或下降(%)	-4.05	-3.53	-3.10	-2.97	-4.19	-6.94	-6.52
氮氧化物排放量(万吨)	647.18	155.34	142.75	110.07	139.29	84.79	14.94
比2010年上升或下降(%)	6.84	6.35	4.95	9.43	7.04	7.86	4.13

资料来源：中华人民共和国环境保护部。

B.14 附录2 世界碳排放统计

骆 晓

表1 世界分能源种类历年二氧化碳排放量

单位：百万吨二氧化碳

年份	OECD国家				非OECD国家			
	总计	煤炭使用产生的CO_2	石油使用产生的CO_2	天然气使用产生的CO_2	总计	煤炭使用产生的CO_2	石油使用产生的CO_2	天然气使用产生的CO_2
1971	9337	3130	4724	1482	4245	2071	1598	577
1972	9762	3126	5073	1561	4484	2145	1730	609
1973	10296	3240	5444	1611	4778	2224	1909	644
1974	10089	3215	5244	1627	4992	2277	2031	684
1975	9766	3132	5069	1561	5424	2477	2227	720
1976	10338	3302	5405	1628	5677	2532	2365	780
1977	10593	3356	5593	1640	5999	2666	2499	834
1978	10742	3337	5723	1677	6381	2839	2658	884
1979	10997	3532	5699	1761	6658	2914	2795	949
1980	10657	3595	5304	1753	6853	2975	2864	1014
1981	10390	3673	4986	1726	6912	2947	2883	1083
1982	10043	3642	4744	1651	7097	3013	2918	1166
1983	9970	3725	4628	1610	7299	3101	2957	1241
1984	10295	3857	4707	1723	7546	3273	2930	1343
1985	10388	4014	4643	1723	7725	3358	2928	1438
1986	10393	3950	4762	1671	8027	3500	2979	1549
1987	10635	4054	4812	1759	8419	3718	3061	1639
1988	10955	4138	4985	1821	8766	3898	3149	1720
1989	11108	4150	5047	1898	8992	4003	3168	1822
1990	11073	4103	5009	1920	9297	4205	3203	1889
1991	11106	4036	5032	1988	9422	4227	3254	1942
1992	11137	3931	5122	2029	9261	4230	3134	1887
1993	11225	3909	5151	2110	9264	4281	3105	1869
1994	11418	3913	5277	2169	9174	4309	3028	1829

续表

年份	OECD 国家				非 OECD 国家			
	总计	煤炭使用产生的 CO_2	石油使用产生的 CO_2	天然气使用产生的 CO_2	总计	煤炭使用产生的 CO_2	石油使用产生的 CO_2	天然气使用产生的 CO_2
1995	11575	3971	5267	2277	9549	4571	3136	1831
1996	11945	4094	5391	2401	9844	4722	3230	1885
1997	12122	4158	5440	2461	9829	4591	3347	1881
1998	12097	4112	5448	2474	9971	4633	3415	1913
1999	12169	4055	5498	2546	9997	4513	3480	1993
2000	12492	4258	5515	2642	10195	4569	3546	2064
2001	12527	4283	5554	2615	10362	4638	3597	2109
2002	12520	4218	5531	2693	10752	4863	3673	2199
2003	12755	4309	5622	2742	11544	5431	3760	2339
2004	12887	4357	5676	2777	12560	6124	3987	2429
2005	12922	4373	5681	2796	13284	6647	4070	2548
2006	12866	4405	5568	2813	14182	7288	4214	2659
2007	13001	4465	5504	2947	14940	7763	4372	2787
2008	12630	4324	5272	2949	15719	8272	4516	2913
2009	12023	3963	5084	2882	15894	8495	4493	2886
2010	12440	4182	5108	3050	16737	8884	4683	3129

资料来源：IEA。

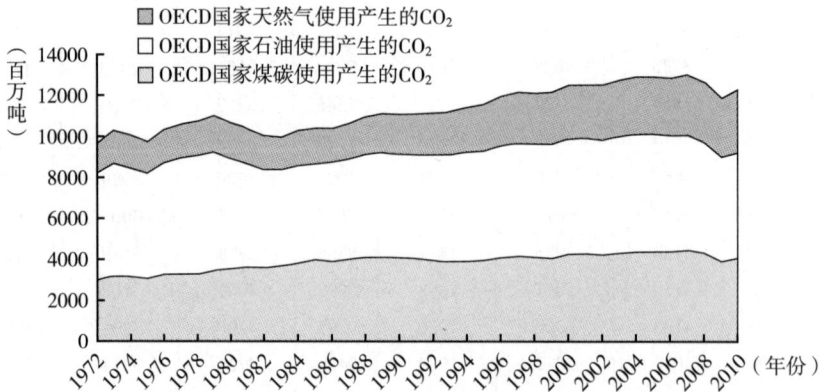

图 1 OECD 国家分能源种类历年 CO_2 排放

附录2 世界碳排放统计

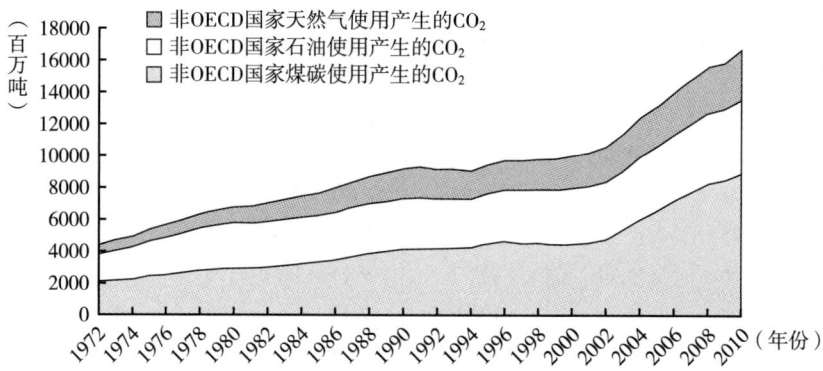

图2 非OECD国家分能源种类历年CO_2排放

表2 世界主要国家及地区历年人均二氧化碳排放

单位：吨

年份	美国	澳大利亚	OECD国家	日本	非OECD国家	中国	亚洲
1971	20.66	10.92	10.47	7.23	1.46	0.95	0.41
1972	21.59	11.11	10.83	7.50	1.51	0.99	0.42
1973	22.17	11.65	11.28	8.33	1.57	1.00	0.43
1974	21.26	12.53	10.94	8.10	1.61	1.00	0.44
1975	20.19	12.89	10.48	7.66	1.72	1.15	0.46
1976	21.22	12.93	10.99	7.83	1.76	1.17	0.48
1977	21.87	13.77	11.16	7.99	1.83	1.31	0.50
1978	21.71	13.32	11.22	7.87	1.91	1.46	0.50
1979	21.63	13.58	11.39	8.02	1.95	1.46	0.53
1980	20.47	14.05	10.93	7.52	1.97	1.43	0.55
1981	19.98	13.84	10.57	7.27	1.94	1.40	0.56
1982	18.80	14.03	10.12	7.02	1.96	1.44	0.58
1983	18.50	13.08	9.97	7.02	1.97	1.49	0.60
1984	19.13	13.33	10.22	7.47	2.00	1.60	0.61
1985	19.06	13.90	10.24	7.25	2.01	1.62	0.63
1986	18.79	13.76	10.18	7.21	2.05	1.69	0.66
1987	19.22	14.15	10.33	7.23	2.11	1.79	0.69
1988	19.91	14.51	10.56	7.76	2.15	1.89	0.72
1989	19.96	15.07	10.62	7.96	2.17	1.94	0.75
1990	19.46	15.14	10.49	8.61	2.19	1.95	0.79
1991	19.07	15.03	10.42	8.65	2.17	2.02	0.82

续表

年份	美国	澳大利亚	OECD国家	日本	非OECD国家	中国	亚洲
1992	19.03	15.08	10.35	8.70	2.11	2.08	0.84
1993	19.24	15.15	10.34	8.63	2.07	2.23	0.87
1994	19.31	15.33	10.44	9.04	2.02	2.30	0.90
1995	19.28	15.69	10.51	9.14	2.07	2.48	0.97
1996	19.66	16.05	10.77	9.24	2.10	2.60	1.00
1997	20.08	16.30	10.86	9.19	2.07	2.52	1.04
1998	19.84	17.17	10.76	8.93	2.06	2.54	1.03
1999	19.71	17.47	10.75	9.23	2.03	2.43	1.08
2000	20.18	17.58	10.97	9.33	2.04	2.41	1.10
2001	19.90	17.99	10.92	9.19	2.05	2.42	1.12
2002	19.45	18.15	10.81	9.46	2.10	2.58	1.14
2003	19.53	18.06	10.94	9.50	2.23	2.97	1.17
2004	19.64	18.34	10.99	9.49	2.39	3.51	1.23
2005	19.48	17.97	10.92	9.55	2.51	3.88	1.26
2006	19.01	17.90	10.81	9.43	2.65	4.27	1.31
2007	19.08	18.04	10.86	9.72	2.75	4.57	1.36
2008	18.33	17.75	10.50	9.04	2.86	4.91	1.39
2009	16.86	17.33	9.81	8.59	2.88	5.11	1.43
2010	17.31	17.00	10.10	8.97	2.99	5.39	1.49

资料来源：IEA。

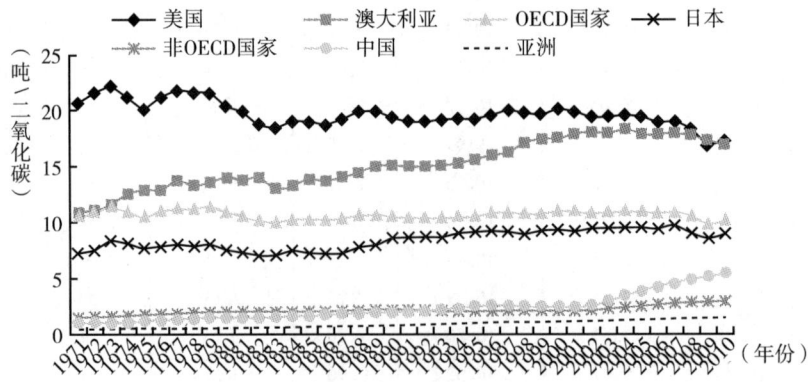

图3 世界主要国家及地区历年人均二氧化碳排放

表3 2010年世界主要国家及地区分部门人均二氧化碳排放

单位：$kgCO_2$/人

国际及地区	能源消耗产生的总CO_2排放量	电力以及制热	其他能源工业	制造业及建筑业	交通业	其他部门
哥伦比亚	1310	216	145	320	466	164
印 度	1388	748	52	342	138	108
玻利维亚	1416	293	123	156	683	160
巴 西	1989	230	129	585	852	194
古 巴	2667	1563	32	784	125	162
墨西哥	3850	1138	513	506	1398	295
智 利	4078	1448	138	903	1241	347
阿根廷	4213	1137	422	744	1023	887
瑞 典	5073	1199	260	975	2298	341
中 国	5395	2659	205	1734	382	416
法 国	5518	849	252	965	1907	1546
瑞 士	5630	361	131	744	2185	2209
西班牙	5824	1549	383	1040	2121	731
意大利	6588	2232	301	883	1787	1386
南 非	6938	4757	45	990	764	382
希 腊	7453	3663	298	724	1929	839
英 国	7776	2873	519	822	1919	1643
波 兰	7990	4129	198	894	1226	1543
挪 威	8011	581	2290	1541	2873	726
丹 麦	8478	3961	405	725	2320	1067
日 本	8974	3639	346	1961	1748	1280
德 国	9315	3998	321	1418	1780	1797
荷 兰	11257	3575	624	2548	2007	2502
新加坡	12395	4463	1188	5097	1580	66
加拿大	15733	3357	1850	2955	4975	2597
澳大利亚	17003	9005	1381	2155	3646	816
美 国	17312	7448	845	1893	5229	1897

资料来源：IEA。

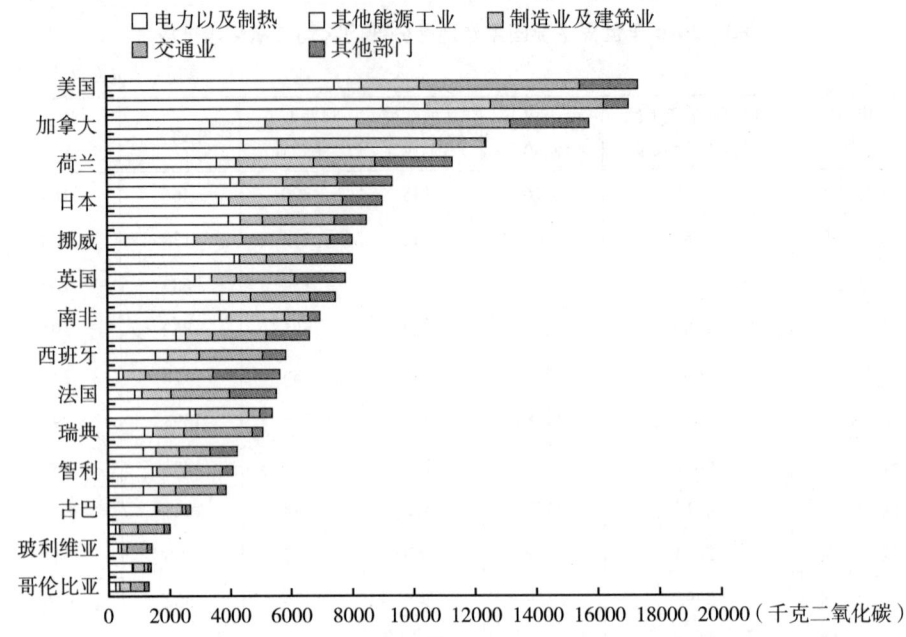

图4　2010年世界主要国家分部门人均CO_2排放

表4　世界主要国家及地区历年二氧化碳排放强度

单位：吨CO_2/GDP

年份	OECD国家	非OECD国家	美国	日本	中国	澳大利亚
1971	0.70	1.59	0.98	0.47	6.31	0.55
1972	0.69	1.60	0.99	0.45	6.47	0.56
1973	0.69	1.57	0.96	0.47	6.24	0.57
1974	0.66	1.54	0.94	0.47	6.22	0.62
1975	0.64	1.61	0.90	0.44	6.66	0.62
1976	0.65	1.58	0.91	0.44	7.03	0.61
1977	0.64	1.58	0.90	0.43	7.39	0.65
1978	0.62	1.61	0.86	0.41	7.47	0.61
1979	0.61	1.59	0.84	0.40	7.05	0.61
1980	0.59	1.58	0.80	0.37	6.50	0.62
1981	0.56	1.60	0.77	0.34	6.12	0.60
1982	0.54	1.62	0.75	0.32	5.84	0.64
1983	0.52	1.62	0.71	0.31	5.53	0.58
1984	0.52	1.61	0.69	0.32	5.23	0.56
1985	0.50	1.62	0.67	0.30	4.74	0.57
1986	0.49	1.62	0.64	0.29	4.61	0.56
1987	0.48	1.64	0.64	0.28	4.44	0.55

续表

年份	OECD 国家	非 OECD 国家	美国	日本	中国	澳大利亚
1988	0.48	1.66	0.65	0.28	4.29	0.55
1989	0.47	1.65	0.63	0.27	4.28	0.56
1990	0.45	1.69	0.61	0.28	4.21	0.58
1991	0.45	1.69	0.61	0.27	4.05	0.58
1992	0.44	1.65	0.60	0.27	3.70	0.56
1993	0.44	1.62	0.59	0.27	3.52	0.55
1994	0.43	1.56	0.58	0.28	3.25	0.54
1995	0.43	1.55	0.57	0.28	3.19	0.54
1996	0.43	1.53	0.57	0.28	3.07	0.54
1997	0.42	1.46	0.56	0.27	2.75	0.52
1998	0.41	1.45	0.54	0.27	2.60	0.53
1999	0.40	1.40	0.51	0.28	2.33	0.53
2000	0.39	1.35	0.51	0.28	2.14	0.53
2001	0.39	1.33	0.50	0.27	2.01	0.52
2002	0.38	1.32	0.49	0.28	1.98	0.52
2003	0.38	1.34	0.48	0.28	2.08	0.50
2004	0.37	1.36	0.47	0.27	2.25	0.50
2005	0.36	1.34	0.46	0.27	2.24	0.48
2006	0.35	1.33	0.44	0.26	2.20	0.47
2007	0.35	1.29	0.44	0.26	2.08	0.47
2008	0.34	1.28	0.43	0.25	2.04	0.46
2009	0.33	1.27	0.41	0.25	1.96	0.45
2010	0.33	1.24	0.41	0.25	1.88	0.44

注：GDP 按照美元 2000 年不变价计算。

资料来源：IEA。

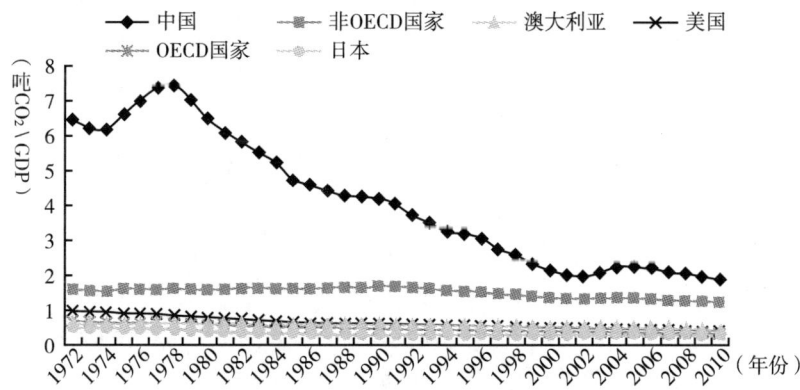

图5　世界主要国家及地区历年二氧化碳排放强度

注：GDP 按照美元 2000 年不变价计算。

表5 世界主要国家 2010 年二氧化碳总排放量

单位：百万吨二氧化碳

国　　家	排放量	占世界总排放的比例
中　　国	7258.5	24.0%
美　　国	5368.6	17.7%
印　　度	1625.8	5.4%
俄 罗 斯	1581.4	5.2%
日　　本	1143.1	3.8%
德　　国	761.6	2.5%
韩　　国	563.1	1.9%
加 拿 大	536.6	1.8%
伊朗伊斯兰共和国	509.0	1.7%
英　　国	483.5	1.6%
沙特阿拉伯	446.0	1.5%
墨 西 哥	416.9	1.4%
印度尼西亚	410.9	1.4%
意 大 利	398.5	1.3%
巴　　西	387.7	1.3%
澳 大 利 亚	383.5	1.3%
法　　国	357.8	1.2%
南　　非	346.8	1.1%
波　　兰	305.1	1.0%
西 班 牙	268.3	0.9%
乌 克 兰	266.6	0.9%
土 耳 其	265.9	0.9%
泰　　国	248.5	0.8%
哈萨克斯坦	232.1	0.8%
荷　　兰	187.0	0.6%
马 来 西 亚	185.0	0.6%
委 内 瑞 拉	183.0	0.6%
埃　　及	177.6	0.6%
阿 根 廷	170.2	0.6%

资料来源：IEA。

附录2 世界碳排放统计

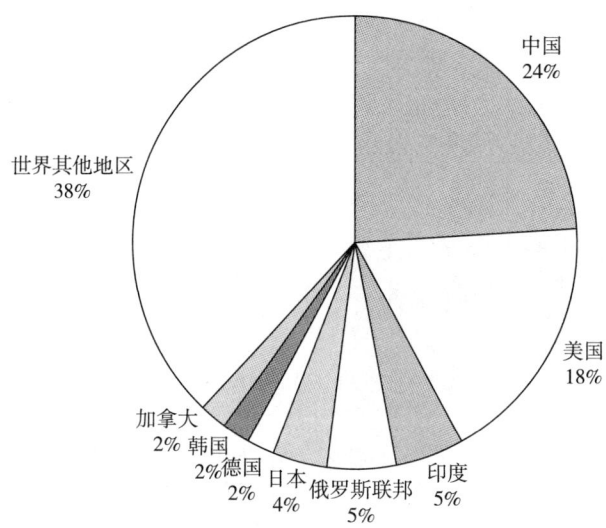

图6 世界主要国家2008年二氧化碳总排比例

表6 中日碳排放结构

单位：百万吨二氧化碳

年份	中国				日本			
	总计	煤炭使用产生的CO_2	石油使用产生的CO_2	天然气使用产生的CO_2	总计	煤炭使用产生的CO_2	石油使用产生的CO_2	天然气使用产生的CO_2
1971	809.6	678.0	124.2	7.3	809.6	678.0	124.2	7.3
1972	861.9	710.1	142.4	9.5	861.9	710.1	142.4	9.5
1973	895.9	721.6	162.5	11.7	895.9	721.6	162.5	11.7
1974	915.4	714.5	186.1	14.7	915.4	714.5	186.1	14.7
1975	1062.0	838.1	206.6	17.3	1062.0	838.1	206.6	17.3
1976	1105.5	842.3	243.4	19.8	1105.5	842.3	243.4	19.8
1977	1249.9	964.3	261.9	23.7	1249.9	964.3	261.9	23.7
1978	1410.1	1096.7	286.6	26.8	1410.1	1096.7	286.6	26.8
1979	1431.5	1123.0	280.1	28.3	1431.5	1123.0	280.1	28.3
1980	1419.8	1125.2	266.8	27.8	1419.8	1125.2	266.8	27.8
1981	1407.1	1128.8	253.7	24.6	1407.1	1128.8	253.7	24.6
1982	1465.9	1193.9	248.4	23.6	1465.9	1193.9	248.4	23.6
1983	1540.8	1266.3	250.5	24.0	1540.8	1266.3	250.5	24.0
1984	1678.8	1397.6	256.2	25.1	1678.8	1397.6	256.2	25.1
1985	1726.9	1448.1	256.9	21.9	1726.9	1448.1	256.9	21.9
1986	1830.8	1529.8	277.5	23.5	1830.8	1529.8	277.5	23.5

217

续表

年份	中国				日本			
	总计	煤炭使用产生的CO_2	石油使用产生的CO_2	天然气使用产生的CO_2	总计	煤炭使用产生的CO_2	石油使用产生的CO_2	天然气使用产生的CO_2
1987	1969.3	1654.7	290.2	24.4	1969.3	1654.7	290.2	24.4
1988	2118.0	1782.1	311.4	24.5	2118.0	1782.1	311.4	24.5
1989	2199.1	1853.9	319.3	26.0	2199.1	1853.9	319.3	26.0
1990	2244.1	1913.7	304.6	25.8	2244.1	1913.7	304.6	25.8
1991	2360.7	2003.1	330.4	27.2	2360.7	2003.1	330.4	27.2
1992	2468.6	2086.8	354.4	27.4	2468.6	2086.8	354.4	27.4
1993	2669.8	2238.8	401.3	29.6	2669.8	2238.8	401.3	29.6
1994	2781.2	2353.4	397.5	30.3	2781.2	2353.4	397.5	30.3
1995	3022.1	2563.2	427.1	31.8	3022.1	2563.2	427.1	31.8
1996	3195.6	2702.5	457.9	35.2	3195.6	2702.5	457.9	35.2
1997	3133.2	2602.4	489.4	41.3	3133.2	2602.4	489.4	41.3
1998	3197.3	2641.4	514.7	41.1	3197.3	2641.4	514.7	41.1
1999	3090.5	2493.6	552.5	44.4	3090.5	2493.6	552.5	44.4
2000	3077.2	2450.9	577.1	49.2	3077.2	2450.9	577.1	49.2
2001	3124.2	2480.9	588.9	54.4	3124.2	2480.9	588.9	54.4
2002	3347.8	2664.2	626.2	57.4	3347.8	2664.2	626.2	57.4
2003	3869.8	3120.7	684.3	64.2	3869.8	3120.7	684.3	64.2
2004	4592.8	3725.7	790.9	76.2	4592.8	3725.7	790.9	76.2
2005	5103.1	4196.8	818.3	88.0	5103.1	4196.8	818.3	88.0
2006	5644.7	4666.2	872.1	106.5	5644.7	4666.2	872.1	106.5
2007	6071.8	5032.7	905.5	133.6	6071.8	5032.7	905.5	133.6
2008	6549.0	5460.4	934.9	153.8	6549.0	5460.4	934.9	153.8
2009	6846.3	5720.0	957.6	168.8	6846.3	5720.0	957.6	168.8
2010	7258.5	6014.0	1026.1	201.3	7258.5	6014.0	1026.1	201.3

资料来源：IEA。

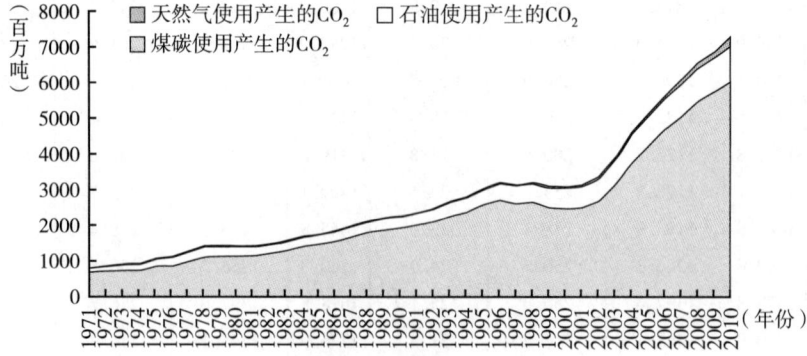

图7　中国碳排放结构（2010年）

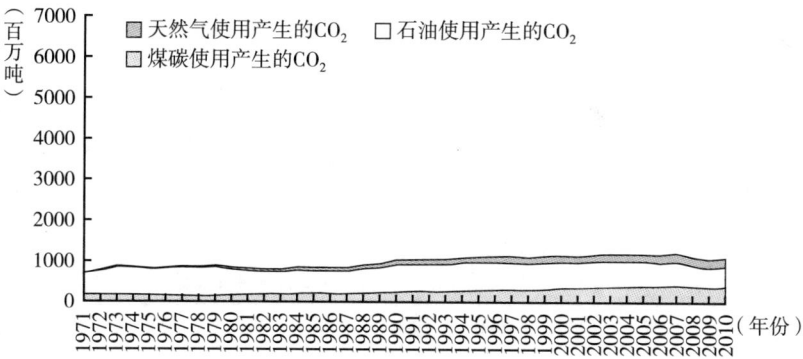

图8　日本碳排放结构（2010年）

表7　1978～2010年中国一次能源消费量及结构

年 份	能源消费总量（万tce）	构成（能源消费总量=100）			
		煤炭	石油	天然气	水电、核电、风电
1978	57144	70.7	22.7	3.2	3.4
1980	60275	72.2	20.7	3.1	4.0
1985	76682	75.8	17.1	2.2	4.9
1990	98703	76.2	16.6	2.1	5.1
1991	103783	76.1	17.1	2.0	4.8
1992	109170	75.7	17.5	1.9	4.9
1993	115993	74.7	18.2	1.9	5.2
1994	122737	75.0	17.4	1.9	5.7
1995	131176	74.6	17.5	1.8	6.1
1996	135192	73.5	18.7	1.8	6.0
1997	135909	71.4	20.4	1.8	6.4
1998	136184	70.9	20.8	1.8	6.5
1999	140569	70.6	21.5	2.0	5.9
2000	145531	69.2	22.2	2.2	6.4
2001	150406	68.3	21.8	2.4	7.5
2002	159431	68.0	22.3	2.4	7.3
2003	183792	69.8	21.2	2.5	6.5
2004	213456	69.5	21.3	2.5	6.7
2005	235997	70.8	19.8	2.6	6.8
2006	258676	71.1	19.3	2.9	6.7
2007	280508	71.1	18.8	3.3	6.8
2008	291448	70.3	18.3	3.7	7.7
2009	306647	70.4	17.9	3.9	7.8
2010	324939	68.0	19.0	4.4	8.6

注：1994年开始有核电，2009年核电所占比重为0.8%，水电占6.5%。
资料来源：国家统计局；中国电力企业联合会。

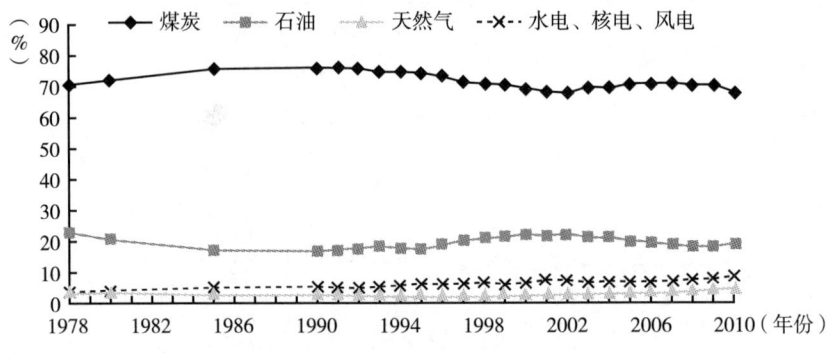

图 9　中国一次能源结构

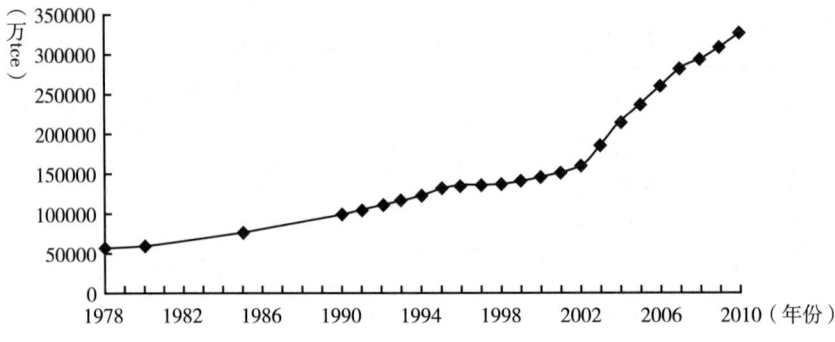

图 10　中国一次能源消费总量

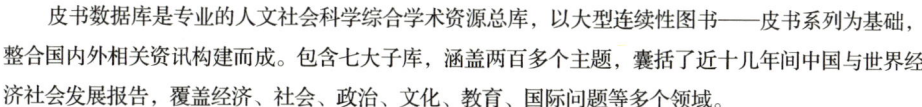

权威报告　热点资讯　海量资源

当代中国与世界发展的高端智库平台

皮书数据库 www.pishu.com.cn

皮书数据库是专业的人文社会科学综合学术资源总库，以大型连续性图书——皮书系列为基础，整合国内外相关资讯构建而成。包含七大子库，涵盖两百多个主题，囊括了近十几年间中国与世界经济社会发展报告，覆盖经济、社会、政治、文化、教育、国际问题等多个领域。

皮书数据库以篇章为基本单位，方便用户对皮书内容的阅读需求。用户可进行全文检索，也可对文献题名、内容提要、作者名称、作者单位、关键字等基本信息进行检索，还可对检索到的篇章再作二次筛选，进行在线阅读或下载阅读。智能多维度导航，可使用户根据自己熟知的分类标准进行分类导航筛选，使查找和检索更高效、便捷。

权威的研究报告，独特的调研数据，前沿的热点资讯，皮书数据库已发展成为国内最具影响力的关于中国与世界现实问题研究的成果库和资讯库。

皮书俱乐部会员服务指南

1. 谁能成为皮书俱乐部会员？
- 皮书作者自动成为皮书俱乐部会员；
- 购买皮书产品（纸质图书、电子书、皮书数据库充值卡）的个人用户。

2. 会员可享受的增值服务：
- 免费获赠该纸质图书的电子书；
- 免费获赠皮书数据库100元充值卡；
- 免费定期获赠皮书电子期刊；
- 优先参与各类皮书学术活动；
- 优先享受皮书产品的最新优惠。

3. 如何享受皮书俱乐部会员服务？

（1）如何免费获得整本电子书？

购买纸质图书后，将购书信息特别是书后附赠的卡号和密码通过邮件形式发送到pishu@188.com，我们将验证您的信息，通过验证并成功注册后即可获得该本皮书的电子书。

（2）如何获赠皮书数据库100元充值卡？

第1步：刮开附赠卡的密码涂层（左下）；

第2步：登录皮书数据库网站（www.pishu.com.cn），注册成为皮书数据库用户，注册时请提供您的真实信息，以便您获得皮书俱乐部会员服务；

第3步：注册成功后登录，点击进入"会员中心"；

第4步：点击"在线充值"，输入正确的卡号和密码即可使用。

卡号：5906632944369848
密码：
（本卡为图书内容的一部分）

皮书俱乐部会员可享受社会科学文献出版社其他相关免费增值服务
您有任何疑问，均可拨打服务电话：010-59367227　QQ:1924151860
欢迎登录社会科学文献出版社官网（www.ssap.com.cn）和中国皮书网（www.pishu.cn）了解更多信息

法律声明

"皮书系列"（含蓝皮书、绿皮书、黄皮书）由社会科学文献出版社最早使用并对外推广，现已成为中国图书市场上流行的品牌，是社会科学文献出版社的品牌图书。社会科学文献出版社拥有该系列图书的专有出版权和网络传播权，其LOGO（ ）与"经济蓝皮书"、"社会蓝皮书"等皮书名称已在中华人民共和国工商行政管理总局商标局登记注册，社会科学文献出版社合法拥有其商标专用权。

未经社会科学文献出版社的授权和许可，任何复制、模仿或以其他方式侵害"皮书系列"和LOGO（ ）、"经济蓝皮书"、"社会蓝皮书"等皮书名称商标专用权的行为均属于侵权行为，社会科学文献出版社将采取法律手段追究其法律责任，维护合法权益。

欢迎社会各界人士对侵犯社会科学文献出版社上述权利的违法行为进行举报。电话：010-59367121，电子邮箱：fawubu@ssap.cn。

社会科学文献出版社